똑똑하게 사랑하고
행복하게 섹스하라

똑똑하게 사랑하고
행복하게 섹스하라

성 전 문 가 배 정 원 의 ALL ABOUT SEX

배정원 지음

21세기북스

몸과 마음과 영혼의 소통, 섹스

이번 책은 성에 관한 나의 세 번째 책이다. 20~30대 초반의 지금 막 섹스를 시작한 이들을 위한 두 번째 책 『여자는 사랑이라 말하고 남자는 섹스라 말한다』가 발간된 이후, 중년에 들어서기 시작한 부부들과 노년의 부부들을 위한 책에 대한 요구가 많았지만 어쩐 일인지 도통 글이 써지질 않았다. 모든 일이 그렇듯, 책 한 권 나오는 것도 내 의지대로가 아니라 마치 정해진 운명에 따른 것처럼 이 책이 나오기까지 참 오랜 시간이 걸렸다.

생각해보면 '성sexuality'이란 결국 '인간의 이야기'라 나 자신이 살아온 것이 성에 대한 좋은 공부였던 셈이다. 내가 공부한 국문학, 언론학, 보건학의 학문들, 그리고 어렸을 때부터 지금까지 나를 사로잡아온 '지식에 대한 열망과 호기심', '사람과 살아 있는 것들에 대한 애정과 연민'이 성교육자로서의 나를 키워왔다고 생각한다. 사실은 이론적인 어떤 공부보다도 연세의료원에서 6년간 홍보 일을 하면서 인터뷰를 통해 평생을 의사로 살았던 선의를 가진 노의사들을 만나 그들의 인생을 듣고 정리했던 시간들, 또 한국사회에서 여자로, 한 사람으로 살아온 나의 모든 시간들이 어쩌면 가장 성에 대해 제대로 공부한 시간들이었다는 생각을 한다.

내가 살아온 인생은 공짜가 없었고 언제나 나에게 후했다. 돌아보면 내가 그동안 살아온 모습들은 어떤 경우에도 나에게 도움이 되고 종내에는 필요한 일이었지, 헛되었던 시간들은 없었다. 때로 내가 겪은 신산하고, 가슴 메어지는 인생의 경험조차 결국에는 내게, 그리고 내가 다른 사람을 상담하고, 이해하고, 돕는 데 도움이 되었다.

성을 공부하고 강의하고 칼럼을 써온 지 어언 17년이 되었다. 몸과 마음과 영혼을 가진 성적인 존재인 개인이 또 다른 개인들을 만나 관계를 잘 맺어가는 것이 바로 성이다. 남자와 여자의 성생리 차이가 성심리를 결정하는구나 생각했고, 남녀의 차이를 아는 것이 행복한 성을 누릴 수 있는 첩경이라고 생각했던 초창기의 생각이 지금은 많이 달라졌다. 물론 남자와 여자는 같은 점도 있고 다른 점도 있지만, 성에 있어서 결국 남자와 여자가 추구하는 것은 '똑같다'는 깨달음을 얻었다.

남자와 여자가 성을 통해 얻고 싶은 것은 첫 번째가 '생식'으로 자신의 유전자를 길이 보전하는 것이며, 둘째는 무엇보다 '즐거움'이다. 지금의 시대는 생식보다 즐거움이 앞선 것 같은 생각도 들지만, 어쨌든 우리들이 남녀를 막론하고 성을 통해 얻고자 하는 궁극적인 보상은 생식과 즐거움 pleasure이다. 그런데 이 기본적인 본능에 종교나 사회로부터 받아온 학습, 즉 우리를 둘러싼 여러 문화적인 요소들이 우리의 성가치관에 영향을 주어 마치 여자는 '사랑'이라는 정서적인 감정을 더 중요하게 생각하는 형이상학적 존재처럼, 남자는 '감각'에 더 치중하는 형이하학적 존재처럼 오해(?)를 불러일으켜온 것이다.

각설하고 남자와 여자가 만나 서로에게 끌리고, 사랑하게 되고, 애착하게 되고, 섹스를 통해 한 몸, 나아가 한 우주가 되는 것은 정말 멋지고 아름다운 일이다. 내가 아닌 누군가를 나처럼 사랑하고 (잠시나마) 한 몸이 되어 이룰 수 있는 고도의 일체감, 동지감만 한 위안이 또 있을까!

나는 이 책에서 사랑하는 이들이 서로를 이해하고 더욱 행복해질 수 있는 소통의 좋은 방법으로 섹스를 말하고 싶었다. 섹스는 단순히 성기의 결합만이 아닌 몸과 마음과 영혼을 상대와 연결하는, 그래서 궁극의 하나가 되는 소통의 중요한 방법이다. 게다가 즐겁고 행복하기도 하다.

섹스는 '경험과학'이라는 말이 있다. 그만큼 알면 알수록 더욱 잘하게 되고, 멋졌던 경험은 기대를 부르고, 더욱 긴밀히 연결될 수 있으며, 그로 인해 더욱 행복해질 수 있다는 것이다. 적어도 외롭지 않고 강력한 아군이 있는 것처럼, 함께 연결되고 더없는 위안의 느낌을 받을 수 있는 것이 바로 섹스다.

보수적인 우리 사회에서 섹스라는 제목을 단 이 책이 많은 이들에게 읽히길 바란다. 사람을 이해하고 사랑하는 데 가장 확실한 방법인 몸과 마음의 교통인 섹스를 잘 몰라서, 혹은 말로 하기 어려워서, 미진한 채로 덮어두었던 이들에게 조금이라도 도움될 수 있다면 정말 감사한 일이다. 이 책은 그 섹스에 대한 모든 것이다. 여러분의 온갖 궁금증이 이 책을 통해 해결됨으로써 아름답고 멋진 사랑, 때로는 열정 가득한 사랑을 나누며 더욱 더 행복한 삶을 살게 되기를 바란다.

이 책이 나오기까지 많은 우여곡절이 있었지만, 주변의 도와주신 모든 분들에게 감사의 말씀을 전한다. 특히 마지막에 책 편집을 맡아 너무나 수고한 북21 한성근 팀장과 남연정 대리 두 분께 깊은 고마움을 전한다.

또 성학에 눈뜨게 해주시고 어떤 마음으로 인생을 살아야 하는지 가르쳐주신 마음의 스승 홍성묵 선생님, 지금도 여전히 청년의 열정으로 너무나 열심히 공부하시고 후학에게 아낌없이 나눠주시는, 그래서 끊임없이 따끔따끔한 자극을 주시는 인생의 롤모델이자 스승이시며 친구(감히 이렇게 불러도 된다면)가 되어주시는 김원회 선생님께 특별히 감사드린다. 이 두 분을 만나지 못했더라면 나는 지금 여기 있지 못했을 것이다.

　일일이 이름 불러 감사를 전하지 못하지만, 나의 인생에 선생이 되어주시는 모든 분들에게 고마움의 인사를 간곡히 드릴 뿐이다. 아울러 언제나 친절한 나의 인생에게도…!

2014년 3월 저자 배정원

Contents

CHAPTER 3

Communication
남자가 원하는 섹스, 여자가 바라는 섹스

CHAPTER
5

Sexology
섹스, 그리고 사회

Mind
섹스 속에 또 다른 '나'가 있다

육체는 감추기 위해 있는 것이 아니라
보여주기 위해 있는 것이다.
– 마릴린 먼로

성욕과 식욕의
미묘한 상관관계

사람의 가장 기본적인 본능은 식욕과 성욕이다. 생물로서 사람을 본다면 식욕은 나를 살리는 것이고, 성욕은 종족보존을 위한 것이니 기본적인 것 같기는 하다. 물론 요즘은 종족보존을 위해 성욕을 발현하는 것 같지는 않지만. 사실 이 두 가지 욕구 중 어느 것이 우선하는지에 대해 일반화하기는 참 어렵다. 어느 때는 식욕이 성욕을, 또 어느 때는 성욕이 식욕을 앞서기도 하기 때문이다.

얼마 전 TV를 보다가 흥미로운 점을 발견했다. 공중파 방송의 어디를 돌려보아도 먹음직한 음식 이야기 프로그램이 포진해 있어, 어디를 가야 그런 음식을 먹을 수 있고 어떻게 만들 수 있는지에 대한 식욕 관련 정보가 넘치고, 음식을 맛있게 먹는 스타들이 '먹방스타'라고 인기를 모으고 있다. 또한 그와 함께 한편에서는 남자들의 수다나 여자들의 수다, 싱글녀들의 수다 등 다양한 나이와 대상이 성에 대해 숨김없이 노골적으로 이야기하고, 스캔들이나 외도, 불륜 등을 쫓아 까발리는 프로그램이 경쟁적으로 편성되어 있었다.

이렇게 그야말로 식욕과 성욕이라는 아주 기본적인 본능에 충실한 프로그램들로 방송이 채워지고 있다는 것은 우리들의 의식이 그렇게 구성되어 있다는 해석을 가능하게 한다. 식욕과 성욕을 감지하는 신경은 아주 가까운 곳에 위치해 있어서 식욕과 성욕은 서로 속기 일쑤라고 한다. 너무 많이 먹어 포만감이 느껴지면 성욕이 생기질 않고, 충분히 만족스런 섹스를 하고 나면 배가 고픈 줄도 모르게 된다. 오히려 나른하게 잠에 취하고 싶은 생각뿐이다. 그래서 섹스는 최고의 수면제이기도 하다.

또한 배가 고파지면 누구나 조금씩은 난폭하고 거칠어지는데, 섹스가 부족해도 성격이 거칠어지고 짜증이 나는 등 심사가 불편해진다. 반대로 배가 부르면 느긋해지고 너그러워지는 것처럼 섹스에서 충분하게 오르가즘을 느꼈다면 마음이 천사처럼 부드러워지고 여유로워지며 긍정적인 마음이 된다.

한 정신과 의사는 "뷔페나 식당가에서 허겁지겁 음식을 막 먹어치우는 여자는 대개 성욕저하이거나 성적 불만족이 심하다"는 주장을 하기도 한다. 얼마 전 필리핀에서는 많은 여자를 꼬여낸 희대의 바람둥이를 잡았는데, 그 바람둥이가 하는 말인즉슨, 호텔 뷔페나 백화점 식당가에서 많은 음식을 허기진 듯 먹는 여자들을 대상으로 유혹해 거의 한 번도 실패가 없었다는 것이다. 성욕과 식욕은 같이 간다. 그래서 식욕을 제한하는 다이어트 약을 먹으면 성욕도 함께 떨어지기도 한다.

또 충분히 사랑받으면 늘 배가 부르다. 그런 면에서 사랑에 빠진 그녀가 연인 앞에서 이슬만 먹고 사는 요정처럼 아주 조금 식사를 한다고 해서 전적으로 내숭은 아닐 것이라는 생각이 든다. 먹는 것과 사랑의 결핍,

Mind

16

혹은 그 사랑의 지극한 표현인 섹스의 결핍은 사람을 허기지게 하고, 먹는 것과 사랑, 섹스의 만족은 그 사람을 빛나게 한다.

최근 어떤 대담 프로그램에서 부부의 성에 대한 이야기를 한 적이 있는데 그곳의 남자 출연자들이 이구동성으로 하는 말이, 오랫동안 부부관계를 안 하거나 관계의 내용이 좋지 않으면 아내가 공연히 아이들에게 신경질을 부리고 말이 곱게 나가지 않아 집안 분위기가 살벌(?)해진다는 것이었다. 그러면서 "가정의 평화와 아이들을 위해서라도 섹스를 잘하자"고 해 폭소하는 분위기가 되었던 적이 있다.

실제로 섹스를 오래 하지 않아 성적인 긴장이 해소되지 않으면 남자든 여자든 화가 쉽게 나고 거칠어지는 면이 있는 게 사실이다. 별다른 이유도 없이 섹스를 하지 않으면 파트너가 자기를 거부하고 피하며 무시한다고 생각하게 된다. 또 섹스의 효능 중에 긴장 해소라는 면이 있는데, 이는 만족스러운 섹스를 하고 나면 엔도르핀과 옥시토신이라는 진통 및 평화(?)를 지향하는 호르몬이 분비되어 몸과 마음이 이완되고 편안해지기 때문이다. 이 섹스의 긴장이완 효과는 사람뿐 아니라 교미를 하는 생물 모두에게 나타난다고 해도 과언이 아니다.

심지어 보노보라는 유인원은 이러한 섹스가 긴장을 완화하는 효과를 수시로 아주 유용하게 이용하는 동물로 알려져 있다. 자위행위를 하는 유인원, 또 정상위를 하는 유인원으로도 유명한 보노보들은 먹이를 나누어야 하거나, 싸움같이 심각한 긴장을 요하는 상황이 벌어졌을 때 암수를 가리지 않고 성행위 동작을 한다. 그러면 상황은 부드러워지고 다툼의 긴장은 사라지게 된다.

얼마 전 TV에서 방영한 침팬지들 다큐에서 보노보들의 이러한 생태를 그야말로 가감 없이 보여준 적이 있는데, 남녀노소를 가리지 않는 이들의 적나라한 성행위는 그야말로 일상적이고 너무나 자연스러운 것이었다. 서로를 안아주고 위로하고 격려하는, 다른 유인원들에게서 찾아볼 수 없는 따뜻한 공감과 나눔의 감정은 보노보들에게 너무나 자연스러운 것이라고 한다. 이는 아마도 긴장이 생길 것 같으면 다정하게 터치하고, 포옹하고, 비비고, 삽입하는 성행위를 통해 즐거움을 나누고 긴장을 풀며, 평화를 위한 합의가 이루어지기 때문이 아닌가 한다.

성욕은 죄가
아니다

사람마다 성에 대해 가진 생각은 너무나 다양하다. 성을 야하다고 생각하는 사람도 있고, 성을 두려워하는 이도 있으며, 성은 아름다운 것이라고 칭송해 마지않는 이도 있다. 또 성은 재미있는 것이라 생각하는 사람도 있고, 은밀해야 한다고 생각하는 사람도 있으며, 어떤 이는 한없이 성스러워야 한다고 말하기도 한다. 이렇게 사람들이 가진 성에 대한 생각을 성의식이라고 한다.

　어떤 사람이 일정한 성의식을 가지는 데는 그가 성에 대해 어떤 정보를 가지고 있는가, 어떤 경험을 했는가, 어떤 환경에서 자라고 현재 어디에서 살고 있는가가 커다란 영향을 미친다. 당연히 정확하고 건강한 정보와 좋은 성경험과 폭력적이지 않은 좋은 환경을 가지고 있다면 더할 나위 없이 좋을 일이나, 불행히도 그렇게 삼박자가 다 맞아떨어지는 '행복한' 사람은 그리 많은 것 같지 않다. 이에는 우리 사회가 지극히 이중적인 성의식을 가지고 있고, 건강하고 멋진 성보다는 감각적이고 때로는 폭력적인 성을 더 자주 쉽게 접할 수 있는 환경이기 때문인지도 모른다. 개인이 성의식을 갖는 데는 정보와 경험이라는 요소 외에 그가 자란 환경적 요소, 즉 가정, 학교, 직장, 매체, 종교, 군대가 커다란 영향을 미친다.

나는 요즘 퍽 색다른 경험을 하고 있다. 이제까지 그야말로 수천 건의 성상담을 해왔을 것인데, 그간의 상담이 거의 모두가 과잉의 것이었다면 최근 새로이 상담하고 있는 이들은 대개가 결핍의 상담이다. 즉 이제까지 상담은 '섹스를 더 하고 싶은데 못한다'는 류의 것이었다면, 최근 내가 받는 상담의 많은 사례가 '섹스는 물론이고 이성과의 스킨십, 교제를 할 수 없다'는 것들이어서 당황스럽다. 그런데 이 결핍과 두려움을 토로하는 내담자들을 보면 대개 기독교를 믿는 사람일 때가 많아 안타까운 마음이 든다.

"어려서부터 이성을 좋아하는 마음을 가진다는 것이, 더 나아가 그 사람을 대상으로 성적인 상상이나 기대를 갖는다는 것이 죄라고 배웠어요. 그래서 남자친구를 사랑하지만 그의 애무를 기다리는 저의 더러운 성욕이 두렵기만 합니다."

"음심을 갖는다는 것만으로도 간음이라는 가르침을 늘 들어왔죠. 나이가 들어 좋아하는 여자를 만나고도 손도 잡기가 어려웠어요. 왠지 그렇게 하면 안 될 것 같아서요."

"청소년기에 자위행위를 하면서 어머니를 떠올린 적이 있어요. 그것이 얼마나 죄였는지, 감히 어머니를 대상으로. 금기를 어긴 것과 뭐가 다를까요? 군대 다녀와서 어머니에게 고백하고 용서를 구하고 용서를 받았지만 저는 그 후로 성에 강박관념이 생겼어요. 지금은 제가 동성애자가 될까봐 두렵고, 누군가를 성폭행할까봐 두려워요."

이런 상담이 금욕이 미덕이었던 서양 중세나 영국 빅토리아 여왕조의 이야기가 아니라 현재 내가 받는 상담이다. 부부간의 사랑조차 아기를 만드는 목적이 아니면 '처벌받고', '남자아이의 자위행위를 막기 위해' 잠잘 때 손에 장갑을 끼게 하고, 심지어 침대에 묶어두기도 한, 그 왜곡된 시절의 죄와 연결된 성의식이 지금도 사람들에게 강박이 되고 죄의식으로 전해지고 있는 것처럼 보인다.

성은 무엇보다 생명의 근원이고 우리의 바닥이라, 사람들은 성에 문제가 생기면 정말 심각한 고민을 하게 되고, 그야말로 행복하지 않은 삶을 살게 되는 것을 많이 보아왔다. 심지어 한 50대 사업가는 "비디오의 정액 색깔이 내 것과 달라 첫아이를 낳을 때까지 내가 정상이 아닐까봐 얼마나 걱정을 했는지 모른다"고 털어놓기도 했다.

최근 내게 상담을 요청해온 한 젊은 남자는 대학생 시절 자신의 '부끄러운' 성욕을 한 목회자에게 토로했을 때, 그분으로부터 되돌려 받은 답이 "다시 성욕이 생기면 누구 장로님에게 전화를 해 기도를 받으라"는 것이었다고 했다. 결국 자연스러운 성욕이 기도를 받아 깨끗해져야 하는 더러운 것이라는 생각이 그를 괴롭혀왔던 것이다. 참으로 아이러니한 것은, 신은 성경에서 인간들에게 '번성하라' 이르셨건만 사람들은 그 번성의 통로인 성을 왜 그리 죄악이라 생각하고 부끄러워하며 회개해야 할 것으로 생각하는가 하는 점이다.

신이 인간이 번성하는 통로와 방식, 즉 섹스가 비천하고 더러운 것이라 여기셨다면 과연 그가 더없이 사랑하시는 인간의 몸에 그것을 두셨을까 하는 의문이 든다. 사실상 현명하기 짝이 없는 솔로몬왕은 '아가서'를 통해 사랑이 얼마나 아름다운가를 노래했고, 사람을 사랑할 때 얼마나 지극해야 할지를 우리에게 가르치고 있지 않은가?

성에 대한 신의 뜻은 우리가 흔히 접하는 그런 '죄'와는 연관이 없을 것이라 생각한다. 아니, 오히려 신은 우리가 더욱 서로를 간절히, 지극하게 사랑하기를 바라지 않으실까? 사회적으로 성에 대해 죄의식을 가르치고 부끄러움을 가르치기 이전에 모두가 건강하고 아름다운 성의식을 가질 수 있도록 각자의 성태도와 행동에 분별력을 심어주는 것이 더욱 필요한 일일 것이다. 그래서 신 안에서 신이 내게 허락하신 성을 좀 더 건강하고 편안하고 행복하게 구가하는 것이 중요한 게 아닐까 하는 생각을 심각하게 해보는 요즘이다.

성관계는 되고
섹스는 안 되는 이유

우리나라는 성에 대해서는 참 이상한 나라다. 오래전 한 여대생은 "성에 대해 어떤 생각이 드는가?"라는 나의 물음에 "우리나라의 성은 빨간색과 검정색"이라는 답을 내놓았다. 너무 엄격하고 점잖아야 하거나 아니면 너무 야하고 선정적인 두 모습이라는 뜻이다.

얼마 전 유명한 다국적 제약회사가 전 세계 사람들을 대상으로 조사한 연구결과에 따르면 '성이 인생에서 무척 중요한가?'라는 질문 항목에서 87퍼센트가 '그렇다'고 대답한 우리나라가 1위를 차지했다. 그렇게 성이 중요하다고 생각하는 나라에서 성에 대한 이야기를 건강하게 하기 어려울 뿐 아니라 오히려 아직도 쉬쉬하고 있다는 게 아이러니하다.

또 영국의 BBC방송이 세계 각 나라를 대상으로 단테의 《신곡》에서 나오는 가치에 대한 순위를 정해보았더니 우리나라가 '정욕' 부분에서 1위를 차지했다. '포르노' 구입에 가장 많은 돈을 쓴 나라라는 이유였다.

언론에서도 성폭력에 대한 이야기는 쉽게 얼마든지 할 수 있으나 밝은 성에 대한 이야기는 하기 어렵다. 부부들을 대상으로 한 프로그램에서도 '섹스', '성관계'라는 말은 하지 못하게 한다. 좀 더 구체적으로 말할라치면 심의에 걸린다며 전전긍긍해한다. 세계 많은 곳이 여전히 그렇지만 우리나라는 더욱 성에 대해 이중적인 시각이 강하다.

몇 년 전, TV 아침방송에 나가서 부부의 성에 대한 이야기를 한 적이 있다. 제작진과 진행자가 알맞게 망가져주고, 부부의 성에 대한 이야기를 마음껏 하라고 하는 등 무척 개방적인 분위기라서 일부러 '섹스'라고 발음하며 즐겁게 녹화를 끝냈다. 나는 성관계를 '섹스'라고 말하길 좋아한다. 아니 일부러 그렇게 하려고 한다. '섹스'라고 하면 왠지 야하고 재미있고 흥미진진한 사랑하는 연인 사이의 성행위를 연상하게 되는데 '성관계'라고 하면 어떤가? 왠지 지루하고 경직되고 오래된 부부 사이의 성(聖)스러운, 점잔 빼는 관계를 떠올리는 경우가 많다. 똑같은 의미인데 왜 우리는 이렇게 상상하는 걸까?

어쨌든 이 두 가지 상반된 의미를 하나로 모았으면 해서 일부러 '섹스'라는 말을 의도적으로 쓰곤 한다. 그런데 방송이 나오던 날 그 프로그램을 모니터하던 내게 직원이 문자를 보내왔다. '선생님, 섹스라는 말이 전부 무음처리되고 있어요.' 이것이 여전히 우리나라 사람들이 가진 성에 대한 생각이다. 섹스란 말만 들어도 사람들이 야해지고 이상해지고 성적 충동을 느낀다고 생각하는 것일까? 왜 그런 말조차 못하게 하는 것일까?

방송에서는 피임을 구체적으로 이야기할 수도 없고 콘돔을 사용하는 것을 보여줄 수는 더욱 없다. 현대사회는 언론이 곧 권력이라 수백 명 혹은 수천 명을 대상으로 성교육하는 것보다 방송에 나가 한 번 이야기하는 것이 가장 효과도 좋으련만 콘돔에 대해 이야기하기도 어렵다. 아마 콘돔 사용법을 보여준다면 어떻게 섹스를 부추길 수 있느냐며 처참한 마녀사냥을 당할지도 모를 일이다.

그러나 이렇게 부모가, 학교가, 사회가, 방송이 피임에 대해 가르치지 않는 곳에서는 미혼모가 많아지고 낙태율이 높다. 당연한 이야기겠지만 우리나라와 미국이 대표적이다. 그러나 미혼모에 대한 의식과 그들을 돕는 사회적 인프라가 일천한 우리나라와 달리 미국은 그나마 미혼모에 대한 사회보장제도와 복지가 우리나라와는 비교가 되지 않을 정도로 잘되어 있다.

물론 그 나라도 미혼모에 대한 시각이 좋을 리는 없지만, 적어도 그들은 아기를 포기하지 않고 살 수 있도록 도와준다. 프랑스나 영국의 경우는 태어나는 아기의 반 정도가 결혼하지 않은 이들의 아이들이다. 현재 사회의 육아를 위한 복지 인프라가 잘 꾸려지지 않은 탓에 우리나라의 출생률은 세계 최하위에 육박해 있고, 이에 긴장한 국가가 앞으로는 결혼하지 않은 부모에게서 태어난 아기를 사회에서 인정하고 육아를 보조하고 받아들여야 한다고 말하고 있지만, 사회의 부정적인 인식은 과거와 거의 달라지지 않고 있다.

부부관계를 주제로 하는 방송에서도 '성관계'라는 말 대신 '부부관계'라는 말을 사용해달라고 부탁하곤 한다. 세상에 막연히 부부관계라니! 부부관계에는 대화며 성관계며 얼마나 많은 요소들과 의미가 존재하는가? 이렇게 합법적으로 섹스를 용인받은 부부들에게조차 성을 거론하는 것이 금기다. 오죽하면 '가족 간에 섹스를 어떻게 하나?'는 어이없는 농담이 회자되겠는가? 그런데 섹스를 가족과 안 하면 도대체 누구랑 하려는 걸까?

송우

우리는 왜
섹스를 하는가

"남편과 섹스를 안 한 지 꽤 오래되었지만 우리 부부관계는 아무런 문제 없습니다. 섹스가 결혼의 전부는 아니죠."

"아내의 성욕이 점점 없어져가는 것 같습니다. 아이를 낳고 나서부터 저를 멀리하는 것 같더니, 이제는 만지는 것도 싫어하는 것 같고, 어쩌다 한 번 용기를 내서 요구해봐도 여지없이 거절당하거나 마지못해 하는 것이 느껴집니다."

"결혼 생활에 섹스가 전부인가요? 배우자는 섹스파트너이기 전에 육아를 함께하고 전반적인 인생을 같이하는 동반자예요. 섹스가 중요한 게 아니라고 생각해요."

섹스에 대한 부부들의 고민은 참 다양하다. 섹스를 전혀 하지 않지만 부부 사이는 좋아서 아무런 불만이 없다는 이들도 있지만, 아내든 남편이

든 어느 한쪽이 결핍을 느끼며 힘들어하기도 하는데, 후자의 경우 섹스리스는 부부 문제의 중심으로 떠오르게 된다.

결혼에서 섹스가 차지하는 비중은 어느 정도인 걸까? 정말 부부가 섹스를 전혀 하지 않아도 그들의 행복에는 아무런 문제가 없는 걸까? 부부간에 지나치게 욕구 차이가 나는 것은 어떻게 극복해야 하는 걸까?

나 역시 섹스가 결혼의 전부라고 말하고 싶지 않다. 또 실제 그렇지도 않다. 행복한 결혼생활에는 섹스 이외에도 서로에 대한 신뢰, 책임감, 경제적 기여, 정서적 교류 등 많은 요소가 필요하다. 그러나 이런 요소와 더불어 일정한 규칙성을 가진 부부의 행위로서 섹스는 분명 중요한 요소다. 섹스로 매번 사랑이 불타오른다고 말할 수는 없지만 그것이 사랑을 더욱 견고하게 하는 접착제는 될 수 있다.

섹스를 자주 하는 부부, 즉 성적으로 열린 대화가 가능한 부부는 설령 그들의 결혼생활이 위기에 빠진다 해도 그대로 무너지지 않는다. 성적 대화가 가능하다는 것은 일상의 모든 대화가 원활함을 보여주는 증거와 같기 때문이다. 부부가 섹스를 한다고 위기에 빠지지 않는 것은 아니지만 적어도 하지 않는 부부보다는 절대적으로 '위기 극복 능력이 강하다'고 말할 수 있다.

난 무엇보다 결혼에서 섹스가 전부는 아닐지라도 아주 중요한 부분을 차지해야 한다고 생각한다. 어느 사회학자는 결혼을 '두 사람 간의 섹스를 사회가 공인하는 것'이라고까지 말한다. 그것은 결혼하면 두 사람 간에 섹스가 있을 것이라는, 있어야 한다는 묵계가 존재함을 말한다.

어느 인기 있는 아침 방송 프로그램에서 진행자가 내게 물은 적이 있다. "사랑과 성관계(방송에서 섹스란 말은 못 쓰니까)는 어떤 관계가 있을까요?" 나는 이 질문에 이렇게 대답했다. "사랑은 여러 가지로 표현할 수 있습니다. 키스하기, 눈빛 맞추기, 손잡기, 그 사람에게 잘해주기 등. 그런데 각자의 사랑의 표현을 벽돌이라 치고 행복이라는 집을 만들어간다면 벽돌만 쌓아서는 그 집은 쉬 무너집니다. 벽을 단단하게 하기 위해 벽돌 사이에 시멘트를 발라 접착해야만 하죠. 말하자면 섹스는 이렇게 사랑이라는 벽돌 사이를 단단하게 붙들어주는 시멘트 같은 역할이라고나 할까요?"

바로 그렇다. 사랑과 섹스의 관계는 이렇게 상호 보완적이고, 함께 가야 더 완전한 행복에 가까워질 수 있는 것이다. 아니 이들은 오히려, 그저 벽돌에 시멘트를 바르는 것 같은 화합이 아니라, 두 물질이 아예 혼합되어 둘이 섞여버리는 더 찐득한 관계다. 사랑과 섹스는 서로 화학작용을 일으켜 두 사람 관계를 돈독히 만드는 것이다. 따라서 부부간에 섹스가 없어지면 사랑도 사라지게 된다. 그것이 '섹스리스'가 바로 '사랑리스'라고 말하는 이유다.

우리는 말로도 대화를 하지만 몸으로도 대화를 한다. 말로 다 표현이 안 되는 파트너에 대한 간절한 감정을 전달하는 것이 바로 섹스다. 섹스는 우리 몸과 영혼 그리고 정신을 서로 함께 나누는 멋지고도 아주 효과적인 커뮤니케이션 방법이다.

누군가는 섹스가 없어도 자신의 부부관계가 너무나 완벽하다고 했지만, 전문가의 시각으로 보면 모르기 때문에 그렇다고 느끼는 것에 불과하다. 즉, 섹스가 서로를 얼마나 결속시켜주고 서로를 행복하게 해주는 행위인지 안다면 그것이 빠진 생활은 절대로 행복할 수 없다. 이는 내가 섹스가 모든 것을 해결해준다고 믿어서가 아니라 실로 섹스의 힘이 그렇게 파워풀하기 때문이다.

서로를 몸과 마음을 다해 사랑하는 행위로서의 섹스의 기쁨을 안다면, 그래서 서로의 영혼과 몸이 섞이고 합일되는 기쁨을 안다면(물론 매번 그런 경지를 가질 수는 없다), 파트너와 나의 존재감이 그렇게 충일하게 느껴지는 것을 경험한다면 누구나 열심히 섹스를 할 것이라 생각한다.

사람이 가진 상처 중 가장 극복하기 어려운 것이 '고립'의 상처라고 생각한다. 혼자 되는 느낌을 어쩌다 한 번씩 가끔 느껴보는 것은 독립적인 삶을 위해 유용할 수도 있지만 매번 그래서는 사람이 건강하게 살 수 없다. '고립감'을 자주 심하게 느끼게 되면 결국 마음의 병인 우울증에 걸리거나, 심하면 정신적인 이상을 가져올 수 있다.

우리는 타인과 우호적으로 연결되는 느낌을 받을 때 삶의 기운을 얻는다. 누군가가 말했다. 사랑이란 결국 '스스로의 존재감을 타인에게 인정받고 격려받는 즐거움을 느끼는 것이 궁극의 목적'이라고.

사랑의 한 표현으로서 섹스는 내가 사랑받고 누군가를 사랑하는 완벽한 존재라는 그 존재감의 실현이다. 의무적으로 대충 하는 의례적인 섹스에도 몸과 마음은 실린다. 하지만 사랑하는 마음, 파트너를 배려하고 존중하는 마음을 담은 섹스라면 그 어떤 행위보다 우리를 위안하고 자존감을 키워주는 강력한 행위가 된다.

그래서 우리는 섹스를 한다. 만족스러운 섹스를 하는 사람은 얼굴에서 빛이 나고 행동에 자신감이 넘친다. 그것은 확실하게 자신이 누군가를 사랑하고 또 그(그녀)에게 사랑받는 '멋진' 존재이기 때문이다.

영혼이 함께하는 섹스

오래전 '색계(色戒)'라는 영화가 화제였다. 베니스영화제에서 황금사자상을 받았을 뿐 아니라, 남녀 주인공들의 대단한 정사장면과 요가에 가까운 체위를 삭제 없이 보여줘 사람들을 극장으로 불러모았다는 이 영화는 '사랑과 섹스'의 관점에서 시사하는 바가 적지 않다.

이 영화는 일단 마음이 움직이는 사랑에서 섹스가 시작되는 것이 아니라, 아무런 감정이 없는 상태에서 몸이 먼저 만나는 섹스를 통해 '심장에 그가 들어앉는' 지경에 이르는 그녀의 심리를 보여준다. 호주영화 'Better than sex'에서도 몸으로 시작되는 사랑을 보여준 적 있지만 그때는 그래도 성적 이끌림이라는 호감이 있는 상태에서 섹스가 시작되었다. 그러나 '색계'에서는 파트너를 죽이겠다는 악의적인 목표를 가지고 몸이 만났음에도 불구하고 결국은 연민이든 사랑이든 마음이 움직이고 마는 비극을 보여준다.

살의 감각은 이렇다. 특히 자극적이고 격한 살의 감각은 잊히지 않고 몸과 마음에 오래도록, 그리고 날카롭게 새겨진다. 그것은 섹스가 그야말로 자신의 밑바닥을 모든 포장을 걷어내고 보여주는 것이기에 어쩌면 이성적인 대화보다 더 깊이 파트너의 무의식을 이해하고 알아가는 소통방법이어서가 아닐까 싶다.

또한 두려움이 있을 때나 외로울 때의 섹스는 더 자극적이기에 섹스에 매달리게 될 수도 있다. 상황에 대한 극심한 불안이 있을 때 파트너가 누구이든 끌어안고 위안받고자 하는 마음은 더욱 절실할 것이고, 아무도 곁에 없다고 생각되는 극한 외로움의 순간일 때 몸이 만나는 섹스는 무엇보다 격렬해지며, 그럴수록 강력한 위안이 된다. 또한 긴장된 순간의 섹스는 섹스로의 몰입도를 높이고 만족스런 오르가즘으로 인해 긴장이 완화되는 효과도 있다. 그것이 바로 '살이 주는 위안'이다.

이 영화를 보면서 예전에 상담했던 한 어린 여학생이 떠올랐다. 누구도 관심 가져주는 이 없었던 그 여학생은 놀랍게도 일회성 번개모임에서 만난 남자들과 성관계를 가지고 임신과 낙태를 거듭하다 상담실을 찾았다. 그렇게 성관계를 하는 것에 대해 그 여학생은 "섹스를 할 때만은 그 사람이 나를 사랑한다고 느끼기 때문"이라고 대답해 나의 마음을 아프게 했다. 그것은 영화 '색계'에서 위험하다고 느끼면서도 여주인공을 안을 수밖에 없었던 남자주인공의 극한의 외로운 심리상태와 같은 것이 아닌가 싶다. 자신을 이해해주고 사랑해주는 그 누구도 없는 절망스러운 고독 속에서, 마음을 얻지는 못하더라도 그 몸의 체온과의 접촉에서나마 위안을 얻고자 하는 몸부림!

이때 가장 결정적인 위험은 몸이 만나는 섹스를 통해 파트너의 존재감이 내게 온전히 전달되어온다는 것이다. '색계'에서 애초에 죽이려는 의도를 가지고 접근했던 그를 여주인공이 결국 살려낼 수밖에 없었던 이유는, 몸이 부딪히고 하나가 되는 섹스를 통해 그의 외로움, 불안, 두려움, 공허함, 약함, 진정성이 모두 그녀에게 전달되어 공감을 얻어냈기 때문이다. 악한 방법으로 사는 인간이었지만, 그런 자신의 비루한 삶에 대해 부끄러워하고, 두려워하고, 힘들어하는 한 인간으로서의 약한 모습을 그녀는 몸으로 읽어낸 것이다.

비록 그녀가 인식하지 못했다 하더라도, 깊은 대화를 나누지 않았더라도, 그녀는 그라는 사람의 모든 면을 실감하고 있었고, 섹스를 통해 몸을 섞고 영혼을 섞으면서 그런 그의 모습을 마음속 깊이 아파하고 연민했기에 결국 그를 죽이지는 못했다. 바야흐로 그녀는 그의 몸을 통해 그의 영혼과 만났고 그 영혼을 사랑하게 된 것이다. 그런 점에서 몸의 대화는 더욱 정직하다.

명상에서는 우리가 사랑을 나누면 그(그녀)의 성 에너지가 내 몸 안에 7년을 머문다고 한다. 이는 간단한 이야기가 아니다. 7년 동안 내 몸속에 파트너의 성 에너지가 머물고, 나의 성 에너지가 파트너의 몸속에 같은 기간 머문다는 것을 알든 모르든, 같이 있든 헤어졌든 서로의 영향권 아래 두 사람이 머문다는 뜻이다. 그래서 우리는 누군가를 사랑하게 되면 곁에 있지 않아도 그 사람이 느끼는 위험이나 행복의 기운을 함께 느끼기도 하고, 말로 표현하지 않아도 어떤 감정의 상태인지 알게 되는지도 모르겠다.

몸은 마음과 영혼이 담긴 그릇이다. 그래서 몸과 마음은 하나다. 그 둘은 떨어져 있는 존재가 아니기에 몸이 열리면 마음이 열리고 마음이 열리면 몸이 열린다. 때로는 내 의도와 상관없을지라도 말이다.

섹스 안에서
나를 찾다

성에 대한 교육과 상담을 하다 보면 정말 '날것'의 이야기를 많이 듣게 된다. 성이란 것이 그야말로 그 자신의 밑바닥과 닿아 있는 것이다 보니 성에 대해 이야기하노라면 결국 이 사람이 어떤 사람이고 어떻게 살고 있구나 하는 것을 알게 되는 것이다. 흔히 성이라 하면 섹스만 떠올리고 야한 이야기를 할 거라 생각하고 멈칫거리지만 기실 내가 말하는 성은 사랑하는 이들의 소통방식의 하나인 섹스를 포함한 인간의 이야기다.

방송에서도 성전문가라는 정체성을 갖고 출연하면 '성행위sex', '정자', '난자' 뭐 이런 이야기만 하라는 경우가 많은데, 사실 나는 사람의 성적(신체적·정신적·정서적인 것들이 다 포함) 발달단계에 따라 우리가 겪는, 우리 인생에서 일어나는 모든 이야기에 관심이 있다. 그래서 우리 성학자들은 '성sex은 인간human being'이라고 설명하는데, 보통 사람들은 그저 우리를 성행위와 몸에 대한 이야기를 하는 사람들이라고 생각하기 일쑤다.

즉 우리 성학자 sexologist 들이 말하고자 하는 성은 임신이나 생리, 성병 같은 위생이나 보건 속의 작은 성에서부터 사람의 몸과 마음의 문제, 나아가서는 다른 사람과 어떻게 관계를 맺는가의 문제를 포함하는 아주 포괄적인 개념, 즉 '인간으로서 산다는 일'을 말한다. 15년 넘게 성에 대해 공부하고 말하면서 요즘 가장 중요하게 생각하는 것은 '내가 누구인가' 하는 것이며, '나는 나 스스로를 어떻게 돌보며 사랑해야 하는가', '나는(혹은 우리는) 사람들과 어떤 관계를 맺으며 살 것인가' 하는 문제다.

어떤 학문이나 이론 혹은 종교조차도 결국 우리에게 주는 울림은 하나의 메시지로 귀결되는데, 그것은 '우리 모두는 하나'이며, '몸과 마음이 두 개의 다른 존재가 아니라 하나'이고 우리 각자가 한 '우주'라는 것, 또 '자신을 사랑하는 것이 남을 사랑하는 기초가 된다'는 것이다. 자신에 대한 자신감 없이는 어떤 관계에서도 조화나 균형을 이룰 수 없다. 또 자기에게 친절한 사람이, 자신을 잘 돌보는 사람이 남에게도 그렇게 한다. 성에 대해서도 그렇다. 자신의 몸과 마음을 잘 알지 못하면 자신을 이해하거나 인정할 수 없다.

우리가 쉽게 말하는 '성적 자기결정권'도 자기 몸과 마음을 긍정적으로 받아들이지 못하면, 그래서 자신과 친해지지 않으면 행사하기 어렵다. 나는 성교육을 하게 되면 가장 먼저 자신의 성기(몸)와 친해질 것을 요구한다. 자신의 몸을 생긴 그대로 좋아하고 사랑하는 것이 자존감 있게 사는 인생의 첫걸음이다. 사랑과 섹스를 나누는 연애관계에서도 자존감이 강한 사람이 파트너를 더 배려하고 어느 한쪽의 즐거움만을 위한 일방적인 관계가 아니라 함께 나누는 조화로운 관계로 만들어간다. 자신을 사랑하지 못하는 사람은 남에게 지나치게 의존하고 집착하게 되거나, 혹은 이용당하고 버려지는 딱한 관계로 가는 것을 쉽게 볼 수 있다.

서양철학의 영향인지 우리는 이제껏 몸과 마음의 욕구를 이분화해서 생각하고 몸의 욕구는 마음 혹은 정신의 욕구에 비해 더 열등하다고 생각해왔다. 그러나 사실은 몸과 마음은 하나이고 분리될 수 없는 존재다. 그래서 몸이 아프면 마음이 아프고 마음이 아프면 몸이 아프게 된다.

우리에게 마음이 중요한 것처럼 몸도 소중하다. 이렇게 소중하고 아름다운 몸과 마음을 가진 존재가 자신이라는 것을 알게 되면 다른 사람도 결국 같은 눈으로 바라보지 않을 수 없다. 성을 이야기할수록 모든 생명이 다 너무나 아름답고 귀하다는 것을 깨닫게 된다.

그리고 요즘 들어 더욱 강조하게 되는 것이 우리가 가진 에너지의 문제다. 사람은 몸과 마음(영혼 혹은 정신)뿐 아니라 에너지로 구성된 존재이고 자신만의 에너지를 관계 속에서 내보낸다. 그래서 선한 에너지를 보내는 사람을 만나면 행복해지고 용기도 나고 하는 반면, 나쁜 에너지를 보내는 사람을 만나면 더 힘들어지고 불행해진다. 이때 자신을 사랑하고 자존감이 높은 사람은 훨씬 좋은 에너지를 가지고 있으며, 다른 사람에게도 그 좋은 에너지의 기운을 보낸다.

그런데 다행인 것은 우리 모두는 누구나 우리 속에 있는 선한 에너지와 나쁜 에너지 중에 선한 에너지를 선택할 수 있는 능력을 가지고 있다는 것이다. 따라서 이 선한 에너지들을 모으고 나눌 때 세상은 더 살기 좋은 곳이 될 것이라는 강력한 믿음을 가지게 된다. 그런데 이 선한 에너지를 키우는 가장 기초가 되는 것이 자기애다. 자신의 아름다움을 발견하고 기쁘게 받아들이게 하는 것, 그래서 선한 에너지로 서로 소통하게 하고 관계 맺을 수 있도록 도와주는 일이야말로 중요한 성교육이다.

피그말리온식 사랑, 내가 없는 사랑

파트너만 있고 내가 없는 사랑을 '피그말리온식 사랑'이라고 한다. 고대 희랍신화에 나오는 피그말리온은 사람 여자가 아니라 자신이 만든 석고상을 사랑했는데, 이처럼 보상 없는 사랑을 하는 그를 불쌍히 여긴 여신이 석고상을 사람으로 변하게 해 피그말리온의 사랑이 이루어지게 했다는 이야기의 주인공이다. 신화의 끝은 해피엔딩이지만 실제 현실에서 그런 사랑을 하는 사람들은 보상받기가 어렵다. 아주 불행한 사랑을 하고 있다고나 할까?

누군가는 이루어지지 못한 첫사랑이 가장 아름답다고 했다지만 이것은 역설일 뿐이고, 그래도 우리 보통사람들은 가까이에서 만지고 쓰다듬고 안을 수 있는, 그래서 사랑하는 마음을 주고받을 수 있는 보이는 사랑을 해야 불행하지 않다. 아무리 불행한 경험을 극복하는 것이 그 사람의 영혼을 성숙하게 한다고 해도 말이다. 하지만 우리 주변에서 보면 '파트너만 있고 나는 없는' 피그말리온식 사랑에 목을 매고 불행해하는 사람이 너무나 많다.

"내 애인은 파란색을 좋아해. 그래서 나는 파란색 옷만 입어", "우리 남편은 고기 요리는 먹지 않아요. 생선요리만 좋아하지요. 그래서 저는 주로 생선요리만 합니다. 저요? 저야 고기요리를 좋아하지만 사랑하는 사람이 원하는 대로 해주는 것이 바로 사랑 아닌가요?"

하지만 이렇게 내가 없는 사랑을 하다 보면 결국 사랑하는 사람에게 내가 없어지는 아픈 경험을 하기 일쑤다. "내가 널 어떻게 대했는데 네가 나에게 이럴 수 있어?", "나보다 그를 더 사랑했는데 그는 나를 떠나버렸어요. 나는 더 살 희망이 없어요", "나는 그 사람을 나브다 귀하게 생각하고 대했는데, 그에겐 내가 너무나 가벼운 존재였어." 이렇게 불행한 푸념을 하며 눈물짓기도 한다.

그런데 잔인한 말이지만 그런 불행한 결과는 너무나 당연하다. 나를 귀하게 생각하고 스스로 대접하지 않는 사람을 누구도 귀하게 생각하지 않기 때문이다. 다른 사람도 처음에는 그를 고맙게 생각하고 받아들이지만, 그의 끝없는 친절에 익숙해질수록 그의 존재가 쉬워지고 가벼워진다. 이 세상 무엇보다 소중한 존재는 바로 나다. 그런 내가 하는 사랑이기에 더 소중하고 현명해야 하며 그에게 내가 존중되어야 한다.

지금은 그런 이야기를 잘 들을 수 없지만, 한때 인기가 많던 드라마나 소설에는 유학생인 애인을 공부시키기 위해 자신은 모든 것을 버리고 돈을 벌어 뒷바라지를 했건만 결국 애인이 다른 여자와 결혼하는 내용이 많았다. 결혼 후에도 그런 일은 자주 일어난다.

그런데 생각해보라. 나는 그대로인데 파트너만 성장하고 업그레이드되면 그(그녀)가 만나는 환경이 달라진다. 아무래도 지위가 높고 경제적, 교육적 수준이 높을수록 사람들은 자신을 모든 면에서 더 잘 꾸미고(가장한다는 뜻이 아니라), 훨씬 교양 있게 행동할 가능성이 높다. 그런 사람들을 자주 만나다 보면 항상 그대로의 모습인, 그만을 꾸미느라 나를 돌보기는 뒷전이던 사람은 비교의 대상이 되기 어렵다. 이러다 보면 호감의 대상이 되기도 어렵다.

물론 사람 관계는 그렇게 단순한 것이 아닐지 모르지만, 사랑이라는 감정은 움직이는 것이다. 그래서 나는 방치한 채 파트너의 발전만을 위해서 자신을 희생하다 보면 파트너를 잃는 경우가 많다. 게다가 현실은 너무나 매력적인 남녀가 주변에 많고 그들을 만나기가 예전보다 훨씬 쉬워졌다는 데 문제가 있다.

분명히 내가 있고 파트너도 있는 그런 사랑을 하자. 무엇보다 나를 업그레이드하고 나를 멋진 사람으로 돌보아 경쟁력을 가지는 것이 사랑을 오래 지키는 방법이다. 그러면서 파트너를 위해 많은 것을 배려하고 파트너의 성장을 돕는 것, 그래서 내가 느끼는 감정이나 원하는 사랑이 무엇인지 명확하게 파트너에게 알리고, 파트너가 내가 원하는 방법으로 사랑을 표현하도록 하면 더 행복하고 멋진 사랑을 할 수 있지 않을까? 나도 내가 원하는 사랑만을 고집할 것이 아니라 그가 원하는 방법으로 사랑을 표현할 수 있으면 더 아름답고 성숙한 사랑을 경험할 수 있을 것이다.

사랑은 태어나면서 체득하는 것이 아니라 계속 배워가는 것이다. 사랑이 일방적이면 행복하기 어렵다. 그런 사랑은 오래가지도 않는다. 칼릴 지브란은 이렇게 노래했다. "서로의 잔을 채워주되 한 사람의 잔만으로 마시지 말라. 서로 빵을 나누어주되 한 사람의 것만 먹지 말라."

나는 이렇게 덧붙이고 싶다. 사랑을 나누고 또 채워주되 한 사람의 것만을 취하지 말라.

채워지지 않는 마음,
헤어날 수 없는 섹스

"제가 섹스 중독인 것 같습니다. 하루에 두 번 이상 섹스를 하지 않으면 짜증이 나고 일에 집중이 안 됩니다. 뭔가 문제가 있을 때도 섹스를 해야 마음이 안정되고…… 그러다 보니 집사람은 저를 사람 취급도 안 합니다. 요즘에는 곁에도 못 오게 해요."

얼마 전 골프황제라 불렸던 타이거 우즈와 미국의 유명한 영화배우 마이클 더글라스의 섹스 중독이 화제가 되면서 '섹스 중독'에 대한 관심이 높아졌다. 요즘은 섹스에 관련된 중독 때문에 상담요청하는 이들이 많다. 특히 포르노를 매일 보면서 자위행위를 하고 정작 성관계는 맺지 않는다는 남편을 둔 아내, 파트너가 없어 시험이 끝나면 포르노를 보며 자위행위를 하다 보니 정작 사람과는 섹스를 할 수 없는 지경이 되었다며 상담을 요청해오는 유학생들도 적지 않다.

특히 유학생 중에 자위 중독에서 비롯된 섹스리스가 많은데, 그들은 처음 유학을 가서 언어불통에 학업에 대한 스트레스, 그리고 현지 여자에게 미처 데이트를 요청하기 어려운 상황 때문에 시험이 끝나면 며칠 동안 포르노를 보면서 자위행위를 하고 쌓인 스트레스를 풀었다는 것이다. 그러다 보니 정작 결혼을 해서는 아내와는 흥분이 되지 않아 발기가 안 되고 섹스를 하지 못해 이혼에 이르기도 하는 경우가 꽤 있다.

지난해 상담을 청해왔던 한 유학생은 "단순히 포르노영화를 보면서 자위행위를 했다고 생각했는데 지금 와 생각하니 그것이 단순한 자위행위가 아니라 매일 여러 번 파트너를 바꾸면서 아주 자극적인 섹스를 한 것과 똑같다는 생각을 비로소 했다"며 아내와의 섹스가 안 돼 이혼 위기에까지 이른 자신을 원망했다.

얼마 전 자신이 자위 중독이라면서 상담이 가능한지를 물어오는 젊은 남자의 전화를 받았다. 실상 자위 중독은 섹스 중독이며 포르노 중독을 동반할 때가 많다. 포르노영화를 통해 아주 매력적인 파트너와 강한 자극으로 흥분을 해왔기 때문에 아내와의 익숙해진 자극으로는 흥분이 안 되고, 아내와의 섹스는 혼자 하는 자위행위보다 힘도 들고 해서 신경도 많이 써야 하는데 정작 재미는 없으니, 점점 안 하게 되었다는 것이다.

섹스 중독이란 알코올이나 담배, 마약처럼 섹스에 의존해 긴장을 해소하고 섹스를 통해서만 안정을 얻는 현상이다. 술이나 마약 등에 중독되는 것을 '물질 중독'이라 한다면 섹스 등의 행동에 중독되는 것을 '행동 중독'이라고도 한다. 그런데 섹스 중독이란 물질을 끊으면 되는 물질 중독에 비해 치료하기가 당연히 더욱 어렵다.

섹스란 양날의 칼처럼 잘못 사용하면 이렇게 중독이 되어 일상생활에 지장을 받을 수 있지만, 잘 쓰면(?) 좋은 것이다. 때문에 담배나 술처럼 무조건 끊는 것이 능사가 아니고, 좋은 사람과 적절하게 섹스를 통제할 수 있도록 하는 것이 치료의 목표가 된다. 그렇기에 처음에는 금욕을 해야 하지만 규칙적으로 자신의 파트너를 만나 대화도 하고 관계를 맺는 방법을 배워가야 한다. 또 적절하게 자신의 성욕을 통제하고 규칙적인 파트너와 섹스하기를 훈련해야 할 것이다.

외국에서도 섹스 중독의 사례는 더 늘고 있고, 그 치료에 부심하고 있기는 마찬가지다. 중독 호르몬이라 하는 도파민의 수용체에 영향을 주어 도파민에 둔감하게 하는 방법을 신중하게 연구하고 있다는 소리도 들린다. 하지만 섹스는 전인적인 감각을 자극하고 흥분과 만족을 얻는 행위라, 종교에 귀의하고 금욕하는 방법을 섹스 중독의 치료법이라 할 정도로 사실상 치료가 어렵다.

술, 담배, 마약 등 어떤 중독도 결국 고립과 소외감에서 비롯된다. 섹스도 마찬가지다. 아마 타이거 우즈도 자기 분야의 가장 높은 자리를 차지하고 있었기에 외로웠을 것이다. 항상 타인이 아니라 자신이 경쟁파트너였기 때문에 더욱 외로웠을 것이고, 어려서부터 혼자 운동만 해온 사람이다 보니 타인과의 솔직한 소통조차 쉽지 않았을 것이기에 자신을 전적으로 의존할 무언가가 필요했을 것이고, 그것이 섹스였을 것이다.

섹스는 친밀감을 높여주는 행위지만 그것이 감각에만 치중하게 되면 자극은 점점 더 강해져야 한다. 따라서 실제 몸을 만지거나 핥거나 하는 접촉의 자극도 강해져야 하고, 제2의 뇌라고 하는 눈을 통해 받는 시각적인 자극도 더 자극적이지 않으면 흥분이 되지 않게 된다. 이렇게 감각을 자극하는 말초적인 섹스에 탐닉하다 보면 그야말로 섹스로만 긴장이 해소되고, 나아가 매일 여러 회씩 섹스를 하지 않으면 안 되는 심각한 섹스 의존증, 섹스 중독을 불러올 수도 있다.

섹스는 감각의 문제이기도 하지만 관계의 문제이기도 하다. 섹스는 몸만의 대화가 아니라 마음과 영혼의 대화이며 깊은 친밀감을 위한 강력한 소통방법이다. 강한 자극만을 찾아 감각개발만 하다 보면, 파트너를 알아가고 이해하며 파트너를 받아들이는 마음과 영혼의 교통이 막혀버리고 서로에게 가졌던 애정의 기운조차 식어버릴 수 있다. 섹스는 분명 파트너와의 멋지고 짜릿한 교감이지만 그보다 더욱 중요한 것은 그 중심에 사랑이 있어야 한다는 것이다.

강렬한 만큼
치명적인 원나잇스탠드

몇 년 전 신문에서 '기혼자 60퍼센트 혼외정사'라는 기사를 읽고 놀란 적이 있다. 그 기사에 인용된 조사 결과에 따르면 한국 성인 응답자 1,144명(남자 1,032명, 여자 112명) 중 결혼한 성인 응답자의 61퍼센트가 배우자 외의 섹스파트너가 있고, 응답자의 40퍼센트가 10명 이상의 이성과 섹스를 했다고 대답했다고 한다.

섹스파트너가 10명 이상이라는 숫자는 결코 적은 수도 아니지만, 응답자들이 그 섹스파트너를 어떤 기준으로 대답했는지 드 궁금해진다. 단란주점 등 유흥업소에서의 성매매를 통한 일회성 섹스파트너였는지, 아니면 사랑(?)을 포함해 규칙적으로 만나거나 성관계를 유지하는 고정된 섹스파트너였는지 하는 것이다. 전자라면 모르긴 몰라도 숫자가 많이 축소된 것 같고, 후자라면 '꽤 많다'는 느낌인데 아마도 이 두 가지 기준이 혼용되었지 않았나 싶다.

위의 조사결과 중 기혼자의 60퍼센트가 혼외정사 경험이 있다는 것은 우리나라 기혼자들에 대한 조사치고는 너무 많다는 생각이 들기도 한다. 미국의 경우도 배우자 말고 바람피운 경험이 있다고 대답한 사람들은 남자가 29.5퍼센트, 여자가 그보다 적은 18퍼센트의 비율이었다. 물론 여기서 여자의 대답은 10퍼센트 정도가 거짓된 대답을 했을 거라고 추론해 남녀 거의 비슷한 비율로 바람을 피우고 있는 것으로 해석되었다. 이렇듯 이런 성적 통계는 어느 나라나 그대로 믿기 어려운 점이 없지 않다.

또 이번 조사의 변수로는 응답자 중 남자의 비율이 월등하게 높아서 그 수치가 좀 더 부풀려졌을 가능성도 있다. 성에 대한 설문의 대답은 진실보다는 도덕적 정답을 말하는 경우가 많아서 조사의 오류가 많다.

일반적으로 남자는 여자보다 많은 섹스파트너를 가질 뿐 아니라 남자들은 대체적으로 파트너 수를 늘리는 경향이 있는 반면, 여자들은 반대의 경향을 가진다고 한다. 이는 여자들의 파트너가 많으면 문제가 있다는 사회적인 관습도 영향을 미치지만 남자와 여자가 섹스를 평가하는 방식의 다름에도 이유가 있다. 즉 여자들은 자신이 맺은 성적 관계 중 마음에 남아 있는 특별한 파트너와의 관계 외에, 스스로 전혀 중요하지 않다고 생각하는 관계는 아예 그 대상에서 제외시켜놓기도 한다. 어쨌든 최근의 연구결과를 보아도 남자와 여자가 비슷한 사회적 지위를 가지면 외도의 비율도 비슷하게 나타난다.

프랑스의 사회학자인 자닌 모쉬 라보는 《현대인의 성생활》이라는 저서를 통해 200명이 넘는 많은 섹스파트너를 가진 사람도 적지 않았고, 일생 동안 한 사람의 섹스파트너를 가진 이도 많다고 밝히고 있다. 섹스파트너를 많이 가졌다고 더 행복하다거나, 일생동안 한 사람만을 사랑했다고 해서 더 불행할 리 없다. 성건강 측면에서 본다면 여러 섹스파트너를 가지는 일은 절대로 권할 만한 일은 못 된다. 왜냐하면 섹스파트너가 많아질수록 성병 등에 걸릴 위험이 높아지고, 자신이 예기치 않았던 성행동에 마주칠 기회도 많아지기 때문이다.

즉 모르는 사람과의 일회성 섹스는 가급적이면 하지 않는 것이 자신의 성건강을 지키는 방법이라는 것이다. 옷을 입고 만났을 때는 아주 매너가 좋던 사람이라도 막상 섹스를 하려고 할 때 어떤 성행동을 보일지 모를 일이다. 심지어는 어떤 영화에서의 주인공 샤론 스톤처럼 송곳을 가지고 섹스하겠다고 나를 위협할 수도 있고, 아주 심한 가학적인 섹스를 요구할 수도 있다. 그뿐 아니라 파트너는 내 생명을 위협할 수 있는 성병을 가지고 있을 수도 있다. 그래서 성매매를 하는 여자들은 모두 섹스를 할 때마다 죽음을 포함한 위험에 직면해 있다고도 한다.

섹스를 시작할 때에는 적어도 그 사람의 연애전력을 다 알지는 못해도 그(그녀)가 어떤 성행동이나 가치관을 가진 사람인지 자신의 성건강 관리를 어떻게 하는 사람인지에 대한 파악이 된 후 행우를 하는 것이 바람직하다. 그(그녀)가 어떤 사람인지 알고 섹스를 시작해야 한다는 말이다. 섹스는 생명에 깊이 관련되어 있다. 많은 수의 섹스파트너를 가지는 것은 곧 자신의 생명을 놓고 벌이는 러시안 룰렛게임을 하는 것과 다르지 않다.

내 몸을 사랑하면
섹스도 즐겁다

섹스에 문제가 있다고 말하는 사람들 중에는 자신의 몸매에 자신이 없고 불만족하는 경우가 꽤 많다. 자기 몸에 자신이 없는 사람은 불을 꺼놓고 섹스를 한다든지, 배우자가 자신의 몸을 못 만지게 하거나, 심지어 못 보게 한다든지 해서 서로의 성감을 떨어뜨리기 일쑤다. 그러다 보니 성행위 자체에 자신감을 잃기도 한다.

여기에는 우리의 과도한 외모 지향적 문화 탓이 크다. 남들이 보기에 적당한 몸매의 소유자도 자신이 훨씬 뚱뚱하다고 생각하는 경우가 많은 것을 보면 지나치게 마른 몸매가 아름답다는 잘못된 의식이 만연해 있는 것 같다. 그러다 보니 외국에서도 최근까지 나이 어린 젊은 여자들이(특히 모델 일을 하는) 몇 명이나 지나친 체중감량으로 거식증에 시달리다가 굶어죽은 경우가 보도된 적이 있다.

여자의 경우 너무 마르면 성적으로 문제가 생기는데, 일차적으로 생리를 하지 않게 되기도 한다. 몸이 위기감을 느껴 생리를 내보내지 않게 조절한다는 것이다. 여자는 최소한 자기 몸무게의 18퍼센트 되는 만큼의 지방을 가지고 있어야 여자다운 몸을 유지할 수 있다. 18퍼센트 이하가 되면 배란장애가 오고 월경이 순조롭지 않게 된다. 14퍼센트가 되면 무월경이 된다. 또 장거리 마라톤 선수처럼 격한 운동을 너무 깊이 하는 것도 골다공증 발생의 원인이 되고 수명도 많이 단축된다고 하니 너무 격한 운동은 피하는 것이 좋다. 실제 지나치게 마른 모델들은 생리가 없어지는 경우를 많이 겪는다.

게다가 우리나라의 성형 열풍은 가히 성형 공화국의 오명을 갖게 한 지 꽤 되었다. '부모님 날 낳으시고 원장님 날 만드셨으니'라는 우스갯소리가 더 이상 농담처럼 들리지 않는 현실인 것이다. 나이와 관계없이 예쁘고 날씬해지고 무턱대고 젊어 보이려 이런저런 성형수술에 무모하게 도전하는 여자들이 늘어만 간다. 성형에 대한 욕구는 어느 정도는 마음의 병이라 할 것이다. 또 한국 여자에게 많이 나타난다는 '화'라는 병도 가부장적인 사회구조에서 오는 갈등과 성적인 차별과 학대 등, 결국은 편치 않은 마음의 불균형으로 인한 몸의 병이다.

의학 쪽에서는 최근 심신의학이라고 해서 마음과 몸을 연결해 진단하고 치료하려는 움직임이 일어나고 있다. 미국의 한 심신산부인과 의학자는 특히 월경통이나 월경전증후군을 심하게 앓는 여자들 중 대다수가 대인관계에 수동적이고 자신이 하고 싶은 일을 하지 못해온 소극적인 사람들이라는 것, 그래서 마음이 자유롭지 않은 사람들이었다는 연구발표를 하기도 했다. 1950년대에 발표된 논문에서는 월경통이 단순히 여자들 스스로 자신이 여자임을 불행해하는 마음과 관련 있는 심리적인 증상이라고 말한 바 있는데, 대부분의 여자들이 자신의 몸이나 성본능에 대한 애정이나 존

경심 없이 월경에 대해 배우게 되어 이에 대한 두려움이나 부정적인 생각을 가지고 있기 때문에 더 힘들게 월경을 경험한다는 것이다.

남자나 여자나 몸과 마음이 연결되어 있는 것은 사실이지만 여자들은 특히 더한 것 같다. 성 혹은 섹스에 있어서도 여자들은 마음이 열리지 않으면 몸이 열리지 않는다고 하며 혹시 감각으로 성반응을 보인다 해도 마음까지 감동시키기는 어렵다고도 한다. 그래서 여자들은 분위기에 약하다는 말이 나오곤 하나, 실제로 심신이 긴장을 풀고 안정하고 몰입할 수 있는 상태가 되지 않으면 여자는 섹스에 몰입하기 어렵다. 마음이 편하고 자유로워야 멋진 섹스도 할 수 있는 것이다.

여자가 여자로서 자신의 몸을 존중하고 사랑하며 몸의 반응에 솔직하고 자유로울 때 스스로도 건강할 뿐 아니라 사랑하는 이와도 더 멋진 교류가 가능해진다. 사람은 각 나이만큼씩의 아름다움이 있다. 20대는 풋풋함으로, 30대는 당당함으로, 40대는 성숙함으로, 50대를 넘어서는 완숙함으로 아름다움을 표현한다고나 할까?

비만한 몸매는 좀 더 건강하고 즐겁게 살기 위해서라도 체중관리를 할 필요가 있으나 과도한 다이어트는 거식증, 생리불순, 성욕감퇴 같은 병을 불러오는 등 문제를 일으킬 요소가 많다는 것을 명심하자. 비현실적인 몸매의 환상에서 깨어나 무엇보다 자신 그대로의 몸매와 모습에 편안해질 필요가 있다. 나를 사랑하는 마음과 주눅 들지 않는 당당함, 몸과 마음을 균형 있게 가꾸는 것만이 몸과 마음의 진정한 건강을 가져오는 길이다.

송우
섹스와
바디 이미지

섹스를 방해하는 것 중에 '나쁜 바디 이미지'라는 것이 있다. 바디 이미지 body image란 자신의 몸에 대한 생각과 그에 대한 정서적인 태도를 말한다. 즉 내 몸이 내 마음에 드는가 아닌가 하는 것인데, 사실 이것은 전적으로 주관적이라기보다는 객관적인 시각이 더 영향을 미칠 때가 많다. 바디 이미지가 좋은 사람은 아무래도 일상생활에서 좀 더 당당하고 행복한 태도를 보이게 된다. 자신이 보기에 자신의 몸이 마음에 들고 이성에게도 충분히 매력 있다고 생각되면 이성을 대할 때 더욱 자신 있게 행동할 것이 분명하다.

그런데 이 바디 이미지는 외부의 객관적인 기준, 더 정확하게는 매체의 영향이 크게 작용하는데 현재의 사회적인 기준은 보통사람으로서는 따라잡기 어려울 정도로 높기만 하다. 특히 요즘은 날씬하다 못해 아주 마른 몸매가 미의 기준이고, 그렇게 마른 몸매에 커다란 가슴과 육감적인 엉덩이를 가져야 하며, 얇고 긴 눈꺼풀의 한국적인 눈보다는 서글서글해 보이는 쌍꺼풀의 커다란 눈, 게다가 V라인의 뾰족한 턱을 가진 갸름한 얼굴이 인기다.

게다가 보통사람들의 미적 기준이 되는 연예인들이나 모델들의 몸무게를 보면 심하게 걱정이 될 지경이다. 또 TV에 나오는 연예인들은 자신의 몸보다 7킬로그램은 더 나가 보이게 한다는 매체의 특성 때문인지 지나치게 말라 있는 경우가 대부분이다. 실제로 방송에서 그들을 만나보면 너무나 가녀린 팔뚝과 몸매로 일상생활과 과도한 스케줄을 소화해내는 것이 신기할 정도다. 그런데 그들을 보고 젊은 여자들뿐 아니라 아기를 낳고 기르는 주부, 중년여자들까지 '동안'에 '몸짱'이라는 지나치게 기준이 높은 바디 이미지에 매달리고 있는 것이 현실이다.

건강을 위해서도 조금은 넉넉한 몸피를 가져야 건강할 중년여자들조차 20대의 몸매를 부러워하고, 체중을 줄이기 위해 과도한 다이어트를 하고 운동에 매달리며 44사이즈를 지향한다. 그도 모자라 지방흡입술을 시행하고 저녁은 굶는다. 온갖 다이어트가 건강을 위해서가 아니라 외모만을 위해서 과도하게 실행되는 것이다.

50대 여자 연예인이 20대의 동안을 유지하고 있다는 것이 감탄의 대상이라니 이상하지 않은가? 조금만 진지하게 생각해보면 이것이 얼마나 어이없는 일인가? 50대에는 50대의 얼굴이 아름다워야 하지 않는가? 오히려 50대에 세상 물정 모르는 팽팽한 20대의 얼굴을 가진다는 것이 얼마나 겸연쩍은 일인가 말이다. 나이가 들어가면 그 사람이 가진 모든 아름다움과 가치가 사라지는 것처럼 그렇게 불안하게, 외모 말고는 아무것도 인정하지 않는 세상에 살고 있다는 게 씁쓸하기만 하다.

너무나 당연하게도 지나치게 마르거나 또는 뚱뚱하다면 성건강에 문제가 생기는 것은 말할 것도 없고 섹스의 성감을 느끼거나 체위를 구사하는 데도 문제가 생긴다. 사실 너무 뚱뚱하면 섹스의 어떤 체위로도 만족하기가 어렵고, 너무 말랐다면 파트너가 포용할 때 찔린다는 느낌을 받을지도 모른다. 또 성감대란 결국 피부의 촉각이 많은 영향을 미치는데, 피부가 너무 두꺼우면 성감이 당연히 둔감해진다. 그래서 혹자는 몇 년 전 화제를 모았던 '색계'라는 영화에서 감독이 여주인공으로 마르고 조그만 가슴을 가진 배우를 골랐던 것도 그 어려운 체위를 구사하면서 섹시한 느낌이 들게 하려면 마른 몸매가 더 적절하기 때문이라는 논리를 펴기도 한다.

그렇다 하더라도 역시 적절한 선이 어디냐 하는 문제가 있다. 너무 객관적인 시각에 자신을 맞추다 보면 자신의 바디 이미지에 만족하기가 점점 더 어려워진다. 또 여자들 대부분이 남자들보다 바디 이미지가 훨씬 나쁘다. 우리가 자주 웃으며 보는 그림 가운데 하나는 아주 아름답고 날씬한 여자가 보는 거울 속의 그녀가 아주 뚱뚱한 모습이라는 것이다. 남자들이 자신의 바디 이미지가 실제보다 좋은 이유는 그런 착각이라도 있어야 여자에게 성적인 프로포즈를 할 용기가 더 생기기 때문이라고 한다.

실제로도 너무나 부족함 없이 아름다운 여자가 '눈이 좀 작다'거나 '살을 좀 빼야겠다'면서 그보다 못한 용모를 가진 친구의 부아를 건드리는 예가 없지 않다. 자신이 너무 뚱뚱하다 고민했던 어떤 부인은 남편이 무심코 던진 "당신 다리는 정말 통통해"라는 말에 그다음부터 자신의 몸을 남편에게 보여주지 않게 되었고, 결국 섹스리스까지 가게 되었다. 그런데 부부와 함께 상담해본 결과 사실 남편은 부인의 통통한 몸매를 아주 마음에 들어 하고 있었다. 이 사실을 알게 되자 부인은 좀 더 편하게 남편에게 몸을 보여줄 수 있게 되었고, 다시 섹스도 그들의 관계도 회복되었다.

이 부부의 예로 보아도 자신의 바디 이미지가 얼마나 일상생활뿐 아니라 부부관계에도 영향을 미치는지 알 것이다. 자신의 바디 이미지를 향상시키는 방법은 건강한 균형 잡힌 몸을 가지도록 운동을 열심히 하는 것이다. 그리고 무엇보다 자신의 몸을 스스로 좋아하고 건강하게 돌보는 마음이 더 중요하다. 실제로 사람의 몸은 누구나 다 아름답다. 어린아이의 것도, 젊은이의 것도, 또 중년이나 노년의 몸도 다 아름답다.

아침 샤워나 세면 때마다 마술 거울 앞에 선 백설공주의 계모처럼 자신의 몸과 얼굴을 바라보면서 칭찬을 해주자. 머리끝에서 발끝까지 자기 몸을 보면서 실제로 확인해보는 '거울 훈련'도 좋은 바디 이미지를 갖고 자신의 몸을 사랑하게 하는 데 효과적이다. 특정 부위가 형편없다거나 못생겼다거나 너무 크거나 작다는 말을 들으면 자신의 신체적인 현실이 정말 남의 평가와 맞는지 객관적으로 확인해보는 것이다. 거울 훈련을 하고 나면 자신이 그래도 자신의 몸을 얼마나 좋아하는지 알게 된다.

혹시 마음에 들지 않는 부위라 하더라도 진정한 애정을 가지고 늘 칭찬하다 보면 눈에 띄게 아름다워지는 자신을 발견하게 될 것이다.

무엇보다 자신의 몸에 타인은 그다지 관심이 없다는 사실을 알자. 그래서 누가 나에 대해 하는 말에 좌우될 필요가 없는 것은, 칭찬이든 험담이든 반 이상이 빈말이기 때문이다. 사람들이 누군가를 좋아하게 되는 것은 처음에 잠깐 외모 덕분일 수는 있어도 그를 진정으로 좋아하게 되는 이유는 온화하고 다정하며 친절하고 사려 깊은 성격과 태도 때문이다. 나를 많은 사람이 좋아하게 하려면 무엇보다 내가 나 자신을 좋아하고 인정하며, 독서를 통해 내면의 힘과 아름다움을 기르는 것이 최선의 방법이다.

자존감이란 자기 자신의 존재와 의미를 스스로 인정하고, 자신의 가치와 중요성에 감사하는 마음이다. 나를 아름답게 가꿔주는 힘은 무엇보다 내부의 자신감, 그리고 자신을 사랑하는 마음에서 온다.

송우

스트레스를 섹스로 푸는 남자,
스트레스엔 섹스를 피하는 여자

"스트레스가 많으면 섹스를 할 수 없어요."
"섹스야말로 스트레스를 해소하는 가장 멋진 방법입니다."

일견 상충되는 말처럼 들리지만 두 이야기 다 맞다. 스트레스가 지나치게 많으면 섹스가 어려워지고, 한편으로 섹스는 스트레스의 가장 좋은 해소법이기 때문이다. 심리적으로, 육체적으로 피곤하고 스트레스를 받으면 당연히 섹스에 문제가 생긴다. 스트레스를 받으면 남자는 공격적이 되고 성적 흥분상태가 되지만, 여자는 섹스에 침묵하게 된다. 그러나 지나친 스트레스를 받으면 남자도 신체적으로 테스토스테론이라는 성욕을 부추기는 호르몬의 분비가 줄게 되고, 이 호르몬의 감소는 성욕 감퇴 및 신경계와 발기 문제를 야기시켜 남자의 성적 기능을 약화시킨다.

남자는 스트레스를 섹스로 해소하고 싶어하지만, 여자는 스트레스를 받으면 섹스에 몰입하기가 어렵다. 여자들은 스트레스를 받으면 주변 친구들이나 동료들과 대화로 소통함으로써 해결하고자 하는데, 그 소통의 대상이 사랑하는 남자가 되면 더 좋을 것이다.

나는 여기에 더해, 대화뿐 아니라 멋진 섹스를 통해서도 위안 받기를 권하고 싶다. 스트레스는 에너지가 긴장하고 응축된 것이다. 피돌기가 순조로워야 우리 몸이 건강하듯이 우리의 정신적인 부분의 에너지 순환이 순조로워야 마음의 작용들이 편안하고 자유스럽다. 마찬가지로 마음의 오고가는 작용이 평안하고 자유로워야 에너지가 잘 순환된다. 바로 사랑과 배려가 담긴 섹스를 서로가 나누면, 파트너의 다정한 관심이 담긴 우호적인 에너지가 서로의 몸과 정신을 돌아 교류되면, 에너지의 응축이 풀어지고 편안해지면서 결국 긴장이 풀어지는 것이다.

성학sexology에서는 '성기는 치골에 달린 것이 아니라 하트(마음)에 달려 있다'는 말을 한다. 또 '섹스는 두 다리 사이가 아니라 두 귀 사이로 한다'고 이야기하기도 한다. 이런 이야기는 사람의 심리상태에 따라 섹스의 수준이 결정된다는 말이기도 하다. 그래서 가능하면 조금이라도 사랑하는 마음이 있는 사람과 섹스해야 하고, 그래야만 섹스를 통해 육체적, 심리적인 위안 효과를 얻을 수 있다는 말이기도 하다.

또 좋은 섹스는 스트레스 해소뿐 아니라 치유효과를 가지고 있다. 섹스의 치유효과는 여러 가지 통증을 없애주고, 근육의 긴장을 풀어주며, 신진대사를 촉진해준다. 면역력도 강해지고, 피부가 고와지고 윤기가 흐르게 하는 한편, 월경주기를 확실하게 해준다. 또한 남자의 전립선 기능을 보호하고 유지시켜주며, 여자에게도 성적인 기능을 건강하게 유지하도록 하고, 나아가서는 사랑하고 사랑받고 있다는 자긍심을 높여주며 삶의 활력을 준다.

규칙적이고 멋진 섹스를 하는 사람은 심장병에 걸릴 확률도 낮아지고 훨씬 젊어 보인다. 섹스에는 진통효과가 있어서 월경 전에 멋진 섹스를 하고 나면 월경통이 많이 줄어들고, 요통이나 두통에도 섹스는 치유효과를 발휘한다. 아마도 섹스를 해본 사람이라면 몸이 찌뿌듯하고 정신적인 스트레스가 많을 때 파트너와 멋진 섹스를 하고 나서 머리가 맑아지고 몸이 날아갈 것처럼 개운해지는 경험을 해보았을 것이다. 그것이 바로 섹스의 치유효과다.

CHAP **2** TER

Body
아는 만큼 행복해지는
사랑의 기술

두 사람이 만나는 것은
두 가지 화학 물질이 접촉하는 것과 같다.
어떤 반응이 일어나면
둘 다 완전히 바뀌게 된다.

− 칼 융

성욕을 일으키는 향기

향수를 좋아하고 즐겨 사용하는 터라 자주 "어떤 향수를 사용하세요?"란 질문을 받곤 한다. 같은 향수를 사용해도 사람마다 다른 체취에 섞이면 다르게 느껴지는 법이라 향수의 이름을 말해준다 해도 같은 향기를 낼 것도 아니건만 한사코 그것만은 가르쳐주고 싶지 않다. 사실 서양에서는 사용한 향수 이름을 물어보는 것은 어떤 속옷을 입었냐고 물어보는 것만큼이나 대단한 실례로 여겨진다고 한다. 섹스심벌로 유명했던 마릴린 먼로가 '무엇을 입고 자느냐'는 질문에 '샤넬 넘버 5만 입고 잔다'고 대답한 이후로 향수와 속옷을 동일시하게 되었는지도 모를 일이지만.

사람이 속한 포유류는 후각동물이라 해도 과언이 아닐 만큼 후각이 발달해 있으며, 냄새로 이성을 홀리는 것은 꽃만이 아니어서 사람이나 동물의 생식을 위한 성적 활동에도 많은 영향을 끼친다. 사람이 가진 감각은 시각, 미각, 후각, 청각, 촉각 등 오감, 혹은 사람마다 독특한 냄새를 낸다는 페로몬을 인식하는 감각까지 말한다면 육감에 이른다. 이 중 성별에 따라 더욱 효용을 발휘하는 감각들이 있는데, 특히 여자는 남자보다 훨씬 후각적으로 예민하다. 남자들이 시각적으로 예민하다면 여자들은 냄새에 아주 민감하다는 뜻이다.

진화론적으로 사람이 일어선 후 코가 땅에서 멀어져 후각이 퇴화되었다고는 하나, 내 몸의 체취나 코로 들어온 파트너의 향기는 '속일 수 없는 원초적 감정'이라고 말해질 정도로 냄새와 정서적인 기억은 밀접하다. 그래서 냄새에 특별히 유난한 여자는 파트너의 기분—화가 났는지, 기분이 좋은지, 성적으로 흥분했는지—을 냄새로 알아맞히기도 한다니 파트너로선 감정을 감출 수 없다는 점에서 좀 오싹한 일이기도 하겠다.

심지어 옛 연인을 추억하거나 기억할 때도 남자들은 사진이나 그녀를 닮은 여인을 볼 때 그렇다고 하는 반면 여자들은 그의 냄새, 그가 사용하던 스킨로션이나 비누향을 맡으면 그렇다고 한다. 그래서 옛 연인을 기억하고 싶을 때 짐짓 그가 사용하던 로션이나 비누향을 맡는다는 이도 있다. 이뿐 아니라 냄새에 예민한 여자들은 특히 사랑에 빠진 파트너의 체취에 민감하고 그때에는 다른 이성의 냄새에는 둔감해진다는 연구결과도 있으니 놀라울 따름이다.

캐나다의 맥길대학교 요한 룬드스트룀과 존 고트만 교수가 한 실험에 따르면, 사랑에 깊이 빠져 있을수록 자신의 연인의 체취를 잘 찾아내고 다른 이성의 냄새에는 오히려 둔감해졌다고 한다. 그런데 냄새를 맡는 능력과 함께 그 사람의 고유한 체취는 사람이 가진 것 중 가장 원시적인 형태여서 숨길 수도 없다고 한다. 후각이야말로 어쩌면 가장 솔직하고 숨길 수 없는 감각이라는 것이다. 그래서 예민한 여자는 자연스레 풍겨오는 자신의 연인의 옅은 냄새만으로도 현재의 기분이 좋은지 아닌지, 흥분했는지 화가 났는지를 알아맞히기도 한다.

또 얼마 전에는 세계적으로 유명한 여성잡지사에서 18~46세 여자들을 대상으로 '남자가 향수를 사용하는 게 좋냐, 그렇지 않냐'의 질문을 했더니 무려 90퍼센트 이상이 '좋다'고 대답했다는 것을 봐도 여자들이 얼마나 좋은 냄새 나는 남자들에게 이끌리는지 알 수 있다. 이 답변으로 미루어 여자가 향수를 사용하는 것보다 남자가 좋은 향수를 사용하는 것이 더 효율적이라는 추론도 가능해진다.

더욱 배란기의 여자는 냄새로 '이 남자가 좋은 유전형질인가 아닌가', 즉 '나의 좋은 파트너가 될 만한가 아닌가'를 구별해내는 능력도 갖추고 있다고 하는데, 특히 배란기의 초저녁 즈음이면 여자의 후각 기능은 최고조에 이르며, 이때 여자의 성욕도 가장 높아진다는 것이다 물론 이때의 냄새는 향수 냄새라기보다는 그 남자의 독특한 체취를 의미하겠지만 말이다.

일반적으로 성욕을 불러일으키는 향기로는 사향이나 일랑일랑, 재스민, 장미향을 드는데 이런 인위적인 향 말고도 실제 정말 좋은, 성적인 매력을 느끼게 하는 독특한 향기를 풍기는 사람도 적지 않다. 사람에게서 풍겨오는 그 사람만의 체취에는 단순히 살 냄새뿐 아니라 그 사람의 인격 냄새가 섞여 있다 해도 과언이 아니다. 개미나 벌만이 페로몬을 통해 정보를 전달하는 것이 아니라 페로몬을 인식하는 수용체긴 서골비가 퇴화되었다는 우리 인간들조차도 아직까지 냄새로 많은 정보를 파악하고 파트너를 이해한다는 점이 신기할 따름이다.

《향수》라는 비상한 소설을 쓴 파트리크 쥐스킨트가 고찰한 바, "사람들은 자신이 사랑에 빠지는 이유는 눈으로 그녀의 아름다움을 확인해서라고 믿지만 실제로는 그녀의 향기 때문"이듯 우리는 자신만의 고유한 냄새를 통해서 자신의 내밀한 부분을 의도하지 않게 드러낼 수도 있다.

사랑의 시인 바이런은 "술은 입으로 오고, 사랑은 눈으로 오나니"라고 노래했으나 사랑은 코로부터도 온다. 물론 그 후에는 더 많은 사랑을 위한 단계가 기다리고 있을지라도.

간지럼을 잘 타는 부분이 바로 성감대다?

Yes. 일부 맞는 이야기다. 허리, 겨드랑이, 발바닥 등은 훌륭한 성감대다. 그러나 성감대를 찾기 위해서는 터치의 강도가 매우 중요하다. 너무 가벼우면 자극이 안 되고 너무 세면 아프다. 파트너가 좋아하는 강도를 적절히 조절해야 한다. 한 가지 팁을 주자면 여자들은 늘 같은 성감대를 갖고 있지 않다는 것이다. 시시각각 성감대가 옮겨 다닌다. 남편들은 탐구정신을 살려 아내를 공략해보자.

몸도 마음도
치유하는 섹스

사랑하면 예뻐진다는 말이 있다. 그 말은 사실이다. 사랑에 빠지면 언제나 연인과의 만남에 대한 기대와 긴장으로 등도 꼿꼿하고 턱도 들어올린 바른 자세로 다니기 때문에 아름답다. 그리고 사랑을 하면 눈가나 얼굴이 사랑의 기운으로 촉촉해지기 때문에 아름답다고도 한다. 또 실제로 사랑하는 사람을 보게 되면 동공이 확장되기 때문에 눈빛이 더 깊고 그윽해진다는 것이다. 그래서 과거 중세 때 귀부인들은 실명의 위험을 무릅쓰고 무도회 등 사교계에 나갈 때면 동공이 커지는 약물을 눈에 넣어 아기같이 커다란 눈망울을 만들곤 했다고도 한다.

부부 대상 성교육을 하게 될 때 나는 가끔씩 "여기 계신 분들 얼굴만 봐도 누가 섹스를 안 하는지 난 다 알 수 있어요"라고 장난을 치곤 한다. 그러면 교육생들의 얼굴이 긴장되는 것을 알아차릴 수 있는데 그야말로 '도둑이 제발 저린 식'이다. 하지만 이 말이 순전한 거짓이 아닌 것은, 오랫동안 섹스리스로 살아온 아내는 눈빛도 건조하고 얼굴에 윤기가 없으며 딱딱한 표정인 것을 알 수 있기 때문이다. 반대로 남편과 금슬이 좋은 아내는 얼굴 표정도 부드럽고 눈빛도 촉촉하며 다정하다.

사랑을 하게 되면 그 사람의 분위기가 달라지는 것을 우리는 느낄 수 있다. 부드럽고 촉촉하고 섬세해지면서 온몸에 윤기가 흐른다고나 할까? 사랑을 하면 엔도르핀이 분비되고 흥분을 일으키는 호르몬인 도파민이 분비되어서 아름다워지고 긴장된 모습을 가지게 된다. 비단 호르몬의 작용뿐 아니라 사랑을 하면 내가 누군가에게 사랑받고 사랑을 주고 있다는 사실에서 자존감이 상승된다.

왠지 몸이 뻐근하거나 정신적인 스트레스가 심할 때 그(그녀)와의 멋진 섹스를 하면 기분이 상쾌해지면서 몸이 개운해지고 에너지가 솟는다는 것을 섹스를 해본 사람이라면 경험해보았을 것이다. 그래서 나이 든 부부라도 섹스를 자주 하는 부부는 같은 또래의 부부보다 더욱 젊어 보이고 건강해 보인다는 것이 정설이다. 심지어 남자는 12년 정도나 젊어 보인다고 한다.

사랑하는 사람과의 섹스는 육체적인 감각에 대한 흥분과 만족이라는 기능 외에 사랑 및 유대감의 확인이라는 면에서 정서적인 관계 맺기의 비중이 더 높다. 나를 사랑해주는 사람이 있다는 믿음과 확신은 사람을 당당하게 하고 자신 있게 인생을 살 수 있도록 고무한다. 사랑과 배려가 바탕이 된 섹스는 파트너에 대한 신뢰와 자존감의 확인으로 인생을 멋지게 살 수 있는 에너지원이 되어준다. 사랑하는 사람들, 특히 부부간의 원만하고 즐거운 섹스는 가정을 더욱 결속시켜주며, 파트너의 외도 또한 막아준다(특히 아내와 행복한 섹스를 충분히 하는 남편은 바람피울 일이 없다). 그래서 섹스를 자주 하고 즐겁게 하는 부부는 그렇지 않은 부부보다 더 친밀하고 당연히 관계가 더 좋다.

즉 좋은 섹스는 더 좋은 관계를 형성하고 결국 부브간에 최상의 커뮤니케이션을 만드는 수단이 된다. 결혼하고 더 예뻐지는 사람은 분명히 결혼 안에 사랑이 담긴 멋진 섹스가 있다. 부부간에 섹스가 순조롭고 만족스러우면 얼굴빛도 행동도 부드럽고 여유가 있어진다. 가을 은행잎조차 햇빛을 잘 받는 위치인가 아닌가에 따라 단풍색이 다르지 않은가?

우

여자들이여,
자기 성기를 보라

특히 여자들에게 성강의를 하다 보면 내가 꼭 하는 질문이 있다. 그것은 "자기의 성기를 꼼꼼히 보신 분 손들어보세요." 하는 것이다. 이 질문에 대한 대답은 손을 번쩍 드는 것이 아니라 자신의 가슴 앞으로 손가락을 세워 표시하도록 한다. 그것은 질문에 대한 대답조차 대다수의 여자들이 남 앞에 드러내기를 주저하는 탓이다. 그러면 많게는 몇 백 명, 적게는 수십 명의 교육생 중에 고작 한두 명만이 조심스레 손가락을 세워 든다.

이렇게 손을 든 여자들에게 어떻게 보게 되었는지 물어보면 무척 어색해하면서 "어떻게 생겼는지 궁금해서", "아기 낳고 회음부가 잘 아물었는지 보기 위해서", "질염 같은 문제가 생겼을 때"라는 대답을 듣게 된다. 아마도 이 질문을 남자들에게 하면 "이거 무슨 소리야, 당연히 하루에도 몇 번씩 보게 되잖아?"라고 대답할 것이다.

왜 여자들은 자기 몸의 일부인 성기를 전혀 보지도 않고 볼 생각도 하지

Body

66

않는 것일까? 혹자는 조심스레 대답한다. "구조가 보기 불편하게 생겨 있잖아요. 보이지도 않고."

그런가? 그런데 우리는 보기 어려운 발바닥도 보고, 심지어 뒷모습 맵시를 보기 위해 몇 개의 거울을 동원하기도 한다. 여자가 자신의 성기를 보자면 의자에 앉아 한 다리를 곧추세우고 거울에 비춰 보든지, 아니면 소변 보는 자세로 앉아 거울로 비춰 봐야 한다. 자세가 불편한 것은 어느 정도 사실이다. 그런데 진짜 이유를 대자면, 구조가 불편해서, 성기가 잘 안 보이기 때문에 보지 않는 것이 아니라 마음이 불편해서 못 보는 것이라는 게 맞다.

남자들의 성기가 그렇게 숨어 있다면 과연 남자들은 전혀 보지 않을까? 그렇지 않을 것이라 생각한다. 그런데 여자들은 자신의 성기를 보는 게 왜 그렇게 마음이 불편할까? 그 이유는 우리 사회의 이중적인 성의식에 학습되어 남자들뿐 아니라 여자들이 스스로의 성을 억압해왔기 때문이다. 남자는 성에 대해 많이 알아야 하고 경험이 많을수록 유능하지만, 여자는 성에 대해 많이 안다는 것, 경험이 많다는 것을 부정적으로 여겨왔기 때문이다. 자신의 생활, 건강, 사랑의 모든 부분에 깊이 연관되어 있는 성이지만, 그것에 대해 잘 아는 것, 경험하는 것, 알려고 하는 것은 심각하게 억압되어왔다.

내가 강의 중에 자주 드는 예로, 이런 질문을 던진다. "아주 성격도 좋고 유능한 남자가 있다. 그 남자는 인기도 많고 남녀 친구도 많다. 그런데 그 중에서 세 명의 여자와 동시에 사귀고 있다. 물론 섹스도 한다는 소문이다. 이 남자는 친구들 사이에서 어떤 평가를 받겠는가?" 그러면 대개 '아주 유능한 친구', '부러운 사람'이라는 대답이 나온다.

다시 질문을 던진다. "아주 매력적이고 성격이 좋은 젊은 여자가 있다.

그 여자 역시 주변 사람들에게 인기가 많고 남녀 친구 관계도 좋다. 그런데 그 중 세 명의 남자친구와 동시에 사귀며, 섹스도 한다고 한다. 이 여자는 자기 친구들에게 어떤 평가를 받겠는가?" 그러면 대답은 '문제가 심각한 여자', '헤픈 여자', '도덕관념이 흐린 여자'라는 부정적인 평가가 나온다. 만약 그녀가 자기 친구이고 그 소문이 다 알려져 있다면 "친하다는 것을 알리거나 같이 다니기 힘들 것"이라는 대답을 하기도 한다.

사례는 주인공이 여자와 남자라는 점만 빼면 아주 똑같았다. 그럼에도 불구하고 그 주인공들에 대한 평가는 아주 달랐다. 이것이 바로 우리 사회의 전반적인 성의식이다. 누군가는 그것이 여자와 남자의 다른 성생리 특성상 어쩔 수 없는 차이라고 말하기도 한다. 그런데 성이 다르기 때문에 혹은 여자는 임신할 수 있고 남자는 씨를 뿌리는 입장이기 때문에 그렇게 달라야 한다는 대답은 적어도 공정하지는 않다. 자신의 성욕을 잘 알고, 자신의 성건강적인 정보를 잘 알고 관리하고 조절할 수 있다면, 즉 즐겁고 안전한 섹스를 할 수 있다면 여자들의 성정체성에 대한 인식이나 태도가 좀 더 주도적이며 능동적이 될 것이라 생각한다.

대학에서 성에 대한 강의를 할 때면 난 과제로 자신의 성기관찰기를 써 오라고 한다. 말이 떨어지기가 무섭게 학생들의 얼굴은 당혹스러움과 어리둥절함으로 일그러진다. 원성을 사기도 일쑤다. 과제를 마친 학생들의 많은 수가 '마치 음탕한 짓을 하는 것 같아 마음이 불안했다'고 적어낸다. 그러나 이 과제는 자신의 성기를 성기로 인식하고 성기로서의 자기의 몸을 직면케 한다는 미덕이 있다. 심지어 남학생들조차 성기를 성적인 기관으로 받아들이는 것을 새로운 경험이라 적기도 한다. 또 건강한 상태의 성기에 익숙해짐으로써 문제가 생겼을 때 쉽게 알아볼 수 있다는 점에서 이는 성건강 교육이기도 하다.

외국에서도 성교육 초기단계에 이 성기관찰을 넣는다. 요즘은 초등학교 4학년 정도 되면 이차성징이 나타나고 사춘기를 맞는다. 이때부터 자신의 성기를 잘 살펴보고 잘 씻고 관리하는 것을 배우는 것은 자신의 몸과 마음의 주인이 되는 일이다. 너무나 놀랍게도 어떤 여자들은 질염이 생겼을 때도 병원에서 처방한 질정을 질 안에 넣지 못해서 쩔쩔매는 경우가 많다. 심지어 결혼을 해 섹스를 하고 있는 주부들조차 질 안에 뭔가를 넣어도 되는지, 혹은 얼마나 깊이 넣어야 되는지에 당황한다.

성기관찰은 성심리적인 면에서도 충분한 미덕이 있다. 자신의 성기를 진짜 자기의 것으로 느낌으로써 성적 자기결정권을 갖게 되는 것이다. 성은 형이상학적인 가치관만도 아니고, 육체라는 몸만도 아니다. 성은 육체와 마음을 함께 가지고 운용해가야 하는, 그리고 즐겁고 행복하고 건강하게 살아가야 하는 생활에 다름 아니다. 성교육은 가치관 교육이 아니라 바로 어떻게 행복하게 살 수 있는지를 가르치는 생활교육이다. 이것이 바로 자신의 성기와 친해져야 하는 이유다.

송우

비정상은 없다

미국의 저명한 섹스 대리 파트너(섹스 소로게이트, sex surrogate)[*]인 셰릴 코헨 그린의 책 《한번 해도 될까요?》를 보면 자신의 몸에 불편함을 가진 여자의 사례가 나온다. 완벽에 가까운 몸매를 가진 메리라는 여자는 남편과의 섹스를 거부하는데, 이는 자신의 소음순이 비대칭이라는 이유에서다. 메리는 이상하게 생긴 그곳을 남편에게 보여줄 수 없었고, 결국 남편과의 섹스까지 거부하게 된다.

　셰릴은 이런 메리에게 모든 사람의 얼굴이 다르듯이 성기 또한 다르게 생겼고, 모양과 크기가 다르며, 메리 역시 전혀 비정상이거나 기형이 아니라는 사실을 이해시키기 위해 《피메일리아》라는 컬러 사진 모음집을 보여준다. 이 책에는 32명의 여자들 외음부 사진이 실려 있는데, 어떤 모델의 외음부는 분홍빛인가 하면 어떤 사람들은 갈색을 띤다. 어떤 음순은 길고 어떤 것은 짧으며, 어떤 것은 양쪽이 대칭이지만 어떤 것은 좌우가 짝

짝이다.

"이게 정말 정상인가요?"

"완벽하게 정상이죠. 많은 여자들의 음순이 비대칭이에요. 여자 생식기의 자연스러운 여러 형태 중 하나일 뿐이에요."

우리나라 여자들의 몸에 대한 무지도 메리와 크게 다르지 않아서, 자신의 몸 어느 부분이 남다르다고 생각하면 불편한 마음을 갖고, 남편에게 보여주기를 두려워하며 고민하고, 심지어 성형수술까지 하는 경우가 꽤 있다. 사실 자기의 성기를 꼼꼼히 봤다는 여자도 별로 없지만.

소음순 성형수술은 소음순을 잘라내 자그마하게 만드는 수술이라고 할 수 있는데, 결코 찬성할 수가 없다. 소음순은 예민한 성감대 중 하나라 가능하면 손대지 말아야 한다. 소음순이 너무 커서 성관계시 말려들어가 아프다든가, 스키니 팬츠를 입을 때 불편하다든가 하는 기능상의 불편함이 문제라면 생각해볼 수 있겠지만, 사실 그렇게 긴 사람은 드물다. 소위 말하는 '이쁜이 수술'이나 '양귀비 수술'도 마찬가지다.

'이쁜이 수술'이라는 것도 결국 출산 등으로 늘어진 질 내 피부를 좁게 만들어 삽입시 조이는 느낌을 기대하는 것인데, 알다시피 피부란 나이가 들면 탄력을 잃고 늘어나게 되어 있는 것이라 수술을 한다 해도 시간이 지나면 마찬가지가 된다. 또 이렇게 질을 좁게 한 경우 폐경기에 질액 분비가 적어지면 더 괴로울 수가 있다. 익숙해진 섹스 방식에 성감이 떨어진 줄도 모르고, 섹스 체위에 대한 변화도 도모해보지 않고, '좀 헐거워진 거 같은데'라는 남편의 한마디에 지푸라기 잡는 심정으로 수술대에 눕는 것은 자신의 몸을 하나의 성기로 만드는 것에 다름 아니다.

여자들 자신을 위한 수술이라고 광고하는 곳도 있지만 결국 남편의 성적 만족도를 향상시키기 위한 양귀비 수술 또한 소중한 내 몸을 파트너의 입맛에 맞추려는 안간힘과 다르지 않다. 기능 때문이 아니고 단지 외형상의 아름다움을 추구하기 위해서, 혹은 파트너의 욕구만을 감안해서 내 몸에 칼을 대고 이물질을 넣어 바꾸는 것만큼 자존감을 잃는 행위가 또 있을까?

스스로를 소중히 여겨야 상대도 나를 존중해준다는 사실을 잊지 말자. 더불어 자신의 몸에 대한 정확한 인식과 파악이 중요하다. 여자들이 자신의 성건강을 잘 관리 유지하기 위해서 반드시 해야 할 한 가지가 있으니, 그것이 '성기 관찰'이다. 셰릴이 그의 의뢰인과 한 성기 관찰을 인용해보자.

> 둘 다 옷을 벗은 다음 나는 옷장에서 손거울과 베개들을 꺼냈다. 다리를 서로 교차시킨 다음 나는 메리와 함께 내 외음부를 탐사했다. 음핵 포피를 뒤집어올린 다음 손가락으로 음핵을 문질렀다.
>
> "여기가 피지가 생기는 곳이에요. 샤워할 때 음핵 포피를 가만히 들어올리고 비누칠을 약간 한 다음에 물로 씻어내면 쉽게 피지를 없앨 수 있어요. 하지만 질에는 비누가 들어가면 안 돼요. 질은 자정 기능을 하는데 비누를 썼다가는 산과 알칼리의 균형이 깨질 수 있어요. 간단해 보일지 몰라도 그런 걸 알게 되는데 큰 고생을 했어요. 덕분에 내 생식기가 근본적으로 나쁘거나 역겨운 것이 아니라는 사실을 알게 됐죠. 몸의 다른 부분처럼 씻을 수도 있고 거기서 나는 냄새도 없앨 수 있었어요."

성기 관찰은 건강과 심리, 두 가지 측면에서 필요하다. 건강한 상태의 것을 봐두어야 이상이 생겼을 때 인지할 수 있다는 뜻이다. 또 성기를 나의 일부라고 생각했을 때 성적 자기결정권을 가지고 건강한 성관계를 결정하고 당당하게 가질 수 있다.

우리나라 여자 중에는 거울로 자신의 성기를 보는 것을 끔찍해하는 이가 많다. 그러나 관찰을 해야 건강 상태를 체크하고 청결하게 유지할 수 있으며 또 성기에 대한 부정적 인식을 버릴 수 있다. 그리고 성기를 소중한 내 몸의 일부라고 여긴다면 자신의 의사와 상관없이 하는 수동적인 성관계를 단호히 거부할 수 있다는 점에서 성기 관찰은 큰 의미가 있다.

성기 관찰에서 더 나아가 가능하다면 성기를 만져보는 것도 중요한데, 자위행위 등으로 성감을 느끼는 것에 죄의식을 가질 필요는 없다. 자신의 좋은 느낌을 알고 익숙해져야 아내를 만족시키고 싶어하는 남편을 도울 수 있다. 여자들은 자신의 성감을 끌어올려 오르가즘에 다다르게 하는 것은 온전히 남자의 몫이라고 생각하는데, 그것은 잘못된 생각이다. 자위행위를 통한 성감 개발은 자신의 오르가즘을 더욱 확실히 느끼게 해주기 때문이다.

※ 섹스 대리 파트너sex sorrogate란 성적으로 곤란을 겪는 사람들에게 직접 실습으로 성적인 문제를 극복하게 도와주는 직업이다. 실습 과정에서 의뢰인과의 성관계가 포함된다. 의뢰인으로 하여금 몸에 대해 더 잘 알고 자신의 몸에 대한 자신감을 가지며 긴장을 풀고 성적 기술을 연마하게 한다. 실습으로 성을 가르치는 대리 파트너는 미국에서도 논란의 여지 가 많아 비교적 개방적인 지역(책의 저자 셰릴 코헨 그린은 샌프란시스코에서 활동)어 서만 공식적으로 센터를 운영하고 있다.

클리토리스의
비밀

여자의 민감한 성감대 중 대표라 할 음핵, 즉 클리토리스는 놀랍게도 남자의 음경과 생김 및 구조가 같다. 클리토리스는 라틴어로 '숨어 있다'라는 뜻으로, 성적인 흥분을 느껴서 발기될 때 그 귀두가 너무 예민해져 쾌락을 넘어선 지나친 민감함을 느끼게 되면 포피 속으로 숨어버리기 때문에 그런 이름이 붙었다고 한다. 클리토리스, 음핵은 남자와 여자의 몸을 통틀어 유일하게 성적인 흥분 기능만을 가진 기관이다.

음핵은 2.6센티미터 정도 되는 크기이며 뿌리 같은 두 개의 음핵돌기를 가지고 있다. 남자의 음경 귀두는 가장 예민한 성감대로 그 귀두 위에 4,000여 개의 신경들이 분포돼 있다. 그래서 남자들은 음경, 그 중에도 귀두를 애무할 때 가장 흥분하고 쾌감을 느낀다고 한다. 그런데 음핵은 음경 귀두에 비하면 아주 작은 면적이지만 그 조그만 데 음경의 그것에 분포된 정도보다 많은 8,000여 개의 신경이 분포돼 있다고 한다. 그렇다면 얼마나 강력한 성감이 느껴질 것인가 짐작할 수 있을 것이다.

　음핵의 크기는 개인차가 있지만 크기에 비례해 성감이 더 좋아지거나 한다는 보고는 아직 없는 것으로 보아 음경처럼 크기와 성감은 무관한 모양이다. 이 음핵은 여자에게 일차적으로 민감한 성감대로서 삽입을 경험해보지 못한 여자들에게도 성적인 오르가즘을 선사한다. 대개의 경우 삽입으로 인한 질오르가즘은 삽입섹스 경험이 있는 여자들이 공감하는 반면에(질을 통한 출산을 경험하면 질오르가즘에 대한 공감의 폭은 더 커지는데 이는 아기가 질을 따라 나오면서 질의 모든 부분을 마사지하는 효과가 있어서 그렇다고 한다) 음핵오르가즘은 특별한 성경험이 없는 여자들도 느낄 수 있다. 그래서 어린아이들이나 소녀들이 자위행위를 하게 되면 어떤 경우로든 음핵의 자극부터 시작하는 경우가 대부분이다.

　프로이트는 "음핵오르가즘은 선천적이고 생리적인 오르가즘이며 미성숙한 오르가즘인 반면에 질오르가즘은 후천적이며 정신적인 감응까지 요구하는 성숙한 오르가즘"이라고 이야기한 바도 있으나, 어떤 오르가즘이 더 강렬하고 혹은 선호를 받는가는 개인차가 있어서 확언하기 어렵다. 아무튼 여자의 대부분이 음핵을 적절하게 자극하면 강력한 성적인 흥분을 느끼고 오르가즘에까지 이르게 된다.

　하지만 이 음핵이 여자의 가장 민감한 성감대라는 것을 알게 된 남자들이 음핵을 직접 손으로 자극하려다 보면 여자가 쾌감을 느끼기보다는 질색을 하며 손을 밀어버리곤 하는 것에 놀라는 모양이다. 이렇게 예민한 부분을 손으로 직접, 그리고 강하게 만진다면 쾌감을 지나쳐 심지어 통감, 아픈 감각을 느끼게 되는 건 너무나 당연하다. 남자들이 여자의 성감을 자극하기 위해 음핵을 애무할 때는 직접 애무하기보다는 속옷 위로 만져주든지, 아니면 그 주변을 부드럽게 자극함으로써 음핵까지 그 자극이 전해져갈 수 있게 하는 것이 더욱 효과적이다.

또한 성기 외부에 위치한 음핵을 자극해 강력한 오르가즘에 도달할 수 있다는 것은, 남녀 모두가 선망하나 현실적으로는 쉽지 않은 동시 오르가즘을 어느 정도 가능하게 한다는 점에서 미덕이 있다. 질에 삽입함으로써 오르가즘을 느끼기 어려운 경우라 하더라도 음핵의 애무로 충분한 흥분과 만족을 경험한 후 삽입하면 10초 이내에 90퍼센트 이상이 오르가즘을 경험한다고 한다.

그러므로 음핵은 여자들로 하여금 남자들에게 의지하지 않고서도 주체적으로 자신의 성감을 자극해 강력한 오르가즘을 경험하게 하는 멋진 포인트인 동시에, 남자에게는 미리 충분한 전희를 통해 음핵오르가즘을 선사한다면 삽입 후 오랜 시간 서비스하지 않아도 '조루'의 불안과 혐의에서 벗어나게 해주는 조물주의 배려 깊은 선물임이 분명하지 않은가.

지스팟은
존재하는가

"지스팟이 뭔가요?"

"여자의 가장 민감한 성감대라는 지스팟은 여자라면 모두 가지고 있는 건가요? 아니면 특정한 사람만 가지고 있나요?"

"지스팟은 어디 있지요?"

요즘은 성에 대한 정보가 너무나 지나치게 범람하고 있어서 성의 전문용어(?)인 지스팟 G-spot을 아는 사람들이 꽤 많다. 특히 남자들 가운데는 지스팟에 대해 궁금해하고 그것의 해부학적인 위치나 심지어 여자사정에 대한 이야기를 물어오는 사람들이 많아졌다. 지스팟은 1940년경 독일의 산부인과 의사인 그레펜베르그 박사가 발견했다는 곳으로 여자의 질 입구 안쪽에 있는 작은 콩 모양의 부위인데, 자극을 받으면 100원짜리 동전만 한 크기로 부풀어오르며 무척 강렬한 성감을 느끼는 부분이다. 이 지스팟에 의한 감각은 음핵오르가즘과는 다른 아주 강력한 느낌이다.

지스팟 연구의 대가라 할 미국의 비버리 휘플 박사는 이 지스팟을 자극하면 많은 여자들이 절정에 이를 때 혹은 그 과정에서 소변과는 다른 액체를 '사정'한다고 하며 거의 모든 여자가 사정 능력이 있다고 주장한다. 그녀에 따르면 지스팟은 있으며, 이 부분을 자극하면 거의 모든 여자들이 배뇨감과 함께 강력한 성감을 느끼는 한편 하얀 액체를 요도에서 분비한다는 것이다.

어떤 학자들은 지스팟의 구조나 기능면에서 이를 '여자전립선'이라고 부르기도 한다. 이는 여자의 사정시 배출되는 액체가 소변과는 다르며 남자의 전립선액과 성분이 비슷하다는 연구결과 때문이기도 한데, 어쨌든 여자의 사정 여부는 쾌감의 크기와는 무관하다는 것이 정설이다.

그런데 정말 지스팟은 있는 것일까? 있다면 여자들 모두 가지고 있는 것일까 아니면 일부 여자들만 가지고 있는 것일까? 어떻게 하면 지스팟을 확인할 수 있는가? 정말 여자도 사정을 하는가? 등등 많은 의문이 여전히 제기되고 있는 것이 사실이다. 하지만 이 가장 민감한 성감대라는 지스팟의 존재에 대해서는 아직도 이론이 분분하다.

사실 지스팟은 생물학적으로, 해부학적으로 한 번도 제대로 확인된 바가 없는 것이다. 아마도 이 부분이 성적인 행위를 하는 과정에서만 부풀어올라 발견하기 어렵기 때문인지도 모르겠다. 이에 대해 미국 뉴욕대학의 하인즈 박사 같은 이는 "지스팟은 없다. 그것을 찾는 시간에 파트너를 한번 더 애무하는 것이 효율적이다"라고 주장한다.

세계성학회WAS, World Association for Sexual health에서는 여자의 민감한 성감대에 대한 연구결과가 매년 발표되는데, 이미 꽤 오래전 아시아성학회에 참가한 한 인도의사가 "인도의 고대문학이자 섹스 지침서 역할을 해온

《카마수트라》에는 여자의 질 안에 아주 민감한 성감대 지스팟뿐 아니라, A-spot, P-spot도 있다고 이미 적혀 있다"고 주장했던 것을 볼 때 여자의 질 안에 성적으로 민감한 부위가 있기는 한 것 같다. 여자들 중에도 질 입구 안쪽 벽에 유난히 민감한 부분이 있는 것 같다는 데 동의하는 사람들이 적지 않다.

산부인과 의사들은 그곳을 '섹스존'이라고 부른다. 포인트라기보다는 존이라고 부른다는 점에서 그곳이 꼭 집어 여기point, spot라고 말하기 어려운 부위임에는 틀림이 없는 것 같고 점보다는 넓은 분포임을 알게 해준다. 그리고 지스팟 존재여부에 대한 나의 의견을 묻는다면 나의 대답은, 보다 예민한 지스팟은 '있다'이다. 지스팟은 음핵과 아주 긴밀한 관계에 있다고 생각한다. 그래서 음핵을 자극해 오르가즘을 느끼게 되면 지스팟 자극은 더 쉬워지고 또 자연스레 따라오기도 한다. 무엇보다 음핵의 자극, 음핵의 오르가즘이 선행되지 않고는 지스팟 자극이 그렇게 강렬하게 변별되지 않는다는 것은 확실한 사실이다.

또 이 지스팟을 자극하면 화려하고 짜릿한 음핵오르가즘과는 또 다른 묵직하고 강렬한 그리고 따뜻하게 번져가는 오르가즘이 느껴진다고도 하는데, 이 쾌감은 여자의 감정적 상처를 치유할 수 있다고도 말해진다. 하지만 무엇보다 초점을 두어야 할 것은 지스팟의 존재여부가 아니다. 지스팟이 없다고 해서 여자가 성적으로 만족을 못 느끼거나 사랑하는 사람과의 섹스에서 흥분을 못 느끼는 것도 아니다. 있으면 좋고, 자신이나 파트너가 그 위치를 확인할 수 있어서 그 효능을 누릴 수 있다면 더할 나위 없이 좋겠지만, 그 무엇보다 가장 중요한 것은 마음이 담긴 섹스다.

여자는 감각뿐 아니라 마음의 성감대가 아주 예민한 존재들이다. 그러므로 남자들이여, 다른 모든 민감한 성감대는 제쳐놓고 지스팟을 찾아 헤

매느라 수고하기보다 사랑하는 파트너를 감동시키는 것은 바로 사랑이 듬뿍 담긴 당신의 말과 손길이라는 것을 잊지 말 일이다. 사랑이 느껴지는 당신의 말과 손길로 당신 연인의 마음속 지스팟을 자극하라. 그래서 마음속에서부터 온몸의 세포를 전율시키는 황홀하고 강렬한 불꽃놀이가 시작되게 하라.

경험이 많은 여자는 다리가 오자가 되고 목이 굵어진다?

No. 말도 안 되는 허황된 이야기다. 누구나 나이가 들면 어깨 근육의 원인으로 목이 굵어지거나 짧아지는 경향이 있다. 다리가 휘는 것 역시 노화의 자연스러운 현상이다. 섹스와는 전혀 상관이 없다. 뼈가 휠 정도로 섹스를 하려면 도대체 어느 정도를 해야 하는가 말이다.

월경 중 관계는
정말 안전할까

"월경 중에 성관계를 하면 임신이 되지 않는다면서요?"
"월경 중의 성관계는 나쁜가요?"

이런 상담을 자주 받는다. '월경 중에 성관계를?' 하고 생각할 사람이 있을지 모르나 실제로 월경 중에도 성관계를 갖는 사람이 적지 않은 것 같다. 이들 중에는 월경 중에 강한 성욕이 생기는 탓도 있고 어떤 사람은 생리 중에는 절대로 임신이 되지 않는다고 해 피임의 한 방법으로 생각하기도 하는 것 같다. 하지만 정말 월경 중에는 결코 임신이 되지 않을까? 결론부터 말하자면 'No'이다. 임신이 가능하다는 이야기다.

월경이란 무엇인가? 한 달에 한 번씩 성숙된 난자가 여자의 난소에서 나오는 것이다. 평생 정자를 생산해내는 남자와 달리 여자는 태어날 때 평생 쓸 난자를 원시세포 형태로 난소 안에 가지고 태어난다. 그래서 이 난자가 정자를 만나게 되어 수정이 되고, 이 수정체가 여자의 자궁내벽에 무사히 착상되는 것을 우리는 임신이라고 부른다.

난자가 나오면 자궁내벽은 호르몬의 작용으로 아기를 받아들일 준비를 한다. 즉 내벽에 혈관을 풍부하게 발달시켜 두툼하게 만든 후 수정된 아기씨를 받아들여 키울 준비를 하는 것이다. 그런데 난자와 정자가 만나지 못해 아기가 되지 못한 난자와 함께 혈관으로 두터워졌던 자궁내벽이 벗겨져 정맥피와 나오는 것이 바로 월경이다. 한 번에 나오는 월경혈은 작은 우유 한 통 정도라고 한다.

한 달에 한 번 난자가 나오는 것을 배란이라고 하는데 일반적으로 이 배란은 생리 시작 전 14일 정도 되는 날 일어난다. 이 배란일에다 자궁 속에서 난자와 정자가 각각 살아 있을 수 있는 날을 더해 월경예정일로부터 거꾸로 세어 12~19일 정도 되는 일주일 정도의 날들을 가임기라고 부른다. 다른 때보다 임신이 잘되는 날들이다.

그런데 사실은 이 일주일간만 피한다고 해서 임신이 전혀 안 되는 것은 아니다. 이른바 돌발배란이라는 것이 있다. 이 돌발배란이란 알 수 없는 이유로 돌발적으로 배란이 이루어지는 것을 말한다. 이렇게 돌발배란이 되었을 때 임신이 되는 경우가 적지 않다. 그리고 얼마 전 발표된 연구 기사에 따르면 월경주기가 규칙적인 사람도 배란기는 불규칙할 수 있다는 의학계의 보고가 있었다.

2차 세계대전 중에 독일군이 프랑스의 파리를 점령했던 적이 있었다. 그런데 예나 지금이나 전쟁이 나면 점령지 여자들이 피해를 보기 마련인지 그때도 많은 파리의 여자들이 독일군에게 강간을 당했다. 그런데 놀랍게도 그들 중 월경 중이던 여자의 40퍼센트가 임신을 했다는 보고가 있다고 한다. 충격을 받아 돌발배란이 일어났다고도 하지만 아직 그 이유는 이렇다 하게 정확하게 밝혀진 바가 없는 것 같다.

　그러나 돌발배란 자체는 사실이다. 그래서 어떤 성학자는 말하기를 '여자의 가임기는 365일'이라고 할 정도다. 즉 언제든 임신이 가능하다는 것이다. 그래서 젊고 건강할 때는 월경주기를 이용한다든지 하는 자연피임보다는 반드시 콘돔이나 약을 이용한 피임을 정확하게 하는 것이 좋다. 또 월경주기가 길고 월경기간이 짧은 여자는 월경 중에도 임신이 가능하다고 한다. 월경 중에 이미 배란이 되기 때문이다.

　그럼 다시 월경 중 섹스가 좋은가 하는 이야기로 돌아가보자. 월경 중에는 여자의 심신이 많이 예민해져 있어서 성감을 느끼기 어려울 수도 있다(물론 아닌 사람도 있긴 하다). 월경 중의 여자는 예민해지기도 하고, 개인차가 있겠지만 평소 맡지 못하던 냄새를 맡기도 하며, 평소에는 아무렇지도 않았던 음식을 못 먹는 경우도 있다. 또 무척 불안정해져서 실수를 하기도 한다.

　몸으로 말하자면 여자가 월경을 할 때는 평소에는 닫혀 있던 자궁경부가 조금 열려 있게 될 뿐 아니라 평소에는 산성액으로 자정작용을 충분히 하던 질내 균들의 균형이 흘러내리는 월경혈로 씻겨 외부균에 대해 완전히 무방비 상태가 된다는 것이다. 게다가 자궁내벽이 허물어져 상처가 나 있는 상태가 월경 중 상태다. 외부 균으로 인한 감염이 어느 때보다 쉬운 때라고 할 수 있다. 즉 건강상으로 문제가 될 수 있는 시기라는 것이다.

　그러나 어떤 연구결과에서는 월경피가 살균력이 강한 피라서 자궁내막이 벗겨진 상태의 자궁이지만 다른 균의 감염이 그렇게 용이하지는 않다고 말한다. 사실 위생 문제만 잘 지켜진다면 중요한 것은 섹스를 하는 당사자들의 느낌이다. 혹자는 월경 중의 섹스가 윤활의 걱정도 없고 임신에 대한 걱정도 없어서 훨씬 더 흥분도 잘되고 만족도도 높다는 말을 한다.

그렇다면 하면 될 일이다. 시트에 피가 묻지 않도록 커다란 수건을 깔든지 하면 걱정할 일도 줄어든다.

　그러므로 월경 중에 강한 성욕이 생기고 느낌도 나쁘지 않으며, 또 서로 너무 원한다면 섹스를 억지로 금할 필요는 없다. 다만 사랑을 나눌 때 되도록 콘돔을 사용하기를 권한다. 그래야 피와 접촉하지 않고 외부균이 자궁 안으로 침입하는 것도 얼마간은 막을 수 있을 테니까. 서로의 성건강을 지키는 것은 사랑하는 사람으로서 당연한 의무이자 권리다.

　어떤 성관계든 파트너에 대한 배려가 전제되어야 한다. 그래서 파트너가 원하면 할 수도 있겠지만 파트너가 원하지 않는다면 월경 중에는 여자가 편하게 쉴 수 있도록 마음과 몸의 배려를 아끼지 않는 것도 사랑의 표현일 것이다.

하루 세 번,
케겔운동을 하자

오래전 궁중 여인들의 암투를 그린 TV드라마가 방영될 때 건강함과 섹시함으로 유명한 여배우가 가슴을 거의 드러낸 채 무릎으로 방바닥에 흩어져 있는 팥을 줍고 배꼽으로 얼음이 녹아 떨어진 물을 받아내고 천장에 걸린 홍시를 터뜨리지 않고 혀만을 움직여 먹는 궁중의 방중술을 재현함으로써 화제를 모은 일이 있다.

깊고 깊은 구중궁궐에 들어간 여인네들이 나름대로 인정받으며 자신의 집안을 살리고 명예와 영화를 얻는 유일한 통로는 궁중에서 오직 유일한 남자인 왕의 정자를 받아 아들을 낳는 길이었을 터. 물론 그것은 단순한 정자라는 아기씨의 의미를 초월한 이 세상의 전부와 다름없는 한 사람의 사랑과 권력, 자신의 미래가 모두 포함되는 의미이기도 했을 것이다.

그러기 위해서는 왕의 시선을 단숨에 끄는 미모도 필요했겠지만 천신만고 끝에 왕의 눈에 들어 사랑을 나누게 되었을 때 기가 막힌 섹스 테크닉으로 왕을 사로잡아 다시 자신을 찾도록 하는 것, 자신에게 사랑과 권력을 가져다줄 아들을 낳는 것이 그네들이 방중술을 익히는 목표였다. 그래서 그네들은 숨 막히는 고통을 참으며 달의 정기를 흡입하기도 하고 살을 뚫는 아픔이었을지도 모를 떨어지는 얼음물을 배꼽으로 받아내는 연습도 이를 악물고 했을 것이다.

그런데 방바닥에 떨어진 대추도 아니고 팥을 무릎으로 줍는 연습(실제로는 여자의 질구로 팥을 주웠다고 한다)은 다름 아닌 오늘날 성학적으로도 권장하고 있는 '케겔운동'이다. 케겔운동은 여자의 질벽을 강하고 탄력 있게 만드는 운동으로 PC근육을 조였다 풀었다 하는 운동을 통해 약화된 방광 기능을 강화시켜줄 뿐 아니라 늘어진 질벽 주변의 근육을 수축시켜주는 운동이다. PC근육은 개나 고양이가 꼬리를 흔들 때 사용하는 근육으로 우리 인간들에게는 퇴화되어가는 근육이기도 하다.

산부인과 의사인 아몬드 케겔 박사가 창안한 운동이기도 한 이 케겔운동은 성감을 예민하게 하는 기능을 촉진해줄 뿐 아니라 성관계를 할 때 통증을 없애주기도 하고, 방광도 조절할 수 있으며, 대변 배출욕구를 쉽게 감지할 수 있게도 해준다. 그래서 이 운동을 열심히 하면 아기를 낳은 여자들의 최대 고민인 요실금을 예방할 수 있을 뿐 아니라 성기능을 높여주고, 일반 건강관리에도 많은 도움을 준다고 해서 성학자들에 의해 최근 적극적으로 권장되고 있다. 남자들 또한 이 케겔운동을 통해 발기각도와 성감향상에 도움을 받을 수 있다.

이 케겔운동은 익숙해지면 하루에도 수십, 수백 회씩 아무도 모르게 연습할 수 있는데, 그 방법은 다음과 같다. 우선 변기에 앉아 소변을 보다가 소변을 끊어본다. 그 같은 동작을 여러 번 되풀이하면 어떤 근육을 움직여야 하는지 알 수 있다. 그 근육을 사용해 한 번에 20회 이상씩 하루에 세 번 이상 이 운동을 한다. 숨을 들이쉬며 조이고, 내뱉으며 푼다. 이 운동을 짧게도, 길게도 거듭 연습하는 것이다. 그리고 소변볼 때 이 운동을 하는 것이 아니라 평소에 하는 것이다. 우선 소변볼 대 소변줄기를 끊어보라는 것은 어떤 근육을 수축해야 하는지를 알게 하기 위해서다.

성학자들은 이 케겔운동 외에도 아기를 출산할 때 하듯이 질구 근육을 바깥으로 밀어내기를 연습하고 질구를 조여주고 풀어주는 연습을 병행할 것을 권한다. 이 운동들은 여자의 질근육의 탄력성과 수축력을 높여줘 성관계시 쾌감을 느끼는 데 큰 도움을 주고 남자들에게도 전립선염 등 비뇨기질환을 예방할 뿐 아니라 발기각도를 스스로 조절할 수 있게 하는 등 함께 즐기는 성관계의 질을 높여준다고 한다. 섹스는 사랑하는 남자와 여자가 온몸과 마음을 다해 함께 누릴 수 있는 최대한의 커뮤니케이션이며 놀이다. 그렇다면 더 즐겁고 신나게 해볼 일이다. 더 수준을 높여 누려볼 일이다.

예전에 남자의 아이를 낳아주는 생식도구로서만 자신의 의미를 찾을 수 있었던 여자들에 비해 지금의 여자들은 얼마나 자유로운가. 이제는 생존 때문에 남자를 내 곁에 묶어두기 위해서가 아니라 사랑과 그에 따른 즐거움을 함께 나누고 누리기 위해, 내 당당한 오르가즘을 위해 케겔운동을 연습하자.

삽입이 어려운
질경련과 성교통

"전 서른세 살입니다. 결혼한 지 2년 되어가고요. 남자친구는 몇 명 있었지만 결혼할 사람과 첫 관계를 맺고 싶어 순결을 지켰는데요. 이렇게 한 번도 관계를 안 해보았던 것이 오히려 문제가 되었는지 신랑과 여태 관계를 못 맺고 있습니다. 산부인과에도 가보았는데, 액도 충분하고 처녀막은 오히려 없다고 하더라고요. 시도는 여러 번 해봤지만 결정적인 순간을 제가 못 참습니다. 얼마나 아플까 이런 생각 때문인 것 같아요. 사실상 질이 어디에 있는지도 얼마 전 확인해봤습니다. 여기저기 찾아보고 연습하려고 손가락 조금 넣어봤는데 조금은 들어가는 것 같지만 한 마디 이상은 넣기가 힘드네요. 그렇다고 성폭행을 당했다거나 그런 나쁜 경험이 있는 것도 아닌데, 단지 그게 제 안에 어떻게 들어올 수 있을까, 그리고 얼마나 아플까 이런 생각 때문에 도무지 할 수가 없습니다. 부부관계에서 섹스가 얼마나 중요한지 잘 알고 있는데요. 정말 전 어떻게 해야 할까요? 이러다가 신랑이 도저히 못 참고 바람이라도 피우는 게 아닐까 해서 두렵기도 합니다. 도와주세요."

　섹스할 때 아파서 섹스를 거부하게 된다는 상담은 꽤 자주 있으나 이렇게 결혼하고 오랫동안 삽입섹스를 하지 못했다는 상담은 자주 있는 상담은 아니다. 여자가 느끼는 성적 어려움 중에는 섹스를 하고 싶은 생각이 도통 안 드는 성욕 장애와 성흥분 장애, 오르가즘 각성장애, 그리고 성교통이 있다. 이는 성을 과학적으로 실험을 통해 이것저것 구명해낸 유명한 미국의 성학자 마스터스 앤 존슨 박사 부부의 성기능 분류에 따른 것으로 일반적으로 성적 어려움을 설명하는 데 여전히 많이 사용된다.

　이 중에서 여자들이 가장 많이 호소하는 것이 오르가즘 각성장애와 성교통이다. 오르가즘 각성장애는 오르가즘을 느끼지 못하는 것으로 처음부터 한 번도 느끼지 못했거나 얼마간은 느꼈는데 어느 날인가부터 느끼지 못하는 경우를 다 포함한다. 그다음이 성교통인데 여기에는 삽입섹스를 할 때마다 여자가 통증을 느끼는 경우와 위의 상담처럼 삽입하려 할 때마다 질 입구가 저절로 긴장하고 수축해 심하게 통증을 느껴서 아예 삽입을 시도도 못하는 질경련이 있다.

　성교통의 가장 많은 원인은 애무의 부족에 있다. 여자는 애무를 통해서 충분하게 흥분이 안 되면 질윤활이 잘 안 되어 삽입시 찢어지거나 빡빡해서 아프게 된다. 이렇게 삽입 때마다 통증을 느끼게 되면 여자는 섹스를 피하게 되고 섹스리스로 가게 된다. 그런데 이러한 성교통은 파트너의 섹스방법을 바꾸거나 윤활제를 사용하면 되지만, 애초에 삽입조차 하기 어려운 질경련은 전문가의 특별한 치료가 필요하다.

　처음 섹스를 시작할 때 적지 않은 여자들이 가벼운 질경련 증상을 겪기는 한다. 하지만 곧 섹스라는 상황에 익숙해지는데, 정말 드물게 결혼하고도 오랫동안 질경련으로 고생하며 삽입섹스를 하지 못하는 경우가 있다. 그래도 끙끙거리다가 결국 전문가를 찾아오는 경우는 다행인 경우라고 생각한다. 위의 상담은 '삽입에 대한 과도한 불안감'이 자기도 모르게 질주변의 근육을 긴장시켜 그 주변의 살에 남자의 성기가 닿기만 해도 아픔을 느끼고 결국 삽입을 어렵게 하는 경우라 볼 수 있다.

남자들에게 군대괴담이 있는 것처럼 섹스를 하지 않은 여자들에게는 '삽입'에 대한 괴담이 있다. 그래서 잘못하면 견디지 못하게 아프고 심지어 찢어질 수도 있다는 불안감이 몸의 문을 열어주지 않는 것이다. 또 남자친구와 섹스를 하려고 했다가 남자친구의 커다랗게 발기된 성기를 보는 순간 '저것이 내게 들어오면 내 성기는 찢어질 거야'라는 공포감에 질경련이 생긴 경우의 상담사례도 있다.

결혼한 지 3년이 다 되어가도록 삽입섹스를 하지 못한 젊은 부부를 상담한 적이 있었다. 신랑이 삽입하려고 할 때마다 너무나 소스라치게 아파서 삽입을 못하게 하고 그러다 보니 섹스리스 부부가 되었다. 결혼한 지 3년이 다 되도록 아기 소식이 없어 궁금해하던 시어머니가 이 사실을 알게 되었고 결국 시어머니의 소개로 상담이 시작되었다. 이 신부 역시 산부인과에서는 아무런 이상이 없다고 진단되어서 구조상의 이상이 있는 것은 아닌 게 분명했다. 그리고 신부와의 여러 차례에 걸친 상담에서 그 이유랄 수 있는 원인을 알게 되었는데, 이 신부의 어린 시절 부모로부터 받은 정서적인 학대가 그 원인이었던 것이다.

이 신부의 부모는 인텔리로서 엄마는 간호사셨고 아버지는 명문대학을 나온 수재였는데, 어쩐 일인지 아버지가 직장생활을 잘하지 못하셨다는 것이다. 그래서 결국 어머니가 경제적인 책임을 지고 살았는데, 자신의 현실을 받아들이기 어려웠던 아버지는 술만 마시면 어머니를 학대했고 그런 아버지를 피해 딸의 방으로 숨어든 어머니는 어린 딸을 끌어안고 "너희들 때문에 내가 이렇게 불행하게 산다"며 울곤 했다는 것이다. 이런 일이 계속되었고 그 아픈 기억은 자신도 모르는 새 아기를 낳고 기르는 것에 대한 두려움으로 마음 깊이 새겨졌던 것이다.

질경련의 원인은 성병감염으로 인한 섹스 시 통증, 자궁이나 생식기의 종양, 물혹, 악성종양 등의 신체적인 것도 있지만 이는 아주 드물고 대개가 불안과 압박감(특히 삽입에 대한), 과거의 불쾌했던 성경험, 섹스에 대한 부정적인 성향, 임신에 대한 걱정, 죄의식, 파트너에 대한 분노, 불안, 학대, 섹스로 인해 자신이 약해질지 모른다는 불안감, 또 위의 예처럼 과거의 정서적·성적 학대, 폭력이나 학대를 목격한 경험, 과도하게 엄격한 양육, 균형을 잃은 종교적인 가르침 등의 신체적이지 않은 정서적, 심리적인 것들이다. 물론 어느 것에도 속하지 않는, 원인을 전혀 모르는 경우도 간혹 있기는 하다.

질경련의 원인이 이렇게 다양한 것처럼 질경련의 치료는 꽤 장기간의 시간을 요하는 경우도 적지 않다. 마음의 상처가 아물고 불안감의 정체가 밝혀지고 아물어야 하기 때문이다. 전에 일본의 한 산부인과 의사로부터 질경련 치료를 6개월째 하고 있다는 이야기를 들은 적도 있다. 우리나라에서는 질경련을 전문적으로 치료하는 산부인과를 찾기도 쉽지 않다. 또 아내가 오래 질경련을 겪는 경우 남편에게도 조루나 지루 같은 여러 가지 성적 어려움이 생기는 경우가 많다. 부부의 한쪽이 어떤 성적 어려움을 갖게 되면 결국 파트너도 뭔가 문제가 생기게 되는 경우가 허다하다.

그런데 기본적으로 알아둘 것은 여자의 질은 아기가 나올 정도로 신축력이 대단한 근육이라는 것이다. 물론 늘 그런 상태인 것은 아니지만 최소한 남자의 성기가 들어갈 만한 충분한 공간이 있다. 그러므로 좀 더 편안한 마음을 가지고 자신의 성기, 질을 탐색하면서 자신의 질 환경에 익숙해질 필요가 있다. 대개의 심한 질경련 환자는 면봉이 닿기만 해도 극심한 고통을 호소하는 경우가 많은데, 이것은 예방주사를 맞기 전에 느끼는 공포가 실제 주사를 맞을 때보다 더 큰 것과 같은 통증에 대한 과도한 우려 때문이다.

그러므로 질경련 증세가 있다면 우선 편안한 환경을 만들고 자신의 질을 직접 만져보고 자신의 손가락을 넣어본다. 처음에는 조금만, 그러다가 조금씩 더 넣어가는 것이다. 질경련을 치료해본 경험이 있는 의사나 전문가라면 환자의 이러한 노력과 함께 크기가 다른 질경이나 질콘을 사용해 점점 질구 깊숙이 삽입하는 것에 익숙해지도록 도와줄 수 있을 것이다.

위의 상담의 경우는 임신과 양육에 대한 두려움을 그녀를 사랑하는 든든한 남편에 대한 믿음으로 바꿔주고, 그리고 아기를 낳고 기르는 것에 대한 기대와 행복감으로 바꿔주면서 그녀는 상처를 극복했다. 물론 몸에 대한 감각 치료도 병행되었다. 아주 작은 크기로부터 시작한 질콘의 삽입과 그녀 손가락으로부터 시작해 결국 남편의 손가락으로 바꾸어 삽입이 가능해지면서 그녀는 삽입섹스를 결국 해냈다.

이렇게 섹스는 단순히 몸만의, 감각만의 문제가 아니다. 몸과 마음이 같이 가는 것이 바로 섹스다. 사랑하는 마음으로 순조롭게 섹스를 한다는 것도 사실은 정말 감사할 일인 것이다. 부부에게 섹스는 사랑을 표현하고 확인하는 간절한 커뮤니케이션이다. 문제가 생기면 포기하거나 밀쳐두지 말고 적극적으로 해결하는 것이 바로 파트너를 잘 사랑하는 방법 중 하나인 것이다.

올 어바웃 페니스

재작년 미국의 한 다큐멘터리 영화팀을 영화자문과 인터뷰를 위해 만난 적이 있다. 그 영화는 '패트릭'이라는 젊은 남자가 자신의 여자친구에게 청혼을 했다가 성기 사이즈가 작다는 이유로 거절당하고 '여자들이 남자 성기 사이즈에 대해 어떻게 생각하는지'를 스웨덴 등 북구 유럽의 나라들과 한국, 중국, 일본, 그리고 호주와 파푸아뉴기니까지 각 나라를 돌며 인터뷰를 통해 알아간다는 내용이었다. 실제 패트릭이라는 젊은 친구는 굉장히 고민에 빠진 모습이었고, 결과에 따라 성기확대 수술을 하든지 아니면 그대로 살든지를 정할 거라고 했다. 우리나라에서는 나와 이윤수 박사를 만났고 그때 내가 수업하던 대학생들을 만나 그에 대한 토론도 가졌다.

비단 패트릭뿐 아니더라도 남자들에게 성교육을 하다 보면 음경에 대한 궁금증이 상당 부분을 차지한다. 남자들은 자신의 음경을 참 좋아하고 관심도 많다. 여자들이 자신의 가슴 크기나 생김새에 민감해하는 것과도 같다. 게다가 공중목욕탕이나 사우나를 많이 이용하는 우리나라에서는 남자들과 여자들이 다른 이들의 몸을 많이 볼 수 있어서 비교가 쉽기 때문에 그 고민은 더 많고 구체적이다. 남자들이 물어오는 음경에 대한 질문은 참 다양하다.

"여자들은 긴 음경을 좋아하나요 아니면 굵은 것을 좋아하나요?"

"남자의 코와 성기 크기는 정말 관계가 있나요?"

"남자 성기 크기에 따라 여자가 느끼는 오르가즘이 다른가요?" 등등.

한국 남자들 음경의 평균 사이즈는 평상시에 7~8센티미터, 발기시에 12.8센티미터라고 한다. 평균이니까 더 크기도 작기도 하겠지만 사실 발기되면 다 비슷한 크기가 된다고 하니 크기 때문에 걱정할 것은 없다. 물론 발기력과 사정이 정상적인 경우를 전제해서 하는 말이다. 그런데 정말 크기가 클수록 성기능도 좋을까? 대개의 문헌이나 성학자들에 따르면 '그렇지 않다'고 한다.

그들이 말하는 모범답안은 '남자의 성기인 음경은 평상시에 3센티, 발기시에 5센티만 넘으면 그리고 정상적인 발기와 사정기능이 있으면 아무 문제 없다'는 것이다. 물론 이에 대해 반론을 제기하는 사람도 적지 않다. '큰 음경이 삽입의 충만함을 강하게 느끼게 하고 질벽을 자극해 성감을 높인다'는 주장부터 '그래도 깊이 삽입하는 것이 더 좋다'는 여자들의 주장도 만만치 않다. 또 성기에 관해 크기와 단단함, 어느 것이 우선이냐에 대한 논란도 있는데 일반적으로 크기보다는 단단함에 더 점수를 주는 것 같다.

음경의 크기로 말하면 세계인종 중에 흑인종이 가장 크고, 그다음에 백인종, 황인종 순이다. 그런데 길이는 그렇지만 단단함에 있어서는 황인종이 지지 않는다. 조물주는 공정하셔서 황인종에게 짧은 음경을 주는 대신에 단단함을 함께 주신 것이다. 그리고 무엇보다 기죽지 않아도 될 일은 작은 음경이나 큰 음경이나 발기하면 다 대체로 비슷한 크기가 된다는 것이다. 그래서 '작은 고추가 맵다'는 속담이 생겨났을까? 어쨌든 그만큼 작은 음경이 더 많이 커진다고 하니 작은 음경이라고 기죽을 이유가 없다. 물론 흑인종의 크기만큼은 안 되겠지만, 우리나라 여자의 질 깊이가 대체로 7~14센티인 것을 생각하면 거대음경은 성행위에 고통만 줄 뿐이다.

또 여자의 질구 앞 3분의 1 정도 되는 곳까지는 신경이 많이 분포되어 있으나, 그 안쪽으로 들어갈수록 신경이 드문드문 있어 성감이 약해진다. 이것은 정말 조물주의 세심한 배려인데, 만약 자궁경부 앞까지 신경이 세밀하게 분포되어 있다면 여자가 아기를 낳을 때 겪게 되는 고통은 이루 말할 수 없을 것이다. 아무튼 여자의 질은 열린 구멍이라기보다는 닫힌 틈 같은 구조로서 넓이로는 확장이 가능하지만 길이로는 더 확장될 수가 없다. 그래서 음경의 길이가 어느 정도 이상 길 필요가 없는 것이다. 실제 남자로서도 너무 긴 음경은 발기 각도를 조절하기 어렵고, 자신이 원하는 만큼 삽입할 수 없다는 점에서 성적 만족도에 도움을 주지 못할 것으로 생각된다.

다른 유인원들보다 유난히 인간 남자의 음경이 길어진 데는 '페니스경쟁설(정자경쟁설)'이라는 진화생물학적인 이론이 가장 설득력이 있다. 원시시대 난교가 성행하던 시절 남자는 자신의 씨(정자)가 생명으로 태어나게 하기 위해 다른 남자의 정자보다 조금이라도 더 깊이까지 정자를 전달해야 할 필요를 느꼈고 그 필요에 의해서 음경이 길어지게 되었다는 가설이다. 하지만 지금은 일부일처시대로 생식의 안정성을 찾았고, 또 그렇게 종족보존을 위해 갖은 노력을 다하지 않아도 될 만큼 인구가 많다. 그러므로 정자를 여자의 질 깊이까지 넣지 않아도 종족보존에는 아무 문제가 없다.

그럼에도 불구하고 지금도 여전히 남자들은 자신의 음경 크기와 생김에 관심이 많다. 그리고 남보다 더 크고 단단한 음경을 갖기를 원하는 것 같다. 우리나라뿐 아니라 다른 나라에서도 음경을 크게 확대하는 음경확대술이 남자들에게 각광을 받기도 한다. 하지만 정작 섹스파트너이며 그 기준의 평가자인 여자들은 음경 크기에 그다지 관심이 없을 뿐 아니라 사실상 기준도 별로 가지고 있지 않다. 여자들의 관심은 사이즈가 아니라 음경의 주인이다. 즉 파트너가 사랑하는 사람이냐 아니냐가 만족감을 좌우한다는 것이다. 더 멋진 섹스를 위해 필요한 것은 더욱 큰 음경이 아니라 여자가 만족하기 전까지 사정을 지연할 수 있는 테크닉이며, 그 테크닉은 남자보다 성반응이 대체로 네 배가량 느린 여자를 위해 충분한 전희를 할 수 있는 배려의 마음에서 나온다.

또 우리나라 남자들은 성기능을 좋게 하기 위해 성기확대수술을 하고, 음경에 구슬을 박거나, 음경 포피 사이에 실리콘이나 파라핀, 스쿠알렌을 집어넣어 음경을 뚱뚱하게 하는 치장을 하는데, 이는 다 이로움보다는 문제가 많은 행위다. 특히 이렇게 음경 포피에 파라핀이나 스쿠알렌 등을 넣으면 음경 해면체를 썩게 해 아예 발기력을 잃는 등 심각한 문제를 가져올 수 있다. 기능상에 문제가 있을 만한 기형이 아니라면 성기수술을 할 이유가 없다. 자연 그대로의 성기를 가지고 기술을 개발할 일이지, 세상 어느 여자도 자신을 숨넘어가게 해주기 위해 사랑하는 남자가 멀쩡한 살에 상처를 내고 고생하기를 원치 않을 것이다.

무엇보다 자연 그대로의 상태를 청결하고 건강하게 잘 유지하고 관리해 가장 최상의 기능을 발휘하도록 하는 것이 자신의 성건강을 위해서 더없이 좋은 일임은 재론의 여지가 없는 일이다. 수줍음을 많이 타던 패트릭은 어떤 결정을 했는지 가끔 궁금해진다.

송우
정액을 먹어도
괜찮을까

"오럴섹스 중에 정액을 먹었습니다. 괜찮은가요?"

"남편은 자신의 정액을 먹으라고 합니다. 하지만 저는 내키지 않습니다. 어떻게 해야 할까요?"

얼마 전 미국의 유명한 영화배우 마이클 더글라스가 자신의 구강암은 오럴섹스 때문이었다고 밝혀 오럴섹스를 즐기는 사람들에게 경종을 울렸다. 오럴섹스는 말 그대로 입으로 파트너의 성기를 애무하고 애무받는 행위다. 아니 좀 더 넓게 말하면 입으로 파트너의 성기를 포함한 몸의 모든 부위를 애무하고 애무받는 행위다. 그래서 정말 파트너를 사랑하지 않으면 하기 어려운 행위이기도 한 오럴섹스는 혀나 입술을 이용해 아주 섬세하게 애무하고 애무받기 때문에 가장 자극적인 성행위라고도 할 만하다.

이 오럴섹스는 미국 전 대통령 빌 클린턴 덕분에 아주 많이 알려졌는데,

처녀막을 순결의 기준으로 삼는 우리나라 미혼들이나 다른 나라에서도 임신 부담이 없는 사랑의 표현으로 많이 사용하는 행위이기도 하다. 혼전 섹스가 자유로운 프랑스에서조차 이슬람 문화권에서 자란 젊은 여자들은 오럴섹스를 선호한다고 한다.

그런데 이 오럴섹스를 할 경우 파트너의 입에다 사정을 하게 되기도 하는데, 이때 준비 없이 정액을 삼키게 된 여자들의 놀라움은 말할 수 없을 정도다. 또 정액을 삼키기를 바라는 파트너의 요구에 곤혹스러워하기도 한다. 아마도 정액이라는 것이 남자의 비뇨기이기도 한 성기로 나온다는 사실에서 뭔가 더러운 배설물처럼 여겨지는 것 같다.

이에 대한 느낌은 남자나 여자나 비슷한데, 청소년 상담을 하다 보면 "자위행위를 하다가 정액이 손에 묻었는데 성병에 걸리지 않을까요?", "자위행위하다 의자에 정액이 묻었는데, 여동생이 그 위에 앉았다 병에 걸리지 않을까요?" 하는 어처구니없는 고민을 하는 것을 발견한다. 결론부터 말하자면 남자든 여자든 병에 걸리지 않았다면 그 몸에서 나오는 정상적인 분비물은 다 깨끗하다.

정액은 정소에서 나오는 정자를 포함하고 있는 체액으로, 자궁으로 들어가려는 정자의 운동을 도와주는 역할을 한다(질 자정작용을 하는 산성액으로부터 정자를 보호해주는 보호막 역할). 보통 하얀색이라고 하지만 회백색이며, 한 번 사정시 2~6cc 정도 나오며 사정을 자주 하면 양이 좀 적어지지만 사정을 오랜만에 하면 그보다 좀 더 많아지기도 한다. 사정된 후에는 곧 겔 모양으로 몽글몽글 뭉치는데, 이는 정자를 안전하게 질 안으로 운반하려는 조물주의 세심한 배려이기도 하다. 시간이 지나면 액화되어 물처럼 흘러내린다.

정액에서는 독특한 냄새가 난다. 흔히 '밤꽃 향기' 같다고 하는데, 정말 흡사하다. 이러한 특별한 냄새는 전립선에서 나오는 스펠민, 인산, 유산, 단백질에서 나는 냄새들이 섞인 것이다. 여하튼 정액은 먹어도 건강상의 문제는 없다. 정액이 여자의 성기로 들어가면 아기가 될 수도 있는 생명의 씨앗이지만, 만약 입으로 들어간다면 단순히 단백질 식품이 될 뿐이다. 하지만 여기서 좀 진지하게 생각해야 할 문제는 정액을 삼키는 것이 몸에 해로운가의 문제라기보다는 파트너에게 유쾌한 일이 될 것인가 하는 심리적인 문제다.

대개의 남자들은 파트너가 자신의 정액을 먹는 일이 상당히 흥분되는 일, 고마운 일, 파트너의 사랑을 확인하는 일 같다고 긍정적으로 생각하는 것 같다. 그런데 또 대개의 여자는 파트너의 정액을 삼키는 일이 고역이라고 생각한다. 보다 본능적인 생식과 교미로서의 섹스에 접근하는 남자들보다 여자들은 어쨌든 관계 위주의 섬세한 접근이 필요한 것 같다.

얼마 전 만난 60대의 한 남자는 40대 중반에 간절한 사랑을 잃은 경험 이후 새로운 사랑을 시작하지도, 섹스를 자주 하지도 않고 지내왔다고 했다. 그러다 최근 어떤 여자를 만나 사랑을 하게 되었는데 문제는 사정이 잘 되지 않는 것이다. 발기력도 예전 같지 않은데다 만족스러운 사정을 하지 못하다 보니 그녀와 사랑을 나누는 일이 부담이 되기 시작했고 상황은 점점 더 나빠져갔다. 그는 괴로워하며 말했다. "내가 그녀에게 사정을 하고 싶은 이유는 오르가즘이라는 쾌락 때문이 아니라 나 자신의 가장 중요한 것, 온전한 자신이 담긴 것, 자신의 엑기스라 할 만한 것을 그녀 안에 넣고 그 즐거움을 함께 느끼고 싶기 때문이다"라고.

나는 충분히 그의 말뜻이 무엇인가를 이해할 수 있을 것 같았다. 정액은 그저 사랑의 분비물이 아니라, 자기의 유전자를 대를 이어 보존하는 생식만의 문제가 아니라, 사랑하는 그녀와 즐거움 속에 나누고 싶은 '자기의 분신' 같은 것이라는 각성은 그에게 있어 섹스가 그저 몸의 말초신경이 흥분하고 감각이 만나는 단순한 쾌락의 의미를 뛰어넘는다는 것을 의미하는 것이 아니겠는가! 물론 모든 사람이 다 이렇게 생각하지는 않을 것이다.

정신과 몸을 우월함과 열등함으로 구분하고 몸을 죄와 연결시킨 서양의 종교나 철학 덕분에 우리는 왠지 몸은 정신보다 열등하다고 생각해왔다. 하지만 몸은 바로 정신이고 마음이다. 정신과 마음의 표현이 바로 몸으로 나타난다. 그러므로 오럴섹스할 때 정액을 삼킬 것인가의 문제는 순전히 두 사람이 결정할 대목이다. 여자가 전혀 개의치 않는다면 삼켜도 될 것이나, 원하지 않는데 억지로 삼키도록 요구하지는 않았으면 한다. 사랑의 표현은 사람마다 다 다르게 할 자유가 있고, 그 자유는 사랑한다는 이유로 충분히 존중되어야만 한다.

남편을 비참하게 만드는 확실한 방법들

그를 기다리게 하라.
순교자처럼 행동하라.
그를 섹스광이라고 비난하라.
섹스를 무기로 사용하라.
남들에게 남편의 성생활에 대해 이야기하라.
그의 요구를 충족시켜주려 하지 마라.
침묵을 지켜라.
그의 솜씨를 평가하라. 아주 인색하게!
그가 섹스를 하려면 무슨 말이든 잘 들어야 한다는 것을 알게 하라.

— 케빈 르먼 『남자 이해하기』 중에서

포경수술에 대한
오해와 진실

"언제쯤 포경수술을 해주어야 할까요?"

"포경수술, 하는 게 좋은가요? 안 하는 게 좋은가요?"

너무나 당연하게 남자아이들이 초등학교 4, 5학년만 되면 마치 성인으로의 통과의례처럼 아이들을 병원에 데려가 포경수술을 해주던 엄마들이 요즘 많이 묻는 질문이다. 포경수술이란 음경의 귀두를 감싸고 있는 포피를 잘라내어 귀두를 드러내주는 수술이다. 세계에서 유대교를 믿어 종교적으로 할례를 하는 이스라엘 사람과 미국인, 한국인만 많이 받는 수술이라 해도 과언이 아니다. 유럽이나 중국 등의 나라에서는 포경수술을 한 남자의 비율이 30퍼센트를 넘지 않는다. 그래서 유럽의 혼욕탕이나 누드비치에 가면 흔히 포경수술을 하지 않은 아이 같은 음경을 한 어른남자를 쉽게 볼 수 있다.

유대인에게 할례는 반드시 지켜져야 할 종교적인 의식이다. 할례를 하지 않은 남자는 어른으로 대접받지 못한다. 그런데 우리나라는 종교적이든 전통적이든 아무런 이유도 없이 대부분의 남자가 포경수술을 받는다. 거의 70퍼센트 이상이 포경수술을 한다. 포경수술이 미국에서 우리나라로 소개된 것은 고작 50여 년 전의 일인데, 이제 대한민국 남자들은 거의 모두 의무처럼 포경수술을 받고, 엄마들은 당연히 해주어야 하는 수술이라 생각한다.

　"포경수술하면 음경이 커 보이니까 했습니다. 안 했을 때는 목욕탕에서 아주 창피했거든요. 다들 했으니까요."

　"포경수술하면 성기능도 좋아진다죠? 오래 할 수 있다고 하고."

　어른남자들조차 포경수술의 효능에 대해 잘 알고 있지 못하면서 수술을 한 경우가 많다. 사실 포경수술은 자위행위를 근절하기 위해 미국에서 유대인으로부터 도입했다는 설이 유력하다. 전염병의 원인이 균에 있는 것을 모르고 '심한 정력 낭비'라는 설이 대세였던 시대에 전염병의 원인이 될 수 있는 자위행위를 근절하기 위해 포경수술을 하게 되었다는 것이다. 이때 유대인의 매독 감염률이 미국의 다른 성인들보다 극단적으로 낮았고 이것이 포경수술 여부와 연관되었다는 논문이 나온 후 포경수술은 더욱 붐을 이루었다. 그러다 미국에서는 1980년대에 이르러 《포경수술, 미국 의학의 큰 실수》라는 책이 발간되고 포경수술로 인해 잃어버리는 부분에 대한 우려와 부작용 등이 공개되자 2000년 즈음해서는 포경수술률이 50퍼센트대로 떨어졌다.

　최근에는 우리나라에서도 포경수술에 대한 전문가들의 의견이 엇갈리고 있다. 포경수술의 목적은 위생상 좀 더 청결한 성기를 가질 수 있다는 것이고 관리가 좀 더 용이하며 성기능이 증가된다는 것이다. 그러나 이에 대해서는 좀 더 구체적이고 정확한 논의가 필요하다는 게 중론이다. 신생아 때 포경수술하는 것은 지양해야 한다는 데 의견은 이미 모아져 있는 것으로 보인다.

포경수술로 인해 남자들이 잃어버리는 기관은 여러 부분이 있지만 무엇보다 성감대를 잃게 되고, 귀두를 보호하고 포피와 귀두를 매끄럽게 해주는 피지선도 없어진다. 성감대는 뭐라 해도 촉촉한 습기가 유지되어야 하는데, 포경수술을 하면 귀두의 촉촉함은 유지하기 어려워진다. 포경수술을 하면 성기능이 강해진다는 말도 노출된 귀두가 속옷 등에 접촉되어 단련되면서 자극에 둔감해져서 사정까지의 시간이 길어질 거라는 생각에서 유래했지만 성감대가 둔감해지는 것이 남자의 성감에 도움이 될 것인가 하는 데는 의구심이 생긴다.

무엇보다 포경수술의 이점으로 꼽는 위생상의 문제는 뭐라 시비할 수 없지만, 성감대 상실이나 여자의 질을 자극하는 포피가 사라짐으로 인해 파트너인 여자들의 성감도 떨어지게 된다. 물론 대부분의 여자들은 그에 대해 아는 바가 없기 때문에 기대하지 않은 것의 소실이긴 해도 말이다.

포경수술과 에이즈에 대한 연구 역시 아직 논란이 여전하다. 포경수술을 하지 않으면 포피 안쪽에 병원균이나 바이러스가 안착하고 번식하며 또 옮길 우려가 많다는 연구는 방법의 문제가 있다는 지적이 있다. 어떤 젊은 비뇨기과 의사는 목욕탕에 들어가 있기만 해도 포피 밑의 치구는 다 씻겨나온다며 포경수술이 실제 위생상 이점을 가지지도 않는다는 요지의 말을 하기도 한다. 포경수술 반대론자들은 포경수술로 인해 오히려 성기 보호능력이 떨어지고 위생상의 효과는 없다는 것, 또 성기는 오히려 축소된다는 것을 들어 반대한다.

한국 남자들이 포경수술을 하는 이유는 의학적 위생상 이유와 청결 유지가 1위이고, 남들이 하니까, 목욕탕 가기가 창피해서가 2위, 성기 증대와 정력 증강이 3위였다고 한다. 결국 한국 남자들은 포경수술이 뭔지도 잘 모르면서, 때로는 엄마 손에 이끌려, 혹은 자신의 선택으로 포경수술을 하게 된다는 것이다. 남자들 자신에게 포경수술의 이점과 단점에 대해 좀 더 정확한 의학적 정보가 제공되어야 하며 이를 충분히 검토한 후 성기가 충분히 큰 후에, 각 개인이 자신의 성적 조건에 대해 선택할 수 있어야 할 것이다.

오랫동안 사정하지 않으면 정력이 좋아진다?

No. 섹스에 대한 대표적인 잘못된 속설이다. 그 유래는 중국의 《소녀경》에 기록된 '교접은 하되 사정은 하지 말라'는 내용에서 시작됐다. 이 속설을 진리로 여기는 남자들이 많지만 성의학과는 대치되는 이야기다. 성학에서는 오히려 용불용설(자주 사용하는 기관은 발달하고 사용하지 않는 기관은 퇴화해 없어지게 된다는 학설)이라고 이야기한다. 결국 기능의 문제로 보는 것이다. 일부 한방에서는 사람이 태어날 때 섹스 횟수가 정해져 있어 그 수를 채우면 '삭는다'고 하는데, 성의학에서 볼 때는 건강하면 죽을 때까지 할 수 있는 것이 섹스다. 너무 자주 사정하게 되면 정액의 양이 줄 수 있고 그것으로 쾌감의 강도가 떨어진다고 하지만, 사실 무엇이든 지나친 건 좋지 않다.

무엇보다 적절하고 규칙적인 사정은 남자의 성기관을 건강하게 유지시켜준다. 오히려 60대 이후에는 6개월 이상 섹스하지 않으면 발기 지속 회복력이나 사정력에 문제가 생길 수 있다. 'Use it or lose it!'

송우

비아그라가
바꾼 것들

남자들 발기부전 치료제인 비아그라가 출시된 지도 15년이 지났다. 비아그라의 개발과 출시는 많은 남자들과 더불어 여자들의 성적인 삶을 더욱 긍정적이고 열정적으로 바꾸어놓았다 해도 과언이 아니다. 비아그라는 처음 심혈관 환자들의 약으로 개발되던 것이 그 부작용을 이용해 발기부전 치료제로 재개발된 것이다. 1998년 첫 출시된 이 약이 발기뿐 아니라 단단함 즉 강직도까지를 보장한다는 사실이 밝혀지면서 발기가 시원치 않아 고민하고 자신감을 잃어가던 남자들에게는 이것이 복음만큼 반가운 소식이었으리라.

그 후 발기부전 치료제는 남자들의 열화와 같은 기대와 만족도에 힘입어 인류 역사상 가장 열렬한 추종자들을 가지게 된 약이 되었다. 우리나라에서는 비아그라의 상표특허가 끝난 2012년부터는 복제약이 앞다투어 출현, 세계에서 가장 많은 종의 발기부전 치료제가 여섯 가지 성분의 50여종의 제품들로 각축 중이다.

　이렇듯 비아그라의 출현은 사람들 삶에 많은 변화를 가져왔는데, 이로써 현재 인류는 무엇보다 인간의 역사를 통해 그전보다 훨씬 더 많은 섹스를 하도록 요구받는 세대가 되었고, 섹스에 대해서 더 많은 생각과 행동이 금기를 뛰어넘어 긍정적으로 확산되었다. 또 동서양을 통틀어 발기부전에 대한 시각 자체를 나이에 따른 장애가 아닌, 과학적으로 접근해 약물을 통해 치유가 가능한 질환으로 생각하도록 전환시켰다.

　비아그라의 등장 이전에는 일부 전문의들조차 발기부전을 전문적인 치료를 요하는 질환으로 간주하지 않고 이에 대해 아무 치료 없이 환자를 돌려보내는 경우가 많았다고 한다. 2004년도에 실시된 의사 120명 대상 설문조사에 따르면, 조사 대상자 중 38.2퍼센트가 비아그라 등장 이전에는 발기부전 환자를 처방이나 수술을 하지 않고 돌려보냈으나, 비아그라 등장 이후에는 이를 치료해야 할 병으로 인식하고 90퍼센트는 치료 가능함을 믿는다고 대답했다.

　미디어 보도에도 많은 변화가 있었다. 비아그라 등장 이전에는 '발기부전'이라는 용어 자체가 생소하거나 은밀하게 통용되는 금기어였지만 비아그라 출시 이후에는 발기부전이라는 용어의 사용이 급격히 증가했다. 한 조사에 따르면 1993년 한 해 동안 발기부전이라는 용어는 국내 종합일간지에 10여 회 등장하는 데 그쳤던 것이 비아그라의 국내 시판이 허가된 1999년에는 330여 건으로 대폭 늘었다고 한다. 또한 환자 입장에서도 여러 가지 불편함을 감수해야 했던 주사나 수술 방법이 아닌 간편하며 더욱 안전한 경구용 약을 복용함으로써 발기부전을 쉽게 치료할 수 있게 되었고, 발기부전에 대한 많은 희망적인 연구조사가 가능하게 되었다.

　비아그라는 인간들의 삶뿐만 아니라 야생동물의 삶에도 큰 변화를 가져왔는데, 무엇보다 비아그라의 등장으로 한숨을 돌리게 된 것이 물개와 사슴들이다. 비아그라가 남자에게 강력한 발기부전 치료제로, 심지어 정력제로 알려지기 시작하면서 야생물개 포획량은 급감했으니, 캐나다의 발표에 따르면 한 해 평균 25만 마리를 포획하던 것에서 9만 마리 이하로 포획량이 줄었다는 것이다. 또한 해구신의 가격 또한 103달러에서 70달러로 떨어져 물개를 노리는 포획자들이 줄어든 것도 물개들로서는 다행한 일이 아닐 수 없겠다.

물개나 사슴들로서는 자신의 성기와 뿔이 정력의 상징으로 잘못 알려져 겨우 그것들 때문에 귀한 생명을 잃기도 했으니 그간 얼마나 기가 막힌 일이었겠는가. 인간의 정력을 위해 무고한 생명이 더 이상 희생되지 않아도 된 것이다. 예전에는 스트레스나 우울증 같은 정신적인 문제나 노화가 발기부전을 일으킨다고 알려졌고 그에 따른 무력감이 상당했는데, 비아그라의 출현으로 '피돌기'가 성건강, 특히 남자들의 발기와 직결된다는 사실이 알려진 것 또한 다행한 일이다.

그런데 사실상 비아그라의 궁극적인 미덕은 무엇보다 'use it or lose it(사용하라, 그렇지 않으면 잃을 것이다)'이라는 성건강의 기본법칙을 사람들이 좀더 쉽게 실천할 수 있도록 도와준 데 있다고 할 수 있겠다. 발기가 되면 음경에 산소공급이 이루어지고, 규칙적인 발기는 건강한 성생활을 포함한 전반적인 삶의 질을 향상시킨다. 또한 섹스가 남녀가 즐기는 감각적인 재미를 넘어서 더불어 살아가는 인생의 동반자와 친밀감을 잃지 않도록 하는, 아니 더욱 강화시키는 접착제로서의 역할을 한다고 볼 때 비아그라와 같은 발기부전 치료제가 우리에게 선사하는 미덕이야말로 '존재의 이유'를 뛰어넘는 가치를 가진다 할 것이다.

단단한 것이 좋아

"성전문가시니 말씀인데, 여자들은 남자 성기에 정말 관심이 없나요?"
"여자들도 이야길 안 해서 그렇지 큰 성기를 좋아하죠?"

남자들의 자신의 성기에 대한 궁금증과 기대는 지대하다. 여자에 비해서 남자는 자신의 바디 이미지가 훨씬 좋은 편인데도 유독 자신의 성기에 있어서만큼은 인색한 평가를 내리는 것 같다. 그것은 비스듬히 내려다보기 때문에 사이즈가 실제 크기의 70퍼센트 정도로밖에 안 보인다는 관찰의 문제가 있을 수 있지만, 아무튼 남자들은 더 크고 당당한 성기를 원하는 것이 사실이다.

크기 면에서는 발기한 수퇘지의 성기 크기 45센티, 종마의 76센티, 푸른 고래의 210~240센티에는 훨씬 못 미치지만, 사람 남자의 성기 발기 능력은 대단하다. 남자 성기는 고양이나 양처럼 음경 속의 뼈에 발기의 단단함을 의지하는 것이 아니라 푸른 고래처럼 오로지 정먹과 동맥의 혈류에 의해 음경의 발기를 달성한다. 그래서 건강한 피돌기가 정력과 비례하는 것이다.

여러 연구결과에 따르면 여자는 남자의 성기가 긴 것보다는 두꺼운 것, 그리고 무엇보다 단단한 것을 선호한다고 한다. 우리나라에서는 여자의 성경험이 일천해 남자의 성기에 기준을 가지고 있지 않고, 대개의 여자가 사실 남자의 성기 크기보다는 사랑의 크기에 관심이 많기는 하다. 하지만 성은 마음만이 아닌 몸의 감각도 중요하기 때문에 성생활에서 성기의 크기가 전혀 영향을 미치지 않는다는 것은 거짓말이라 할 수 있다.

그렇다면 대부분의 여자들이 좋아하는 단단한 성기라 함은 강직도에 대한 이야기다. 여자들의 오르가즘은 분명 너무도 다양한 유발인자가 있다. 사랑하는 남자의 부드러운 키스, 애무, 스킨십 등의 적극적인 성적 자극이 주어져야 비로소 성적 흥분이 시작되고, 성기 외의 부분을 통해서도, 즉 등, 머리카락, 발가락 등 비성적인 부분의 애무, 심지어 상상만으로도 오르가즘을 성취하는 경우가 많다. 하지만 역시 여자도 섹스에 있어서 삽입의 느낌을 원하는 것도 분명한 사실이다. 그것은 섹스의 본질적인 기능이 생식에 있기 때문에 많은 부분의 문화적 진화가 있어왔음에도 자신의 유전자를 보존하려는 생물학적, 원초적 본능은 포기되지 않고 우리의 유전자 속에 너무도 강렬하게 각인되어 있기 때문일 것이다.

성적 흥분을 하면 남자와 여자는 독특한 현상을 겪게 된다. 남자는 음경으로 피가 몰려들면서 단단하게 발기가 되어 삽입을 준비하고, 여자는 질윤활이 이루어져 삽입을 순조롭게 받아들인다. 그리고 이를 통해 정자와 난자가 만나 새로운 생명을 잉태하는 수정이 이루어지는 것이다. 이때 남자는 발기 강직도가 단단하게 그리고 좀 더 오래 유지되기를 기대하게 된다.

　남자의 단단한 발기는 그저 몸만이 아니라 정신적, 심리적인 자신감과 만족도를 가져다준다. 그것은 섹스를 할 때 남자가 자신의 파트너를 만족시키기 위해서 어떤 노력도 마다하지 않는 것과 같은 맥락이다. 진화론적으로 볼 때 그런 남자가 여자들에게 인기가 좋았을 것이고, 자신의 핏줄을 많이 남겼기 때문인지도 모르겠지만.

　실제로 2010년 다국적 제약회사인 화이자 제약이 아시아 태평양 13개국 3,957명의 성인을 대상으로 펼친 '아시아 태평양 성건강과 전반적 삶의 만족'에 관한 연구조사에서도 발기 강직도의 만족도가 높은 커플이 섹스 만족도가 높았고, 나아가 사랑과 로맨스, 가정생활, 배우자로서의 역할과 관련해서도 66~77퍼센트가 높은 만족도를 표시했다고 한다. 그에 비해서 발기 강직도에 만족하지 못했던 커플은 섹스 만족감이 낮을 뿐 아니라 그 횟수도 적었으며, 삶에 대해서도 강직도의 만족도가 높은 사람들에 비해 덜 긍정적일 뿐 아니라 소극적인 것으로 나타났다. 그래서 발기 강직도를 개선하는 것은 섹스 만족도를 향상시키는 것에서 더 나아가 삶의 행복의 질 역시 높이는 것으로 나타나 관심을 모았다.

　어쨌든 발기에 관한 한 남자들은 역시 발기 강직도와 발기 지속시간에 가장 관심이 높으며 그다음이 자연스러운 느낌이라고 한다. 그래서인지 발기부전 치료제를 선택할 때도 약을 먹고 발기에 이르는 시간이나 지속시간보다는 얼마나 단단하게 강직도를 유지하는가에 더욱 관심이 높다는 것이다.

　남자의 발기에 영향을 미치는 것에는 심인성과 기질성 원인이 있는데 심인성 원인은 불안, 망설임, 양심의 가책, 예민한 성격, 극도의 피로와 스트레스 같은 것이고 기질성 원인은 무엇보다 혈류의 문제다. 남자나 여자가 겪는 여러 가지 성적인 어려움 중에서 발기야말로 '건강한 피돌기'와 깊은 관련이 있다. 그래서 혈류에 문제가 생기기 시작해 성인병이 발발하는 40대 이후에 발기부전 증상이 일어나기 시작한다. 이것은 나이가 들면서 혈관벽이 두꺼워지고 혈류가 약해지는 등의 원인에서 비롯되는 것이므로 이때부터 건강한 피돌기를 위한 처방이 필요하다. 발기부전 치료제들은 매우 안전하게 혈류를 돕는 약이기 때문에 심인성 원인이 아닌 경우의 발기부전을 효과적으로 개선시킨다.

또 남자의 발기부전에 많은 부정적인 영향을 주는 것이 흡연이다. 흡연은 혈류를 약화시키고 혈관벽을 수축시키기 때문에 말초혈관인 음경 대동맥에 피가 들어가지 못하게 함으로써 발기를 방해한다. 그래서 비뇨기과 의사들은 담배를 끊는 것만으로 발기부전 치료제를 먹는 것과 맞먹는 효과를 볼 수 있다고도 한다. 한편 파트너에 대한 분노나 갈등, 자신감 상실, 위축감 등 심인성 원인이 있는 경우는 상담과 부부간 대화방법 훈련 등을 통해 해결하도록 해야 한다.

비아그라는 발기부전 치료제 중에서도 성적 자극을 받았을 때 다음 단계인 성적 흥분의 현상, 즉 발기가 일어나도록 돕고 무엇보다 강직도에서 뛰어난 효과를 발휘해 파트너의 만족도 향상은 물론 남자 자신의 성적 자신감 회복에 큰 도움을 주는 약으로 알려져 있다. 다만 비아그라와 같은 발기부전 치료제를 사용할 때는 파트너 몰래 복용하는 것보다는 파트너와의 대화 등을 통해 윤활제 사용 등 파트너에게도 준비할 여유를 주는 것이 더욱 멋진 섹스를 보장하고 나아가 부부의 사랑과 신뢰를 더욱 두텁고 강하게 할 것이다.

결국 발기 강직도를 개선하는 것은 부부의 사랑과 삶의 질 향상을 위한 또 다른 지름길인 것이다.

조루는 스스로 진단하는 것

남자들이 성적으로 어려움을 느끼는 것은 성욕의 문제(많거나 적거나), 성흥분의 문제(발기부전), 그리고 오르가즘의 문제(조루냐 지루냐)다.

성적인 어려움의 문제는 신체적인 문제와 심리적인 문제로 나뉘는데, 예전에 성과학이 발달하지 않았을 때는 모든 것이 심리적인 데 원인이 있다 진단하기 일쑤였으나 뇌과학이 발달하고 호르몬에 대한 이해가 높아진 지금은 기질적인 원인을 곧잘 찾아내게 되었다.

그래서 성욕 부진에는 테스토스테론 호르몬 보충요법을, 성흥분 어려움에는 발기부전 치료제를 처방해 좋은 효과를 보고 있다(물론 여전히 심리적인 원인이 있는 경우도 꽤 있으며 이런 경우에는 부부간의 관계 개선이 가장 좋은 해결책이다).

남자들을 성적으로 위축시키는 어려움 중에 발기부전만큼 중요한 위치를 점하고 있는 것이 오르가즘 문제다. 성행위를 통해 극대한 절정을 느끼면 남자는 오르가즘을 느끼고 사정을 하게 된다. 이때 자기가 느끼기에 적절한 순간에 멋지게 사정이 되었는가 너무 빨리 되었는가, 아니면 사정을 하기 어려운가가 오르가즘의 문제다.

예전에는 조루(빠른 사정)의 기준이 1분이니 3분이니 하는 객관적인 숫자로 정의되었지만, 지금은 일반적으로 성행위시 본인과 파트너가 만족하지 못한 채 충분한 시간 동안 유지하지 못하고 사정을 하고 그것 때문에 스트레스를 받는 것을 말한다. 최근에 통용되는 '환자 자신이 조루라고 생각하면 조루'라고 진단해야 한다는 비뇨기과 의사들의 정의가 명쾌하다.

즉 조루는 사정에 이르는 시간이 짧고, 조절하기 어려우며, 그것 때문에 스트레스를 받는 것이다. 다른 성행위 과정들과 마찬가지로 사정을 자신의 의지대로 만족스럽게 하는 것은 자신의 성적 능력, 나아가 자존심과 연결되기 때문에 남자들은 이 문제에 굉장히 민감하다. 이렇게 사정 능력에서 자신을 잃게 되면 섹스를 피하게 되고, 대인기피도 생기며, 심지어 부부간에 불신과 이혼을 초래하기도 한다.

조루의 원인은 지나치게 자극에 예민한 말초신경 사정 기능을 담당하는 중추신경의 조절 문제, 행위 염려증으로 인한 위축감 등이 있는데, 발기부전이 노화와 함께 발생하는 반면 조루는 나이와 그다지 상관이 없다. 심지어 대체로 조루는 젊어 경험이 없을 때, 과도하게 섹스를 기대할 때, 파트너를 많이 좋아할 때 발생하며, 나이가 들면 자기 페이스에 익숙해지면서 점점 더 좋아지고 조절하기 쉬워지는 경우가 많다. 자위행위를 너무 서둘러 끝내는 경우도 습관이 되어 조루를 부르기도 하니 잘못된 성행위 습관도 부정적인 영향을 미치는 게 분명하다.

하지만 자신이 조루인 것을 알고 있는 남편의 아내는 행복한 섹스를 한다는 말도 있듯이 삽입시간이 섹스의 만족 여부를 결정하는 유일한 요소는 아니다. 여자를 충분히 애무해 만족을 안겨주면 삽입시간은 좀 짧아도 대부분의 여자가 오르가즘을 느끼며 행복해한다. 오히려 너무 긴 삽입시간은 여자를 더욱 힘들게 한다. 어쩌다 한 번씩의 조루는 다음번에 잘하면 되지 하고 대범하게 넘기면 문제가 되지 않는다. 다만 이럴 때 파트너의 신경질적이거나 부정적인 반응은 증상을 더 심하게 할 수 있다. 그래서 한두 번의 조루에 대해 너무 민감해하는 것은 전혀 도움이 되지 않는다.

하지만 섹스는 상대적인 것이라 여자의 만족감만큼 중요한 것이 남자 자신의 만족이기도 하다. 그러므로 조루라 느껴지면 비뇨기과를 찾아 검진을 받고 전문가와 치료를 의논하기 바란다. 조루에 대해 고민을 많이 한 남자들 덕에 많은 치료법이 개발되어 있다. 세로토닌을 이용해 만든 먹는 약 외에도 바르거나 뿌리는 약, 음경 배부 신경절단 수술법, 또 심리학적 치료방법으로도 'Stop&Start법', 스퀴즈법 등 효과적인 행동치료법이 있으니 지레 겁을 먹을 필요가 없다는 것이다.

항문섹스에 대한 판타지

"포르노를 보니까 항문에 삽입하는 애널섹스가 많이 나오는데요, 호기심이 생깁니다. 거기다 해도 되는 걸까요?"

"남편이 항문섹스를 하고 싶어해요. 전 아플까봐 두려운데, 항문섹스를 하면 정말 좋은가요?"

위의 상담들처럼 애널섹스에 대한 질문을 종종 받는다. 애널, 즉 항문섹스는 말 그대로 항문에 성기를 삽입하는 섹스다. 주로 질이 없는 남자동성애자인 게이들이 많이 하는 섹스로 알려져 있는데, 이성애자들 간에도 항문섹스를 즐기는 이들이 있고, 또 포르노와 과장된 섹스 괴담 탓인지 남자들은 항문섹스에 대한 환상을 가지고 있는 이가 많은 듯하다.

그런데 항문삽입 섹스는 성건강을 생각한다면 별로 권하고 싶지가 않다. 물론 섹스 당사자 두 사람이 함께 이러한 섹스를 경험해보기로 기꺼이 동의했다면 변태행위는 아니나 이 행위를 시작하기 전에 준비해야 할 일이 있다.

항문은 알다시피 성기가 아니다. 그래서 여자의 질처럼 신축력이 대단하지도 않고, 무엇보다 윤활역할을 하는 액체가 나오지 않는다. 항문에 삽입하면 질보다 더 조이는 듯한 느낌을 받는 것은 항문의 괄약근 조임 때문인데, 너무 자주 하다 보면 이 괄약근 근육이 느슨해져 변실금이 일어날 수도 있다. 또 항문에 윤활제 없이 무리하게 삽입하면 직장과 섬세한 항문 주변의 피부가 찢어지는 상처를 입게 되고, 그 상처 부위로 균이 침입할 수 있어 성병 감염의 우려가 높다.

에이즈를 비롯한 성관련 병의 많은 종류가 상처를 통해 균이 감염된다는 것을 안다면 항문섹스는 쉽게 생각할 일이 아니다. 그래도 항문섹스를 꼭 해야 한다면 우선 배변으로 직장을 비워 깨끗이 하고 윤활제를 충분히 바른다. 또 반드시 콘돔을 착용해 두 사람 모두를 보호하도록 한다. 물론 이것은 임신에 대한 보호가 아니라 위생에 대한 보호다. 그 후에 신경 써야 할 점은 섹스 도중 흥분해서 항문에 넣었던 성기를 여자의 질 속에 넣지 않도록 해야 한다는 것이다.

말했듯이 항문섹스는 파트너가 동의했다면 변태 행위는 아니지만 무엇보다 섹스에서 가장 우위에 놓아야 할 것은 파트너의 육체적, 심리적 성건강을 배려하는 일이라는 점을 잊지 않아야 할 것이다.

마누라성
발기부전의 치료법

"아내를 봐도 더 이상 흥분되지 않아요. 그러니 발기도 되지 않고 관계를 하다 발기가 사라질까봐 걱정도 되고요. 그래서 일부러 일 핑계를 대고 늦게 들어가거나 술자리를 만들기도 하죠."

"그냥 자고만 싶어요. 피곤한데 섹스 생각이 나나요? 그냥 좀 쉬게만 해 주었으면 좋겠어요."

요즘 자주 듣는 남자들의 고민이다. 또 상담게시판에는 남편이 부부관계를 요구하지 않아 자신의 욕구를 풀지 못하는, 그로 인해 자존심 상해하는 아내들의 상담이 꽤 자주 올라온다. 예전에는 결혼한 지 2~3년이 지나야 들을 수 있었던 고민들이 이제는 오래 사귄 연인들이나 결혼한 지 얼마 안 된 신혼부부에게서도 종종 나온다.

게다가 아내와는 정작 발기도 안 되는데, 자극적인 야한 동영상을 보며 자위행위를 해서 욕구를 해결한다는, 이른바 자위중독에 빠진 남편들도 많아졌다. 이렇게 남자들이 아내에 대해 성욕부진을 겪고 있는 이유는 무엇일까?

"사랑이란 이성의 아름다움에 혹해 지나치게 그 생각에 몰입하는 데서 나타나는 일종의 타고난 고통이며, 그것은 다른 무엇보다 서로를 안고 싶은 충동을 일으킨다."고 프랑스 작가이자 성직자인 안드레아스 카펠라누스는 말했다. 누군가를 사랑하게 되면 필경 그 사람을 안고 싶어지는 게 사랑이라는 말이다.

그렇다면 남편들은 아내를 더 이상 사랑하지 않아서 이젠 그녀를 안고 싶지 않게 된 것일까? 대개의 남편들은 말한다. 물론 아내를 지금도 사랑하지만 아내를 보면 성욕이 안 느껴진다고. 결국 머리로, 이성으로는 아내를 사랑하지만(사랑해야 한다고 생각하지만) 몸과 마음은 그녀로 인해 더 이상 감동받지 않는다는 것이 문제라는 이야기다. 여자들은 안 그럴 것이라 생각하지만 남자들도 심리적인 문제에 많은 영향을 받는다. 지구상에서 뇌로 섹스를 하는 것이 여자뿐만이 아니라는 이야기다.

사람은 몸과 마음과 영혼이 함께 가는 존재라서 여자도 남자도 마음의 문제와 파트너와의 관계가 어떤 관계 맺기에서든 큰 영향을 미친다. 또 남자에겐 섹스조차 어떤 달성, 성취의 대상이기도 하기 때문에 이러한 능력에 대한 부정적인 반응을 받게 되면 더욱 의기소침해지고 피하고 싶어지는 것이 사실이다. 그래서 섹스 중에, 혹은 섹스가 끝나고 난 후 무심코 내뱉는 아내의 부정적인 피드백, 혹은 신경질적인 반응은 남자에게 마음의 상처를 입히고 그것은 결국 성욕부진이나 발기부전, 혹은 사정에 어려움을 가져오게 되는 경우가 많다.

어떤 남편은 임신하고 싶어하지 않는 아내가 콘돔 사용은 원하지 않으면서 계속 질외사정을 요구해서 결국 사정이 잘 되지 않는 '지루' 증상을 갖게 된 경우도 있었다. 이런 경우는 실제로 사정을 억지로 참아왔던 억제 행동이 지루를 유발하기도 했겠지만 그렇게 이기적인 아내에 대한 분노가 '지루'라는 수동적인 공격을 하게 한 것이라는 생각이 든다.

이렇게 몸과 마음은 연결되어 있고 남자들도 여자만큼 예민하다. 성욕은 누군가와 성행동을 하려 할 때 가장 먼저 일어나는 욕구이며 남자는 성욕이 생기면 발기가 된다. 그러므로 성욕이 일어나지 않으면 발기도 어려워진다. 많은 발기부전이 신체적인 이유(노화에 따른 피돌기에 문제가 생긴 경우나 발기 신경 등의 기질적 이상 문제)가 원인일 수도 있으나 심리적인 위축이나 파트너에 대한 분노, 파트너를 봐도 더 이상 성적인 자극을 받지 않음 등이 문제가 되는 경우도 적지 않다.

남자들은 성욕이 생기지 않거나 발기가 되지 않으면 의사를 찾아가거나 전문가를 찾아가 도움을 받으려 하기보다는 자신의 파트너 말고 다른 여자와 해도 그런가 하며 외도를 하는 경우가 많다. 또 대개는 신선한(?) 파트너가 생기면 성욕부진 문제나 발기 문제가 사라지는 경우도 제법 된다는 것이 이런 시도를 해보도록 주변에서 조언(?)하는 이유가 된다.

성욕의 문제는 성욕을 부추기는 성호르몬인 테스토스테론과 또 자극의 문제에 원인이 있는 경우가 많다. 그래서 남편이 짜증이 늘고 무기력해지는 것 같고 성욕도 없는 것처럼 느껴진다면 일단 비뇨기과에 가서 피검사를 통해 테스토스테론 수치를 알아보고 필요하다면 보충요법을 받는 것에 대해 의사와 상담해보는 것도 필요하다.

그런데 호르몬의 문제가 아니라면 자극의 문제다. 심리적인 분노나 갈등의 문제라면 관계 전문가의 도움을 받는 것이 필요하다. 부부 문제는 3개월만 그대로 방치한 채 지나면 서로의 감정을 둘이서 풀어내기가 어려워지는 경우가 많다. 그야말로 가장 가까운 파트너이기 때문에 자존심에 상처를 받는 경우가 많고, 그래서 감정이 올라와 결국 대화로 시작했지만 싸움을 불러오고 더욱 상처를 입히고 입는 악순환이 계속될 수 있다.

여자가 자신의 마음을 바꾸는 일 또한 무엇보다 소중한데, 당신이 선택한 남자는 어떤 점에서든 당신을 둘러싼 경쟁자 중에서 나았기 때문에 선택했다는 사실을 떠올리기 바란다. '여자는 남자의 사랑으로 살고 남자는 여자의 인정에 목숨을 건다'는 말이 있다. 남편을 나의 보호자로, 사랑으로 인정하고 존중하는 것이 남편을 남자로 되살리는 길이다.

이렇게 마음과 관계의 문제를 해결했다면 그다음이 자극 문제다. 남자는 어디에서 자극을 받을까? 알다시피 남자는 시각이 가장 예민하다. 그래서 여자는 남자의 벗은 몸을 보고 흥분하기 쉽지 않지만 남자는 여자의 벗은 몸(다 벗지 않아도)에 흥분한다. 그런데 벗기만 하면 흥분되는 것은 관계 초기에 그렇고 관계가 진행되어 서로에게 익숙해지면 좀 더 자극을 받을 수 있도록 섹시해야 한다. 즉 '예쁘게' 벗어야 한다는 것이다.

또 여기에서 섹시하다란 말에 여자들은 '호피무늬'나 '망사스타킹' 같은 야한 속옷이라 쉽게 생각하지만 남자들의 감정이 그렇게 단순하지 않다. 자신의 남편이 어떤 모습에서 섹시함을 느끼는지 알고 있는 아내라면 그것은 참 쉬운 일일 것이나, 그렇지 않다면 남들 다 하는 대로 한다고 남편이 흥분할 리 없다. 심지어 어떤 남자들은 내게 이런 부탁을 해온다. "제발 야한 속옷 입고 남편 자극하라는 이야긴 하지 마세요."

어떤 남자는 순결해 보이는 하얀색 면속옷에 흥분하고 어떤 남자는 야한 모습에 흥분한다. 결국 자신의 파트너에게 전문가가 되는 것이 지름길인데, 늘상 하는 이야기지만 적어도 너무 늘어진 모습으로 남편을 만나는 것은 좀 피해야 한다. 서로를 자극하는 가장 좋은 길은 서로에게 이성으로, 여자와 남자로 보이는 것이다. 아내만 분위기가 필요한 것이 아니라 남편에게도 낭만적인 분위기는 중요하다.

또 섹스 방법도 바꿔보고 장소도 좀 바꿔본다. 간지럼도 쳐보고 키스도 열정적으로 해본다. 시간도 늘 밤에만 할 것이 아니라 아이들이 학교 가거나 나간 낮에도 해본다. 늘 침대 옆 스탠드를 꺼놓고 칠흑 같은 어둠속에서 할 것이 아니라 몸이 예뻐 보이고 결점을 감춰주는 오렌지빛 불빛 속에서도 해본다. 남편만 리드를 할 것이 아니라 어느 늘은 아내가 먼저 그를 이끌고 애무도 열성적으로 해주고 리드를 해본다. 남편의 특별히 예민한 성감대가 어딘지도 탐색해본다.

섹스는 사랑의 소통이며 부부는 그로 인해 친밀해지고 온전한 한편이 된다. 사랑에 빠지면 예뻐진다는 말이 있다. 그냥 하는 말이 아니라 사랑에 빠지면 파트너에 집중하기 위해 동공이 커진다. 보통 2밀리미터였던 동공이 사랑에 빠지면 8밀리미터가 된다고 하고, 파트너를 더 보려고 잘 깜빡이지 않다 보니 건조함을 막기위해 눈물주머니에서 눈물을 자주 뿌려주게 된다고 한다. 그러니 사랑에 빠지면 눈이 촉촉해지고 더욱 또랑해지는 느낌이 드는 것이다.

이렇게 동공이 커지게 하려면, 내가 먼저 그를 더 사랑하려고 노력하고 예쁘게 보려고 하고 그에게 어떻게 하면 예쁘고 사랑스럽게 보일까를 연구해야 할 일이다.

현명한 아내라면 꼭 누나 같은 엄마 같은 역할뿐 아니라 그의 연약한 누이동생 같은 애인 같은 역할도 놓치 않아야 한다.

속궁합의 진실

상담을 하거나 교육을 할 때 거의 빠지지 않고 들어오는 질문이 속궁합에 대한 것이다. "속궁합이 진짜 있는가?", "성격차라고 하는 이혼의 진짜 이유는 속궁합이 안 맞아서라는데 그럼 속궁합을 미리 맞춰보고 결혼해야 하는 거 아닌가?" 하는 질문들이다. 또 얼마 전에는 남자보다 여자들이 속궁합을 중요하게 생각해서 결혼하기 전에 꼭 자봐야 한다는 답변을 했다는 설문결과가 발표되어 인터넷이 시끌시끌했다.

속궁합이 정말 있는 것일까? 나는 속궁합에 대한 이야기가 전혀 사실무근은 아니라고 생각한다. 그러나 반면에 좋아하는 관계를 깰 만큼 맞지 않는 속궁합도 없다고 생각한다. 실제로 처음부터 아주 잘 맞는 사람들이 있다. 또 정말 사랑하고 있음이 분명한데도 성관계의 느낌은 좋지 않다고 고민하는 이도 많이 보았다.

성의학적인 면에서 이야기한다면 여자의 질은 질구에서 자궁경부에까지 이르는 통로로 신축력 있는 닫힌 틈이다. 정해진 모양이 있다면 파트너 성기의 크기나 생김에 따라 맞고 안 맞고가 있겠지만, 여자의 성기는 부드럽게 닫혀 있는 틈이기 때문에 어떤 크기나 생김의 성기라도 만족할 수 있다. 남자의 성기가 사람마다 크기나 생김이 다른 것처럼 여자의 그것도 그렇다. 평균 7~14센티미터라고 하는 성인 여자의 질 깊이는 그보다 깊을 수도 있고 짧을 수도 있다. 그 깊이가 신장에 따른 것도 아니고 겉으로 봐서는 구별할 길이 없다.

아기를 낳고 질이 헐렁해졌다고 걱정하는 분들이 있는데, 이는 질이 넓어지고 헐렁해졌다기보다 질의 내벽 근육이 출산 등에 따라 탄력성을 잃었다고 하는 것이 옳다. 이는 나이가 들면 피부가 늘어지는 것처럼 자연스러운 일이다. 질 내벽의 탄력성 회복을 위해서는 케겔운동을 연습하면 좋은 효과를 볼 수 있다.

그러나 무엇보다 성은 몸만이 아닌 마음의 작용 또한 중요한 일이다. 속궁합이 안 맞는다는 것은 육체적인 면에서의 감각 문제와 마음의 문제가 함께 있는 것이라고 볼 수 있는데, 사랑하는 사람인데도 섹스가 좋지 않다면 두 사람의 섹스 기술에 문제가 있다고 할 수 있다. 우리 사회가 섹스에 대해 가르치지 않아 행복하고 즐거운 섹스가 무엇인지 모르는 탓도 있지만, 파트너가 만족하는 섹스가 무엇인지에 대해 대화하고 소통하지 못하는 이유가 가장 크다.

아무튼 속궁합을 의심한다면, 이것은 파트너의 성감대를 모르고 파트너가 어떤 애무를 좋아하는지 모른다는 것, 파트너가 원하는 섹스를 모른다는 것이 가장 큰 문제다. 처음에는 사랑하는 사람과 몸을 맞대는 것만으로도 흥분되고 만족스러울지 모르나 섹스는 몸의 감각을 이용한 행위다. 그러므로 감각이 실제로 즐거워야 하고 그러려면 내가 원하는 자극을 받아야 한다.

또 섹스를 너무 진지하게 의식처럼 하고 있거나 의무방어전처럼 하고 있지는 않은지도 돌아볼 일이다. 섹스는 사랑하는 사람들이 하는 게임이고 놀이며 대화다. 즐겁고 재미있지 않다면 점점 흥미를 잃게 되고 하지 않게 된다. 또한 섹스에 있어서 마음의 문제는 남자나 여자 모두에게 중요하다.

좋은 섹스를 원한다면, 내가 사랑하는 파트너와 속궁합도 좋기를 바란다면 그 누구도 아닌 내 파트너의 전문가가 되고, 그(그녀)의 몸뿐 아니라 그(그녀)의 몸에 담긴 영혼까지도 사랑한다는 확신을 줄 수 있어야 한다. 멋진 성생활을 위해 속궁합을 미리 맞춰볼 것이 아니라 주어진 속궁합 속에서 '환상 속의 그대'가 되어볼 일이다.

속궁합은 존재한다?

No. 좋아하는 관계를 깰 만큼 맞지 않는 속궁합도 없다고 생각한다. 성의학적인 면에서 이야기하면 여자의 질은 질구에서 자궁경부에까지 이르는 통로로 신축성 있는 닫힌 틈이다. 정해진 모양이 있다면 파트너 성기의 크기나 생김에 따라 속궁합이 있겠지만 여자의 성기는 부드럽게 닫혀 있는 틈이기 때문에 어떤 크기나 생김의 성기라도 만족할 수 있다. 반면 섹스 기술에 문제가 있을 수는 있다. 속궁합은 그 사람을 많이 알아갈수록, 친밀해질수록 좋아지는 것으로, 남녀가 성에 대한 대화를 하고 문제가 있으면 고쳐 나가도록 노력하면 더욱 좋아질 수 있다. 만약 오래된 부부인데도 속궁합이 안 좋다고 한다면, 그것은 파트너가 만족하는 섹스에 대해 대화하고 소통하지 않는 이유가 가장 크다.

송우

누구나 성병에
걸릴 수 있다

평상적으로 섹스를 할 때 아무렇지도 않았던 커플이 성병STD, Sexually Transmitted Desease(섹스로 인해 감염되는 질환)에 걸린다는 것은 십중팔구 한 파트너가 다른 사람과 섹스를 했다는 것을 의미한다. 사면발이처럼 기어다니는 음모이의 감염 같은 성병을 제외한다면 말이다. 사면발이는 감염된 사람과의 성적 접촉으로 옮기도 하지만, 종종 대중들이 함께 이용하는 목욕탕이나 찜질방 등에서 걸리기도 한다.

어느새 우리 사회는 모르는 사람과의 섹스가 너무 일상적이 되어가고 있다. 첫눈에 필(feel)이 꽂혀 뜨거운 하룻밤을 보내는 드라마나 영화도 너무나 많고, 마치 그러한 일이 환상적이고 낭만적이며 혹은 그로써 자신이 아주 진취적이거나 개방적인 사람처럼 보여진다고 생각해서인지 모르는 사람과의 섹스가 주는 위험은 오히려 지나치게 간과되고 있다.

하지만 모르는 사람과의 섹스는 여러 가지 위험을 동반한다. 충동적인 섹스로 인해 원치 않는 임신을 할 수도 있고, 클라미디아나 성기헤르페스, 심지어 에이즈에 이르기까지의 여러 가지 성병에 걸려 건강을 해치거나 죽을 수도 있다. 또 재수 없게 변태성욕을 가지거나 나쁜 의도를 가진 사람을 만나 비참하게 죽임을 당할 수도 있지 않겠나.

원치 않는 임신은 사랑하는 연인과의 사이에서도 감당키 어려운 일인데 모르는 사람의 아기를 임신한다는 것은 더 어처구니없이 황망한 일이 아닐 수 없다. 성병 또한 음모에 많이 기생하는 사면발이나 옴 등 기생충에 의한 것뿐 아니라 트리코모나스, 클라미디아, B형 간염, 성기헤르페스, 콘딜로마나 자궁경부암 원인균이 되는 파필로마 바이러스HPV, 그리고 에이즈에 이르기까지 그 종류는 너무나 다양하다.

특히 젊은 여자들에게 많은 클라미디아라는 성병은 특별한 균검사를 통해 밝혀지는데 심한 경우 여자에게 불임을 가져올 수도 있는 심각한 병이다. 모르는 사람과의 섹스를 자주 하는 사람이거나 자신의 섹스파트너가 그렇다면 6개월마다 클라미디아 검진을 받을 것을 권한다.

그런데 정말 문제는 여자가 남자보다 성병에 더 취약하고 증세가 없는 경우도 많아 심각해질 때까지 보균사실을 모르는 경우가 많다는 것이다. 또 성기에 물집이 잡히고 터져서 고통을 주는 성기헤르페스는 임신한 여자에게는 아주 심각하다. 분만 도중 아기에게 실제적인 상처를 입히거나 하면 아기를 죽게 할 수도 있는 것이다.

헤르페스는 구강형과 성기형이 있는데, 얼마 전 이 두 가지가 교차 감염 가능성이 있다는 연구결과가 발표되었으니 더욱 주의를 요한다. 헤르페스가 있어 입가나 성기에 물집이 잡힌 사람이 오럴섹스를 했을 때 감염될 가능성이 크다는 것이다. 또한 실제 물집이 잡히거나 하는 외면적인 증세가 없어도 감염된 결과도 있다고 하니 만만히 볼 질환이 결코 아니다. 한번

헤르페스 바이러스에 감염되면 일생동안 완치되지 않으며, 치료연고를 쓴다 해도 다만 그 증세를 완화시키거나 바이러스의 확산을 막는 정도에 그칠 뿐인데, 다른 성병과 마찬가지로 헤르페스에 걸린 사람은 에이즈에 걸릴 확률이 더 높아진다.

얼마 전에는 여대생 15퍼센트가 파필로마 바이러스에 감염되어 있다는 보도가 나와 우리를 놀라게 했다. 이 파필로마 바이러스는 콘딜로마라는 성기사마귀를 생기게 하거나, 여자에게 자궁경부암을 일으키는 원인균과 같은 것으로 알려져 있는데, 일부 변종들이 무증상감염을 일으킨다. 즉 일단 감염자와 접촉이 있다면 대비하기 어려운 것이다. 사실은 성병을 예방하는 콘돔조차도 사면발이나 파필로마 바이러스, 성기헤르페스 등에는 무력한 경우가 적지 않다.

특히 모르는 이와의 섹스를 직업으로 가진 이들과의 섹스는 정말 위험하다. 얼마 전 TV의 어느 프로그램에서 성매매를 하고 있는 여자와 인터뷰를 한 적이 있는데, "파트너 남자들이 콘돔을 사용하느냐?"는 나의 질문에 "꼭 그렇지 않다"는 대답을 해서 크게 놀란 일이 있다. 성병의 감염은 그야말로 기하급수적으로 퍼지기 쉽다. 섹스를 악수처럼 쉽게 생각하는 사람들 사이라면 말할 필요도 없을 것이다.

그러므로 나의 성건강을 안전하게 지키며(파트너의 성건강까지도 포함해서) 섹스를 하는 가장 좋은 방법은 '모르는 사람과 절대 섹스하지 않는다', '모르는 사람과 섹스하는 사람과도 섹스하지 않는다'는 수칙을 지키는 것이다.

사랑과 섹스는 아름답고 멋진, 그리고 소중한 경험이나 그것이 인생의 목표는 아니다. 사랑을 더욱 사랑답게, 섹스를 더욱 섹스답게 할 수 있는 것, 그래서 자신과 파트너를 그야말로 귀한 사람으로 대접하는 것은 다름 아닌 자신과 파트너를 보살피고 돌보는 절제에서 시작되고 완결되는 것이다.

CHAP **3** TER

Communication
남자가 원하는 섹스,
여자가 바라는 섹스

서로에게 모든 것을 줄 때
평등한 거래가 된다.
각자가 모든 것을 얻게 된다.
– 로이스 맥마스터 부욜

남자의 욕망,
여자의 로망

존 그레이 박사의 책《화성에서 온 남자 금성에서 온 여자》출간 이래로 남자와 여자가 많이 다르다는 것은 정설이 되었다. 아직도 여전히 여성성과 남성성을 원래 가지고 태어나는가, 아니면 자라면서 학습에 의해 달라지는가에 대한 의견이 분분하지만, 분명히 남자와 여자는 많이 다르고 또 많이 비슷한 것도 사실이다.

예전엔 나도 시몬 드 보부아르 여사의 《제2의 성》에 심취했었고 그녀의 주장이 옳다고 생각했던 것이 사실이다. 그녀에 따르면 남자와 여자는 원래 똑같은데 기르는 환경과 방식에 의해 달라진다는 것이다. 그런데 이제 성에 대한 이야기를 15년 넘게 하다 보니, 남자와 여자는 분명히 다르기도 하고 같기도 하다고 생각하게 되었다. 남자와 여자는 궁극적으로 생식방법이 다르고 성생리가 다르기 때문에 성심리가 다르다는 것으로 이야기할 수 있다.

또 남자와 여자는 성생리적으로도 같은 기능을 하지만 생김은 다른 상동기관이 많고, 성심리적으로도 사회문화적 학습 때문에 다르다고 생각하지 실제로는 남자나 여자나 그리 다를 것이 없다는 생각을 하게 되기도 한다. 그런데 남자와 여자가 무엇보다 다른 점은 남자는 평생 정자를 만들어 내는, 죽을 때까지 생식이 가능한 존재라는 것이다. 그래서 남자들은 이것이 여자보다 더욱더 성이 살아 있다는 증명이며, 건강함과 능력의 증거라 믿는지도 모르겠다.

사실 남자의 성은 계속 실제적으로 가동하고 있는 공장이기 때문에 지금 사용하고 있는 재료가 좋고 기계(?)가 잘 관리되어 있으면 남자의 성적 능력은 언제든 가장 좋은 상태를 유지할 수 있다. 그런데 여자는 태어날 때 이미 난포세포의 형태로 일생 사용할 난자를 가지고 나오며, 사춘기에 초경이 시작된 후 400~450회의 월경을 하게 되면 폐경이 되고 더 이상 생식은 하지 못하게 된다. 폐경이 되어도 섹스는 가능하지만 생식의 의미는 없기 때문에 폐경 이후 여자의 성은 다른 무엇보다 친밀감이 중요한 기준이 되는 것이다.

이런 성생리의 차이로 인해 파트너를 선택하는 데 있어 남자보다 여자가 훨씬 더 신중해질 수밖에 없도록 진화되었다. 남자는 정자를 뿌리는(?) 방법으로 생식을 하기 때문에 새로운 감각과 여러 명의 파트너가 중요하다면, 여자는 한 달에 한 번 난자를 생산하는 데다 몸속에서 수정하고 임신을 진행시키기 때문에 남자보다 더 신중하고 복잡한 배우자 선택양식이 발달하게 되었다. 즉 여자가 배우자를 고르는 기준은 일단 유전형질이 좋은 남자, 사회적 위험에서 자기와 아기를 지켜줄 수 있는 남자, 경제적으로 자기와 아기에게 먹을 것을 가져다주고 부양할 수 있는 남자였다.

이러한 기준을 만족시키려면 가장 중요한 것이 그 남자와 여자의 특별한 관계였다. 여자에게는 그가 나를 사랑하느냐가 남자를 선택하고 남자와의 섹스를 결정하고 남자와의 관계를 결정하는 데 가장 중요했다는 것이다. 그가 나를 사랑해야 내게 끊임없는 보호와 경제적인 지원을 할 것이기 때문이었으리라.

이러한 성생리의 다름은 성심리에서도 여자가 남자와의 관계, 친밀함에 대해 민감하게 만들었다. 또한 성심리적으로도 여자는 남자와 첫 섹스를 할 때 '이 사람이 섹스를 할 만큼 나를 사랑하는가?' '나는 이 사람과 섹스를 할 만큼 사랑하는가?', '임신이 되면 어떡하지?'를 고민하는 데 반해 남자는 '어떻게 하면 더 멋지게 그녀를 만족시킬까?'와 같은 섹스 내용에 신경을 쓴다는 것이다.

외도에서도 그렇다. 남자의 경우 젊었을 때의 외도는 대개 '저 사람이랑 해보면 어떨까?' 하는 호기심 등 사랑과 관련 없는 것일 수 있지만, 여자의 경우는 대개 새로운 사랑의 시작이다. 여자의 외도는 남편과의 관계가 끊어졌을 때 일어난다. 그래서 여자가 바람이 나면, 즉 다른 사람을 사랑하게 되면(사회적으로 다른 여러 요인도 있지만) 이혼까지 가는 경우가 많다. 물론 나이 든 남자의 외도는 다르다. 그때는 남자도 호르몬 레벨이 달라져서 이야기가 통하는 파트너, 나의 영혼을 이해하는 사람을 찾게 된다고 한다. 감각은 끊기 쉽지만 관계는 끊기 어렵다. 그래서 늦바람이 무섭다는 것이다.

또한 남자는 여자를 선택할 때 여자보다 훨씬 많은 공을 들여야 한다. 그것은 꼭 인간 여자뿐 아니라 다른 동물의 암컷에게도 마찬가지인데, 성을 얻으려면 수컷들은 암컷에게 많은 선물을 해야 한다. 심지어 사마귀나 거미 같은 생물은 자신의 몸을 살찌워서 자신과 교미를 해준 암컷에게 바치기까지 하지 않는가? 여자의 섹스를 얻기 위해(사랑을 얻기 위해서라고 하지만) 남자가 해야 할 일은 400여 가지가 넘는다고 한다. 여자가 남자의 성을 얻으려 하기보다는 남자가 여자의 성을 얻으려 노력하는 것이 훨씬 자연스러운 자연의 이치다. 언제든 성선택은 암컷의 것이기 때문이다.

또 섹스 시 발생하는 호르몬인 옥시토신의 경우, 섹스가 끝난 후 여자에게는 남자에 대한 유대감을 더 높여 그를 안게 하고 더 만져지기를 바라며, 그와 더 사랑을 속삭이며 누워 있기를 바라게 한다. 하지만 남자는 섹스 후 테스토스테론이 고갈되었고, 또 성기의 피가 몸으로 빠져나간 일시적 허혈상태이기 때문에 금방 잠들거나, 혹은 담배를 피우러 아니면 냉장고에서 뭔가를 꺼내러, 또는 TV를 보려고 일어나거나 한다는 것이다.

이렇게 남자와 여자는 정말 많이 다르다. 물론 성이란 타고난 기본적인 성질 외에 환경의 영향이 적지 않은 법이다. 원래 타고난 성적 특질도 분명히 있지만 우리를 둘러싼 환경, 가정, 학교, 종교, 매체, 직장 등에서 많은 학습과 경험을 하며 우리는 지금 이 모습으로 여기 살고 있다. 분명한 것은 이렇게 다른 점이 많으니 서로를 이해하려면, 그래서 진정으로 그 모습 그대로 사랑하려면, 끊임없는 대화와 노력이 필요하다는 것이다.

♂우

생물학적
수컷으로서의 남자

성교육과 상담을 오래 하다 보니, 남자와 여자의 성차이가 결국은 생물학적인 차이에서 비롯된 생활양식이나 사고의 차이 때문이 아닐까 하는 생각을 갖게 된다. 즉 남녀의 성기 차이, 성반응 차이, 생물학적인 차이가 성심리와 성행동의 차이로 연결된다는 것이다.

흔히들 남자는 섹스하고 나서 사랑을 결정하고, 여자는 사랑을 결정하고서야 섹스를 한다고 한다. 또 남자는 사랑하지 않는 파트너와도 섹스할 수 있지만, 여자는 사랑하지 않으면 섹스하기 어렵다는 말도 한다. 이 말들은 아주 일반적인 경우에 사실인 것 같다. 일반적이지 않은 경우라면 사랑하지 않아도 감각 때문에 섹스하는 여자도 있고, 사랑하지 않는 여자와는 절대 섹스하지 않는 남자도 적지 않다는 것이다.

여자가 섹스를 결정하는 것과 남자가 섹스를 결정하는 것에는 많은 차이가 있다. 그것은 임신이라는 생물학적인 부담과 함께 사회적, 윤리적으로 여자에게 더 엄격한 전통적인 성윤리가 적용되기 때문이기도 하지만, 단순히 생물학적 차이에 의한 것이기도 하다. 그러니까 수컷으로서의 남자가 이 땅에 와서 완수해야 할 역사적인 사명은 씨를 퍼뜨리는 일이다.

예를 들어, 한 남자가 365일 동안 365명의 여자와 섹스한다면 9개월 반 이후에는 적어도 200명쯤의 자기 유전자를 받은 후손을 만날 수 있다. 하지만 한 남자가 한 여자와 365일 섹스한다면 잘 얻어야 한두 명의 후손을 얻을 수 있을 뿐이다. 요즘은 아이들이 사랑을 먹고 자라는 것이 아니라 돈으로 큰다고 하지만 사회적인 책임 없이, 양육의 부담 없이 낳기만 하면 원숭이처럼 자란다고 한다면 어떤 남자라도 당연히 계속 새로운 여자와 섹스하고자 할 것이다.

그래서 수컷들의 성행동 특징을 표현하는 말 중에 '수탉효과' 혹은 '쿨리지(미국 30대 대통령) 효과'라는 말이 있다. 닭이나 양은 발정기에 아주 왕성하게 교미를 하는 동물로 알려져 있다. 그런데 발정기에 교미를 50회 이상 한다는 닭이나 양들조차 한두 번 교미한 암컷과는 다시 교미하려 하지 않는다고 한다. 아니 교미하려 해도 잘 안 된다는 것이다. 심지어 이미 교미했던 암컷의 털 색깔을 바꾸고 향수를 뿌려 냄새를 바꾸어 들여보내도 그놈과는 교미하지 않는다는 것이다. 그것은 바로 수컷들의 종을 퍼뜨리려는 사명 때문이 아니고 무엇이겠는가?

그래서 수컷들에게는 섹스에서 새 파트너와의 감각이 중요하다. 그런가하면 암컷으로서의 사명은 좋은 씨를 받아 잘 양육하는 것이다. 이것은 순전히 생물학적인 이야기를 하는 것이다. 그래서 암컷들에게는 유전 형질이 좋은 씨를 받아 임신해서 새끼를 낳고 독립시킬 때까지 자신과 새끼를 보호하고 부양해줄 수컷이 필요하다. 그러려면 그 수컷은 힘도 세야 하고, 먹이도 잘 가져와야 하며, 무엇보다 나를 사랑하고 나에게 충실해야 한다. 바로 생물학적 암컷으로서의 여자에게 관계 맺기가 중요한 이유다.

불행하게도 또는 다행스럽게도 지금은 남자들이 그런 생물학적인 사명을 다하지 않아도 될 만큼 인구가 넘치고, 또 아이를 양육함에 있어 물질적, 심리적인 부담이 커졌으며, 남자와 여자의 사회적인 역할이 다양해졌지만, 기본은 그렇다는 것이다.

남자가 수컷으로서 사명을 다하기 위해 바람을 ㅍ 울 수밖에 없다는 사실을 합리화하기 위해서 이 글을 쓰는 것이 아니라는 것을 독자들은 잘 알고 있을 것이나, 적어도 남자와 여자가 성심리적으로 이렇게 다른 이유를 이해한다면 좀 더 서로를 잘 알 수 있지 않을까 한다.

남자와 여자는 닮은 점이 많지만 다른 점도 적지 않다. 의학적으로는 정자와 난자가 수정된 지 4개월쯤이면 남자의 뇌와 여자의 뇌로 분화되기 시작한다고도 한다. 남자와 여자가 사회적인 성역할을 학습해서 성심리나 행동이 다르게 나타나기도 하지만 원래 생물학적으로 구조나 시스템이 다르다는 것을 우리가 인정한다면 서로의 다름을 좀 더 편안하게 받아들일 수 있지 않을까?

송우

여자는 풀코스
남자는 일품요리

섹스에 대한 관심이 가장 높은 우리나라 사람들이라지만 정작 그 섹스의
질이 높은가에는 의문이 생긴다. 얼마 전 내가 운영하는 '행복한성문화센
터'에서도 인터넷으로 설문조사를 해보았다. '당신의 인생에서 섹스가 가
장 중요하다고 생각하는가?' 하는 질문이었는데 2,000여 명이 대답했고,
그 중 89퍼센트가 '그렇다'고 대답했다.

  그렇게 중요하다고 생각하는 섹스지만 질에 있어서나 올바른 정보에 있
어서는 아주 열악한 수준인 것만은 분명하다. 성에 대한 이중적인 의식은
'좋은 성', '나쁜 성'을 구분하고 '존중해야 하는 성'과 '가지고 놀아도 되는
성'을 나눈다. 물론 이런 현상은 비단 우리나라에만 국한된 것은 아니고
세계 어디를 가도 비슷하다. 하지만 서구의 남자들은 우리나라와 비교하
면 좀 더 오래전에 양성평등하게 교육된 여자들에게 시달려서(?) 양성평등
에 대한 민감도가 더 높다고 할까?

성에 대한 의식이나 행동이 자유롭다고 하지만 진지하게 생각해보면 우리나라 남자에게 열려진 성의 세계는 고급한 것이 아니라 아주 저급한 것이라는 데 한계가 있다. 보다 건강하고 밝고 재미있는 성의 세계가 그들에게 열려진다면 그것을 거부할 남자는 없다고 생각한다. 왜냐하면 사람은 원래부터 고급한 존재이기 때문이다. 인간은 본능적으로 건강하고 밝은 것을 추구하는 존재인 것이다.

성은 개인의 문제이며 두 사람 간 관계의 문제다. 그러므로 어떤 경우에도 한쪽에 치우쳐서는 안 된다. 어떤 문화나 의식이나 행위든지 둘이 함께 즐거워하고 누릴 수 있어야 하며, 그로 인해 두 사람의 성적인 복지가 함께 성취돼야만 마땅하다. 그래서 나는 스스로를 하모니스트라 말하며 이를 지향한다. 성과 사랑을 말하는 사람이 여자나 남자의 한쪽 복지에만 편향되어선 안 되기 때문이다. 그럼에도 불구하고 한국에서 하모니스트가 되려면 그전에 페미니스트가 돼야 하는 현실을 무시할 수도 없다. 그래서 나는 시한부 페미니스트라고 말하고 싶다. 궁극적으로는 하모니스트를 지향하는.

요즘 걱정되는 바가 있다. 그것은 바로 성행동에 대해 너무 여성적인 부분만 강조되는 것인데, 그렇다고 해서 그것이 정말 여자들의 행복을 위한 것인가 하는 데는 의문이 생긴다. '전희시간을 오래 가져서 충분히 여자를 만족시켜라', '여자가 오르가즘을 느끼기 전에는 사정하면 안 된다'는 등의 주문들이다. 그 말들이 틀린 말은 아니지만 그렇다고 전적으로 맞는 말도 아니다.

여자들 또한 성에 대해 현명해져야 한다. 요즘은 '멀티오르가즘을 느끼는 법', '남자를 만족시키는 테크닉' 등 기능적으로 치우친 정보들이 너무 많아서 사실 성행동하기가 겁이 날 지경이다. 이렇게 테크닉을 배워야 할 뿐 아니라 '이쁜이 수술', '양귀비 수술' 등으로 성기를 고쳐서라도 명기가 되어야 남자의 바람기를 잡을 수 있다고 야단법석이다. 이런 수술은 여자들의 성적 즐거움을 업그레이드시키는 것이 아니라 여자를 '성기' 그 자체로 만드는 일에 다름 아니다.

꼭 같지는 않지만, 아시아 일부, 아프리카 여러 곳에서 여자 성기 훼손이 일어나고 있다. 현재 1억 2,000만 명의 여자가 당했고, 지금도 하루에 600여 명의 어린 여자아이에게 가해지는 폭력이다. 주로 종교적인 문제로, 또는 여자의 성욕을 잠재우기 위한 방법의 하나로 클리토리스를 제거하거나 소음순 혹은 대음순 모두를 제거하는 것이다. 여자의 행복권이나 인권의 차원에서뿐만 아니라 그 처치의 비위생적인 면이 가져오는 감염과 고통의 문제 등을 들어 세계 차원에서 반대운동과 계몽운동이 벌어지고 있는데, 어찌 보면 우리나라의 성기 미용도 커다란 의미로는 성기 훼손에 들어가는 일이 아닌가 싶다. 아프리카 등의 성기 훼손이 여자의 성욕을 누르기 위한 것이라면, 우리나라의 여자 성기 훼손은 남자의 왜곡된 성욕을 채워주기 위한 것이라고나 할까?

우리나라에서 섹스의 문제는 남녀에게 모두 있다. 우선 남자는 여자를 배려해야 한다. 파트너의 느린 성반응에 맞춰 자신의 성반응을 조절할 필요가 있다. 파트너의 기분에 상관없이 서둘러 삽입하고 사정해버리는 일방적인 섹스는 남자의 정신적인 건강을 위해서도 바람직하지 않다. 멋진 섹스는 함께 성취해야 할 공동의 목표다. 여자도 남자를 더 배려하고 자신의 성적인 욕구나 반응을 적극적으로 표현해야 한다. 남자를 실망시키지 않기 위해 오르가즘을 가장하지 말 일이며, 또 오르가즘을 느낄 때는 신음소리도 내고 그 행복한 느낌을 남자에게 적극적으로 알릴 필요가 있다.

섹스는 그저 사랑을 확인하는 평범하고 일상적인 행사 이전에 극진한 사랑의 표현이다. 흔히 남자는 섹스에 있어 '일품요리'를 원하고, 여자는 '풀코스'를 원한다고 한다. 그러나 이제까지의 상담이나 강의의 경험을 통해 보면 남자도 여자도 풀코스 정찬을 원한다. 남자의 오르가즘도 너무나 인색하게 연구가 되어서 그렇지(여자의 것이 더 버라이어티하기는 하지만) 지금 알려진 것보다 더 다채롭다고 생각한다.

그래서 남자는 단순히 삽입하고 사정할 때 오르가즘을 느낀다고 하지만 사실은 사랑하는 파트너가 흥분하고 만족해하는 모습을 보며 심리적인 오르가즘을 여러 번 느끼기도 하고, 또 음경 귀두만이 아닌 몸 전체로 예민한 성감을 느끼는 것이 가능하다고 그들은 말한다. 그러므로 여자뿐 아니라 남자도 멀티오르가즘이 가능하다고 말할 수 있다.

업그레이드된 섹스를 하자. 우리의 섹스를 업그레이드하자. 섹스를 업그레이드하는 것은 그 횟수나 시간 등의 양이나 테크닉만으로 되는 일은 아니다. 거기에 무엇보다 파트너를 사랑하고, 파트너의 그대로의 모습을 인정하고 그 모습을 존중하며, 파트너가 나로 인해 더 행복하기를 바라는 배려의 마음, 자비의 마음이 있어야 진정한 업그레이드가 가능하다고 할 수 있을 것이다.

남자는 능력,
여자는 외모?

"전 남자를 볼 때마다 눈빛을 봐요. 눈빛에서 서늘한 느낌이 나면 정말 매력적이라고 느끼죠."

"제가 여자를 보는 기준은 우선 얼굴이고, 그리고 가슴을 봅니다. 가슴이 풍만하냐 안 하냐의 문제라기보다는 목에서 가슴으로 이어지는 선이 예쁜가를 본다고나 할까?"

"전 남자의 손가락이 길고 예쁜 게 좋아요. 그래서 남자들을 보면 손가락부터 보곤 하죠."

"전 남자의 엉덩이가 탄탄한가에 시선이 가요."

사람마다 파트너를 매력적으로 여기게 하는 자기만의 기준을 갖고 있다. 존 머니라는 심리학자는 그것을 'Love Map'이라고 불렀다. 이 사랑의 지도는 어릴 때부터 가족과 친지, 친구들과의 관계 맺기를 통해 우리의 뇌에 각인되어 있는 '이상형'의 기준이다. 그런데 이런 즈관적인 기준이 있기는 하지만 그래도 일반적인 기준이 있기 마련이다.

일단 사람들이 만나면 내면의 모습을 알아차리기 쉽지 않기 때문에 먼저 외모를 보게 된다. 그런데 남자와 여자 중 외모에 더 집중하는 것은 남자들이다. 남자에게 "여자를 볼 때 어디를 보세요?"라고 물으면 다들 이렇게 말한다. "눈빛이 까맣고 또랑또랑하고 촉촉한 여자, 머리카락은 풍성하고 길면 더 좋고, 피부는 매끄럽고 맑아야 하며, 입술은 도톰하고 빨개야 한다"고. 이것은 젊은 남자뿐 아니라 10대부터 70대까지 남자들의 공통 이상형이다.

남자들이 똑같이 선호하는 여자들의 공통점이 있다. 이를테면 맑은 피부색, 초롱하면서 촉촉한 눈빛, 풍성한 머리카락, 빨간 입술 등은 모두 여자가 젊을 때, 즉 여성호르몬인 에스트로겐이 많이 분비될 나이의 특징이라고 해도 과언이 아니다. 여자는 나이 들면서 피부가 탁해지고 탄력을 잃으며, 눈빛도 젊을 때보다 흐릿해지고, 입술도 색이 옅어지면서 편편해진다. 머리카락이 풍성하고 탄력 있는 할머니를 보셨는가?

또 남자들은 자기보다 세 살에서 여섯 살 정도 적은 여자를 선호해왔다. 물론 지금은 자신의 외모를 잘 다듬고 사회적, 경제적 능력이 있는 남자들은 10년 이상 심지어 20년까지 차이가 나는 어린 여자들을 선호하는 것 같긴 하지만, 이런 남자들의 선호에는 자기도 의식하지 못하지만 생식에 유리한 여자를 선택하려는 무의식이 존재한다는 해석이 지배적이다. 즉 젊고 건강하고 유전적으로 좋은 생식력 있는 여자를 고르려 한다는 것이다.

그에 비해 여자들은 외모에 꽂힌다고 말들은 하지만 정작 외모보다는 남자의 능력에 더 집중한다. 여자들에게 같은 질문을 던져보면 "키 크고 잘생긴 남자요"라고 한다. 우리 한국 여자들은 남자의 키에 왜 그렇게 민감한지 정말 잘 모르겠다. 그러면 좀 더 구체적인 질문을 한다. "지금 두 남자가 본인을 좋아하는데요. 한 남자는 키가 180이 넘고 얼굴도 영화배우처럼 잘생겼어요, 성격도 좋고. 그런데 돈을 못 벌어요. 반면 다른 한 남자는 키가 170이 안 되는데, 배도 좀 나오고, 얼굴도 그리 잘생긴 편은 아니죠. 그런데 이 남자도 성격이 좋고 무엇보다 이 남자는 같은 나이인데 벌써 자기 집이 있고 잘나가는 벤처 운영자죠. 이 둘 중 어느 사람을 선택하겠어요?"

이 질문을 하면 왁자지껄하고 웃음이 터지지만, 곧 "두 번째 남자죠"라고 대답하는 여자가 90퍼센트를 넘는다. 나이 든 여자야 외모를 덜 볼지도 모른다지만 20대 젊은 여자들도 같은 대답을 하는 것을 보면 여자들이 남자를 선택할 때 가장 중요하게 생각하는 것은 그의 능력임이 분명하다. 돈을 잘 벌 수 있느냐, 사회에서 얼마나 성공해 지배적인 위치를 가질 것인가에 여자들은 더 집중하는 경향이 있다. 그래서 남자들은 나이가 좀 들었다 해도 경제적, 사회적인 지위가 안정적이고 높으면 더 어리고 아름다운 여자에게 훨씬 쉽게 선택될 수 있다.

어린 여자를 좋아하는 남자들 때문에 여자는 나이가 들어갈수록 성선택에서 유리하지 않다. 물론 요즘은 능력 있는 연상 여자를 좋아하는 남자도 늘어난다고는 하지만 대개의 경우 여자가 남자보다 능력이 뛰어나고 연봉도 너무 높으면 헤어지기 쉽다는 연구결과가 있다. 또 여자들은 자신보다 3~6센티미터 이상은 큰 남자를 선호하고 나이도 자기보다 몇 살 많은 남자를 선호한다. 이는 역시 남자가 좀 더 나이가 많을수록 안정적인 경우가 많다는 이유에서라고 한다.

또 여자는 낮은 목소리의 남자를 선호한다. 오페라를 보면 이에 대해 더 쉽게 알아차릴 수 있다. 명민한 독설가 버나드 쇼는 오페라를 이렇게 일축해서 표현했다. "오페라는 소프라노와 테너가 사랑하지만 소프라노와 바리톤이 결혼하는 이야기다."

오페라에서 소프라노는 높고 앳된 목소리를 가진 젊은 여자를 의미한다. 남자로서 보호해주고 싶은 마음이 들게 만드는 역할로 대체로 주인공이다. 테너는 젊은 미남자이지만 젊기 때문에 경제적으로도 만족스럽지 못하고, 또 미숙하고 경솔하기조차 하다. 로미오를 보라. 줄리엣의 사촌 티볼트를 죽인 혐의로 연인이 있는 도시에서 추방당하지만 이를 대비한 어떤 준비도 없이 쫓겨나지 않던가.

이에 반해 바리톤은 이미 경제적, 사회적인 지위와 능력을 가진 중후한 매력의 남자로 나온다. 대개의 오페라가 아름다운 소프라노 여자와 젊고 아름다운 테너 남자가 사랑을 하지만 결국 바리톤 남자와 소프라노가 맺어지는 이야기다. 또 실제로도 소프라노 여가수는 바리톤 남자가수와 결혼하는 예가 많고, 저음의 알토 목소리를 가진 여자는 테너 남자와 결혼하는 일이 많다고 한다. 높은 목소리의 젊은 남자가 낮고 안정적인 알토 여자에게 심리적인 의존을 할 수 있기 때문인지도 모르겠다.

사회적, 경제적인 상황이 많이 바뀌게 되면, 그래서 여자들이 사회적, 경제적인 의존을 더 이상 남자들에게 하지 않아도 도는 세상이 오면 파트너를 선택하는 이 기준들이 바뀔까? 남자들의 유전적인 형질만 선택하고 (좋은 정자만 정자은행에서 선택하고) 사회적, 경제적 지 원, 관계에의 기대를 다 포기한 싱글맘들이 늘어나는 것을 보면 그럴 수도 있겠다 싶다.

그런데 어떻게 기준이 변한다 해도 파트너를 선택하는 기 준에서 포기하지 말아야 할 덕목이 있다. 바로 파트너를 존중하고 인정해주는 배려의 마음을 가진 사람을 선택해야 한다는 것이다. 또 비슷한 생각과 가치관, 문화를 가진 사람을 선택하는 것이 행복한 사랑을 오래도록 유지할 수 있는 비결이다. 자신의 손녀딸 같은 아름답고 젊은 여자와 결혼해서 딸까지 낳았지만, 그녀와의 문화적 차이를 극복하기 어려워서 말년을 술에 취해 전처를 그리워하며, 자신의 선택을 후회하며 살았다는 세기의 테너 파바로티의 예를 들어봐도, 적당히 나이도 맞고 이야기도 통하는 파트너가 정답 아닐까?

젠틀한 터치,
여자를 사로잡다

"softly, tenderly, gently, lightly……."

이렇게 시작하면 무슨 춤 교습 시간인가 반문하는 사람들이 꽤 있을 것 같다. 그렇다. 인류 역사가 시작되고 어느 문화권이든 춤은 자연발생적으로 생겨나서 사람들 간의 악의 없는 욕구를 자연스럽게 또 낭만적으로 발현하는 매개체가 되어왔다. 특히 남녀가 함께 추는 춤이 발달한 서구에서는 남녀 간 만남의 진전에 춤이 공헌한 바는 이루 말할 수 없을 것이다. 생각해보면 서구에서는 남녀가 마주 껴안고 스텝을 밟으며 눈을 맞추고, 그러다 결국 마음까지 맞추는 춤이 많은데, 왜 동양에서는 남녀가 함께 추는 춤을 별로 찾아볼 수 없는지 의아하다.

춤은 상당히 섹슈얼한 행위다. 그래서 함께 춤을 추고 나면 자꾸 눈을 맞추게 되고(물론 그전에 이미 눈이 맞아서 춤을 추는 경우가 대부분이지만), 이야기를 나누게 되며, 마음이 쉽게 기울게 되는 것 같다. 요즘은 우리나라에서도 혼자가 아닌 둘이 함께 추는 춤을 배우는 이가 많아지고 있어 다행인데, 그래도 여전히 젊은이들조차 함께 손을 잡고 허리를 감고 추기보다는 따로 마주보며 추는 따로국밥인 춤을 더 많이 춘다.

2009년 초여름, 스웨덴의 예테보리에서 세계성학회가 열렸다. 나는 대한성학회의 사무총장으로 세계학회를 우리나라에 유치하고자 하는 학회의 결정에 따라 여러 명의 교수들과 함께 그곳에 참가했다.

성을 공부하고 이야기하는 전문가들의 모임인 성학회는 굉장히 자유롭고 흥미로운 주제로 이른 아침부터 늦은 저녁까지 일정이 빽빽하게 짜여 있다. 참석하는 학자들도 성에 대해, 결국 인간에 대해 논하는 '오픈 마인드'형 사람들인지라 학회 기간 내내 열정과 자유로움과 선의를 누리게 된다. 도착하고 이틀째 되는 날 우리는 의기투합해 예테보리의 클럽을 찾았다.

예테보리는 스웨덴의 역사 깊은 도시 중 하나로, 자그마하며 조용한 곳이었는데, 금요일이 되자 역시 클럽 주변에는 젊은 몸과 영혼을 가진 이들이 길게 줄을 늘어서서 입장 순서를 기다리고 있었다. 기다리는 줄이 너무 긴지라 우리는 좀 망설였지만 우리가 누구인가, 열정의 대명사 한국인들 아닌가? 게다가 '지금, 여기'를 외치는 성학자들이니 나이와 상관없이 오늘밤은 횃불처럼 열정을 태울 터였다.

그런데 재미있는 것은 우리나라 클럽이 나이 상한제가 있는 것 같은 데 반해(법적으론 19세 이상 출입가지만, 실제로는 몇 살 이상은 출입이 어려운 구조다. '물 흐린다'는 의미?) 그곳의 클럽은 철저히 나이 하한제(18세 이상 모두 출입가)였다. 무사히 입장에 성공한 우리는 얼마 되지 않아 플로어를 점령했는데, 우리 기세에 눌려 주춤하던 스웨덴의 젊은이들이 곧 우리와 함께 어울려 춤을 추기 시작했다. 우리 일행 중 가장 나이가 어려 보였는지, 내 곁에 곧 가장 멋진 젊은 남자가 붙어 춤을 추기 시작했다.

그 젊은 남자가 계속 손을 잡고 돌려주는 통에 몇 수십 바퀴나 돌았는지 모르겠는데, 춤을 추는 동안에도 그는 계속 말을 걸어왔지만, 당연히 소리를 높인 음악 때문에 말이 잘 들리지 않았다. 그런데 그는 음악을 이기려 소리를 지르는 게 아니라 그 돌리는 와중에도 손으로 내 얼굴을 끌어 귀에다 소곤대며 말을 하는 것이었다.

그때 나는 본능적으로 그의 터치가 정말 부드럽다는 것을 느꼈다. 마치 솜사탕처럼 부드럽고 달콤하다고 할까? 그야말로 그들의 사랑노래에 왜 그렇게 'softly'니 'sweet'니 듣기만 해도 달달한 말이 많이 들어 있는지 그때서야 이해가 되었다.

그날 짧은 모험(?)을 마치고 숙소로 돌아오는 길은 마치 사랑의 고백을 들은 것처럼 모든 것이 아름답고 행복하게 느껴졌다. 숙소로 돌아와서 나는 곰곰이 생각했는데, 이제 기껏해야 20대 중반 정도 되었을 그 젊은 남자는 그런 달콤하고 부드러운 터치를 누구에게 어떻게 배웠을까 정말 궁금해졌다. 그것은 그저 단기간의 레슨이 아니라 분명 어렸을 적부터 그들의 부모나 어른들이 그들에게 전수한 스킨십일 터였다. 자기 아기를 부드럽게 안아주고, 입 맞춰주고, 또 자라면서 계속 여자를 대할 때는 'softly, tenderly, gently'하게 대하라고 했을 거였다.

그렇다. 우리가 자라면서 자연스레 배워야 할 것은 교과서의 지식이나 정보뿐 아니라 사람을 대하고 만지는 방법 또한 그에 포함되어야 하는 것이다. 우리 부모님들이, 어른들이 우리를 사랑하지 않았던 것은 아니지만, 우리는 접촉에 인색한 사람들이었던 것은 분명하다. 어쨌든 문화사적 논의는 각설하고, 적어도 남자가 여자를 만질 때의 원칙은 바로 이것이다. 'softly, tenderly, gently, lightly' 즉 '달콤하게, 부드럽게, 친절하게, 가볍게.'

나는 학생들에게 터치를 가르치면서 말한다. 여자들은 남자와 달리 만져지는 터치를 통해 옥시토신이라는 호르몬이 분비되고, 그러면 마음이 안정되고 따뜻해지며 행복해진다. 그리고 그에게 더욱 애착하게 된다. 터치는 무엇보다 피부에 닿는 압통이 적당할 때 가장 기분 좋다. 너무 가벼우면 간지럽고, 너무 무거우면 아프다. 우리 한국남자들이 잘 못하는 게 바로 이 터치의 강도와 속도 조절이다.

그래서 '여자를 만질 때는, 입 맞출 때는, 키스할 때는 무조건 부드럽게, 가볍게, 그리고 친절하게!'이다. 즉 자칫하면 비눗방울처럼 터질 수도 있고 그러면 거품처럼 사라져버릴 거라는 마음으로 여자를 만지고 키스해야 하는 것이다.

여자들의 불만은 '너무 거칠게, 우악스럽게, 꽉, 혹은 간지럽게' 남자들이 자기를 만지는 것이다. 여자들의 뇌는 피부에도 있다. 자신을 부드럽고 달콤하고 친절하게 만지는 남자의 마음이 여자의 마음을 움직인다. 남자들은 자기들끼리 정보를 전수하면서 '여자를 벽으로 밀어붙이고 키스를 저돌적으로 하는 남자를 여자가 좋아한다'고 하는 모양이나 이것은 폭력이지 박력이 아니다.

여자들은 강한 남자를 좋아한다? 맞다! 하지만 마음은 강하고 든든해서 의지할 만해야 하지만 터치와 입맞춤만은 부드럽게!

송우

꿈에라도
만나고 싶은 남자

즐겨 보는 TV 프로그램 중에 일주일 동안 한집에 남자와 여자들이 같이 지내면서 짝을 찾아보는 '짝'이라는 프로그램이 있다. 일종의 짝짓기 프로그램인데, 그 프로그램을 보다 보면 마치 '인간류'를 동물원의 유리로 된 우리 속에 넣고 살펴보는 듯한 기분이 들 때가 많다. 그야말로 약육강식, 또 남녀의 차이를 적나라하게 알 수 있는 프로그램이라 인간 사파리를 보는 느낌이다. 거기서 보면 여자들은 여전히 평범한 낙자보다는 성질이 나빠 보여도 개성이 있는 남자, 순하기보다는 좀 삐딱한 남자, 그리고 다정한 남자보다는 거친 남자를 좋아하고 그에게 몰리는 것이 참 아이러니하다.

왜 여자들은 착한 남자보다는 나쁜 남자에게 더 끌리는 것일까? 아마도 유전자의 혁신을 위해서일지 모르지만, 자기를 좋아하는 순한 남자를 마다하고 너무 괴팍한 남자를 골라 마음고생을 하거나, 이미 실패한 전 애인의 전형을 이야기하며 그런 남자만 피하겠다는 여자가 다시 똑같은 남자의 스타일에 빠져드는 것을 보면 참 흥미롭다.

그래서 이미 세상을 좀 살아본 여자 선배로서 멋진 남자 고르는 안목을 좀 말해줄까 한다. 알파치노가 주연한 '여인의 향기'라는 영화를 보셨는지? 주인공 슬레이드 중령은 전쟁 중 중상을 입어 시력을 잃게 되자 무기력하고 답답한 자신의 인생을 마감하기로 작정한다. 자살을 앞두고 멋지게 며칠을 살기로 하고 자신을 돌보는 아르바이트생인 어린 남자를 대동하고 뉴욕으로 향한다. 그곳 뉴욕에서 그는 옛날에 누렸던 젊음과 낭만을 다시 느껴보고자 한다. 호화로운 레스토랑과 특급호텔, 그리고 기사 딸린 리무진, 고급술과 사교, 아름다운 여자와의 사랑.

영화 속의 알파치노는 그야말로 이제는 '기억 속에 사라져버린 그대' 같은 모든 여자들이 '꿈에서라도 만나고 싶은 멋진 남자'의 향기를 진하게 풍겨주며, 여자를 매료시키고 싶은 남자라면 가져야 할 기준을 알려준다.

먼저 영원한 천진성과 호기심. 모든 남자의 마음 속에는 영원한 소년이 있다. 그리고 그 소년 같은 모습으로 인생을 사는 용기 있는 남자는 여자의 마음을 흔들 수 있다. 마치 마음속 깊이 소녀를 품고 있는 여자에게 남자가 끌리는 것처럼.

슬레이드 중령은 어릴 적부터의 꿈이었던 스포츠카 페라리를 속력을 내어 몰아본다. 이런 그의 행동은 현재 앞을 전혀 보지 못하는 그의 현실로 미루어보면 아주 위험하기 때문에 목숨을 걸어야 하는 정말 무모한 일이지만, 무릇 멋진 남자라면 소년 같은 천진성과 호기심과 자신의 꿈을 이루고자 하는 용기가 있어야 한다.

나이가 들어도 장난감을 좋아하는 천진한 소년 같은 모습을 사랑하는 남자에게서 엿볼 때 여자의 모성애는 자극된다. 또 아무리 사소한 꿈이어도 이루고자 하는 계획과 용기를 가진 남자에게 매료된다.

그러므로 남자들이여, 꿈을 잊지 말라. 세상사에 치여 허겁지겁 산다고 해도 가끔씩은 내가 가진 꿈을 되새겨보고 이루어보겠다고 결심하고 용기를 내는 남자가 매력 있다. 해보지도 않고 '어릴 적 내게는 이런 꿈이 있었지.' 하는 남자보다 해보고 후회하더라도 자신의 꿈을 이루기 위해 용기를 내는 남자에게 여자는 반한다.

둘째, 어려운 상황에서도 주도성을 가질 줄 아는 능력. 이 영화의 백미로 꼽히는 탱고 장면, 아무것도 볼 수 없음에도 댄스공간으로 이용할 수 있는 단순한 거리수치만의 정보를 가지고 그 공간을 충분히 활용해 중령은 탱고를 멋지게 리드한다. 무엇보다 명쾌한 수학적 머리가 있어야 가능한 일이고, 자신을 그 자리에서 최고로 만들어주는 낭만적이기까지 한 분위기가 얼마나 여자들을 감동시키는지 아는 남자이기에 가능하다. 대체로 여자는 자신감을 가지고 자신을 리드하는 남자에게 매료된다. 게다가 그의 행동은 단지 작업에 들어가는 수컷의 것이 아니라, 함께 스텝을 밟는 그녀를 배려하는 진정성이 담긴 것이었기 때문에 더욱 여자들은 그 장면에 환호한다.

셋째, 추레한 골방의 늙은이가 아니라 아직도 매력 있는 '수컷'으로서의 남자로 인생을 마무리하고 싶은 자존심. 여자가 나이 들어도 숙녀다운 자태를 가지고 있을 때 아름답듯이, 남자는 남자일 때 매력 있다. 남자의 매력은 어쩌면 나이와는 아주 무관한 일이다. 나이 든 노인임에도 매너가 젊은 청년, 나갈 때 여자를 먼저 들어보내고 문을 잡아줄 줄 아는 남자, 여자를 보면 눈을 반짝거리며 호감을 표시할 줄 알고, 여자를 유쾌하고 자신 있게 만들어주는 낭만적인 농담도 건넬 줄 알며, 복잡한 사람들 속에서는 여자를 보호할 줄 아는 남자 말이다.

넷째, 슬레이드 중령이 여자와 데이트를 하고 돌아와(아마도 섹스였겠지만) 눈가에 눈물마저 희미하게 번지며 "정말 멋진 여자였다"고 말하는 장면에서는 어떤 여자를 만나더라도 '멋진 여자로 만들어줄 줄 아는 남자'로서의 포용적인 면모가 돋보인다. 이것은 비단 남자에 국한되는 것이 아니라 여자에게도 마찬가지인데, 파트너를 멋진 이성으로 대접하면 멋진 파트너가 되는 법이다. 왕으로 대접하면 왕처럼 고귀하고 당당해지는 것처럼.

여자가 멋진 옷차림으로 데이트에 나왔을 때 찬사와 감사를 전할 줄 아는 남자, 그는 그녀가 자신에게 아름다워 보이기 위해 들인 시간과 노력을 배려로 받아들일 줄 알고 감사할 줄 아는 멋진 신사다.

둘 다 같은 바람둥이기는 하지만 카사노바와 사랑을 나누었던 여자들이 그를 '영원히 못 잊을 내 사랑'이라고 기억한 반면, 돈 주앙을 파트너로 사랑했던 여자들은 그를 원망하고 저주했다고 한다. 여자들은 속아서 사랑을 나누었을지언정 나를 최고라고 이야기해주고 그렇게 대접하는 바람둥이를 잊지 못한다. 성숙한 남자일수록 '모든 여자가 아름답다'는 데 동감한다. 그녀만이 가진 아름다움을 찾아내고 그 아름다움에 취할 수 있는 사람이야말로 사랑을 할 자격이 있다.

다섯째, 무엇보다 문제의 핵심을 꿰뚫는 성숙한 명석함과 일 해결 능력. 자신보다 어린 남자에게 불의와 타협하지 않고 진정한 용기를 찾아 지키며 사는 방법을 알려주고 격려할 줄 아는, 멘토로서의 성숙함을 가진 남자. 더 긴 설명이 필요 없다.

여섯째, 스쳐지나간 여자의 향기를 통해 그녀가 사용하는 향수와 비누 이름을 맞힐 수 있는 세심함. 그저 스쳐지나가기만 했을 뿐인데, 간단히 악수만 했을 뿐인데, 자신이 사용한 향수의 이름을 알아맞히는 남자를 어떤 여자가 쉽게 잊을 수 있을까? 그녀가 어떤 향수와 비누를 사용하는지를 알아맞히는 그의 기술(?)은 그저 놀라운, 생물학적 우위를 가진 재주가 아니라 여자에 대한 섬세한 관심과 수많은 경험을 보여준다. 이렇게 되기 위해서는 무엇보다 파트너에게 민감해야 한다. 그녀에게 몰입하지 않고서는 그녀가 사용하는 향수나 비누냄새를 알아차릴 수 없을 테니까.

사랑은 그야말로 파트너에 대한 몰입에 다름 아니다. 연인이 좋아하는 색, 음식, 비누, 옷차림, 향수 등의 취향을 알게 되려면 무엇보다 파트너에게 집중해야 한다. 파트너에게 집중하는 것만큼 효과적인 사랑의 기술은 없다. 알면 사랑하게 되고, 사랑하면 더 알고 싶어지는 것이 당연하지 않은가?

이렇게 본다면, 영화 속 슬레이드 중령이야말로 여자들에게 영원한 로망의 대상이 될, 잊지 못할 남자의 향기를 풍기는 진정한 남자임에 틀림없다. 나르시스처럼 유약해 보이는 꽃미남이 언제부터인가 득세한 것 같아도 기실 여자의 마음은 여전히 슬레이드 중령처럼 여자에게 주도적으로 낭만적인 상황을 연출할 줄 아는 선 굵은 남자에게 매료된다.

생물학적 수컷이 가지는 강렬한 체취와 주도성, 뛰어난 능력은 암컷으로서의 여자의 사랑본능을 언제나 자극한다. 그런 한편 파트너를 최고로 만들어주는 배려와 섬세한 관심, 넉넉한 포용력, 여자를 안을 줄 아는 능숙함은 여자의 마음을 흔든다. 이는 자신의 파트너가 낮에는 '요조숙녀'이고 밤에는 '요부'이길 바라는 남자들의 바람과 사실 다를 게 없다.

그런 걸 보면 남자 역시 동물적인 구애와 인간적인 구애를 다 할 수 있어야 진정한 사랑의 프로라 할 수 있다. 오! 한 번에 한 가지만 할 줄 안다는, 그래서 껌을 씹으며 계단을 내려올 수 없다는 단순한 우리의 남자에게는 너무 어려운 주문일까?

송우

사랑과 섹스,
무엇이 우선인가

흔히 남자에게 섹스는 사랑과 별개의 개념이라고 말한다. 그래서 일반적으로 여자는 'no love no sex'이고, 남자는 'no sex no love'라는 말이 있다. 여자와 남자는 사랑과 섹스를 보는 시각이 다르다는 표현이다. 남자들은 대개 사랑과 섹스를 분리해서 생각하는 반면 여자들은 육체적인 접촉이 있기 전에 감정적인 교류, 즉 사랑을 느끼는 단계가 있어야 한다는 것이다. 어쨌든 여자는 사랑하는 사람과 섹스를 하고, 남자는 섹스하는 사람을 사랑한다는 말인데, 사실은 이렇게 단순한 문제가 아니다.

　나와 이야기를 나눈 많은 남자들이 "아내에 대한 사랑과 섹스는 분리할 수 없습니다. 나는 아내의 몸만을 사랑하는 것이 아니라 그녀 자체를 사랑하는 거예요. 아내의 몸 역시 내가 사랑하는 아내의 일부분 아닌가요?"라고 이야기한다. 하지만 그렇다고 해도 역시 일반적으로 남자들은, 성호르몬 작용에 의해 사랑과 섹스를 관장하는 뇌의 구역이 분리되어서라고 하지만, 섹스와 사랑을 분리해 받아들인다. 그래서 사랑하지 않아도 섹스할 수 있다. 사랑과 섹스는 별개일 수 있다고 생각하는 남자들이 대부분이다.

사랑을 가져올 수 있는 낭만적인 행동에 대해서도 여자와 남자는 좀 다른 생각을 하고 있는 듯 보이기도 한다. 어떤 것이 더 낭만적인 행위인가를 묻는 설문에 남자들은 "섹스를 하며 사랑을 하는 것"이라고 대답한 데 반해 여자들은 전혀 그렇게 생각하지 않았다. 여자들은 남자들로부터 '사랑해'라는 말을 듣길 원했다.

아내로부터 '나를 얼마나 사랑하느냐'는 질문을 받은 남편들은 대부분 집안일을 도와주거나 섹스를 열심히 해주는 행동을 사랑의 표현으로 연결시키지만 여자들은 사랑을 감정과 연결시킨다. 이렇게 엇박자로 사는 남자와 여자가 조금이라도 같은 궤적을 가지기 위해 서로를 알려고 하는 노력과 이해가 따랐을 때 더 행복해질 수 있을 것이다.

아는 바와 같이 남자들은 시각적인 자극에 의해 성욕을 강하게 느낀다. 남자를 흥분시키는 것은 포르노, 여자의 벗은 몸, 성적인 다양성, 야한 란제리, 그녀의 동침 허락 순이다. 그래서 미국 등지어서는 밸런타인데이나 크리스마스날에 남자들이 연인, 아내에게 입히기 위해 란제리 가게 앞에 줄지어 서 있는데 재미있는 건 그 명절이 지나고 나면 이번에는 여자들이 란제리 가게 앞에 줄지어 선다고 한다. 란제리를 바꾸기 위해서.

킨제이 보고서에 따르면 남자들의 76퍼센트가 불을 켜놓고 섹스하기를 원하는 반면, 여자는 36퍼센트만이 원했다고 한다. 스트레스와 과도한 피로에 시달리는 남자들은 질겁할지 모르지만 일반적으로 남자들은 자신의 연인이나 아내와 더 자주 많은 섹스를 갖기를 열망한다. 그들은 섹스에 대해 여자들보다 훨씬 많이 생각하고 갈망한다. 그것은 남자와 여자의 생물학적인 차이로 인해 각자의 상황과 역할이 다르기 때문이다.

남자는 섹스라는 행위를 사랑의 동의어로 생각한다. 그래서 슬픔에 빠진 연인을 위로하려고 남자는 섹스를 하려 하지만 슬픔에 빠진 연인에게 그 제의는 종종 용납할 수 없는 망언으로 치부되곤 한다. 여자는 그런 경우 마음의 위안을 원하기 때문이다. 물론 남자도 위안이나 격려가 필요하다. 그런데 그 위안을 사랑하는 사람과의 섹스를 통해 얻고자 하는 것이다. 육체적인 접촉을 통해 감정의 안정을 꾀하고 위로를 받고 싶어한다.

남자는 위기 상황에 빠졌을 때, 문제가 안 풀릴 때 섹스를 통해 긴장을 풀려고 하는데 이는 실제로 꽤 효과가 있다고 한다. 또한 남자는 섹스할 때 여자가 오르가즘을 느끼는지, 만족해하는지, 얼마나 흥분하는지를 꽤 중요시 여긴다. 남자들은 섹스할 때 눈을 뜨고 하는 경우가 많은데 이는 파트너의 반응을 통해 자신이 얼마나 잘하고 있는지를 확인하기 위한 것이다. 그래서 여자가 만족스럽다는 신호를 주면 남자는 신이 나서 섹스에 열중한다. 많은 남자들이 '파트너가 만족하는 모습을 보여줄 때'를 좋은 섹스로 꼽는 것도 그 때문이다.

그러므로 남편과의 섹스 때 얼마나 만족하는지, 흥분하는지를 적극적으로 표현하는 게 필요하다. 또 어디를 만져주는 것이 좋고, 어떤 체위가 좋은지를 말하거나 표현하는 것이 좋다. 물론 싫은 것도 함께. 그런 표현은 두 사람의 섹스를 업그레이드시키고, 두 사람의 애정과 친밀도도 상승시킨다. 이때 주의할 것은 남자들은 여자들만큼 얼굴 표정이나 몸짓과 같은 비언어적인 표현의 해석에 능하지 못하다는 것. 그러므로 가능하면 말로 표현해주는 것이 좋다.

여자가 사랑하는 남자의 애무를 몸 곳곳에 받고 싶은 것처럼, 남자도 그렇다. 특히 남자는 성기 애무를 받고 싶어한다. 남자가 그런 속내를 표현했을 때, 죽어도 못한다고 기겁하는 이들이 있는데, 이런 태도는 즐거운 섹스를 가로막는 일이다. 남자가 성기 애무를 원하고 좋아하는 것은 그곳이 남자의 가장 민감한 성감대이기 때문이다. 여자가 돋이나 가슴을 애무받고 싶어하는 것과 똑같은 생물학적 기호일 뿐이다. 꼭 성기가 아니어도 남자의 성감대를 찾아서 충분히 애무해주는 게 중요하다. 섹스를 더 깊이 다양하게, 또 부드럽게 하는 것은 그만큼 파트너를 사랑한다는 표현이다.

그러나 사랑을 나누는 일은 옷을 벗고 섹스를 하는 것만이 다가 아니다. 사랑한다는 말로 하루를 시작하고, 서로를 만지고 사랑의 표현을 하는 모습으로 하루를 보내는 것, 바로 그 모두가 사랑을 나누는 섹스임을 잊지 않았으면 한다.

남자들도 모르는
성감 개발법

남자를 흥분시키고 만족시키는 방법이 따로 있는 것이 아니다. 아내가 남편이 자신에게 해주는 똑같은 방법으로 남편을 애무해보는 것이다. 성 상담을 하러 온 아내에게 나는 기존의 성적 역할을 바꿔 '남편의 성감대를 찾아오라'는 숙제를 내곤 한다.

편안한 시간에 남자가 옷을 벗고 엎드리게 한다. 먼저 발바닥의 오목한 부분부터 마사지를 시작하면 긴장이 쉽게 풀어진다. 그리고 발목, 종아리로 점점 올라가면서 마사지를 해주는 것이다. 목까지 다 마치면 바로 누우라고 해서 역시 발바닥부터 올라간다.

이렇게 해서 흥분되면 섹스를 해도 좋고, 그저 편안하고 성적인 흥분을 느끼는 정도에서 끝낼 수도 있다. 삽입을 하지 않고 그저 성적 마사지만 받게 하는 것도 때로는 발기와 삽입에 스트레스를 받는 남편들의 마음을 긴장에서 풀어주는 방법이기도 하다.

숙제를 마친 부부들의 경우 남편이 매우 만족스러워한다. 남자인데도 '당하는 것'이 좋았다고 이야기한다. 대부분이 자신에게 이런 느낌이 있는 줄은 미처 몰랐다는 반응이라는 게 놀랍다. 남자들 역시 자신의 성감대를 모른다. 성감은 만지면서 더욱 개발되기 때문이다.

성감은 만져질수록 예민해진다. 섹스에 끊임없는 노력이 필요한 건 이 때문이다. 개발 정도에 따라 성감에도 부익부 빈익빈 현상이 점점 심화되는 것이다. 혹자는 말한다. 어떤 부위를 자극하다 보면 그와 연결된 신경 말단에서 중추까지 길이 나고 그것이 나중엔 고속도로가 되는 것이라고. 그래서 오르가즘을 자주 느끼는 사람이 많이 느끼고 강하게 느끼고 쉽게 느끼는 것이다.

남자들의 자위하는 습관도 다른 부분의 성감이 둔화된 이유일 수 있는데, 남자의 자위행위는 지극히 성기 위주의 자극과 시각적 자극에만 집중하기 때문에 유난히 그곳만 개발된 게 아닐까 하는 생각도 든다. 남자의 성감 개발을 위한 몇 가지 방법을 조언하자면 다음과 같다(이는 여자에게도 응용할 수 있다).

1. 성감 터치하기

몸 어떤 곳이든 만져주면 좋겠지만, 단 강약 조절을 잘해야 한다. 너무 스치듯 가벼우면 간지러워할 것이고 너무 누르면 통증을 느낄 수 있다. 짜릿함을 느끼게 하는 적절한 강도는 개인마다 다르니 아내가 만지면서 남편에게 어떤 감각이 좋은지 수시로 물어보고 그 정도를 익힌다. 때로는 입술을 사용해도 좋다. '피부는 제2의 뇌'라고 한다. 건성으로 하는 게 아니라 사랑과 정성이 담긴 터치는 파트너에게 그대로 사랑으로 전해질 것이다. "어때? 좋았어?"라는 말은 남자만 하는 질문이 아니다.

2. 시각적 성감 깨우기

제주도 '건강과 성 박물관' 관장으로 있던 당시, 전시장에 남녀 성감대 인형을 설치해놓았다. 남녀 등신대 인형을 이용해 각각 주된 성감대에 빨간색, 주황색, 하얀색 LED 불빛을 쏘아 앞에 놓인 단추를 누르면 남자의 몸, 여자의 몸 성감대에 색색의 불이 들어온다.

사실 온몸을 LED로 밝혀야 할 일이지만 비용관계로 가장 예민한 부분부터 조금 덜한 부분을 색깔별로 표시한 것이다. 짐작하셨겠지만 가장 예민한 부분은 남녀 공히 이마 속의 뇌다. 이마에 환하게 붉은 불이 들어온 것을 본 사람들은 "이마에도 성감대가 있는 줄 미처 몰랐다"며 놀라곤 해 실소하게 했다. 정확히 말하면 이마가 아니라 뇌, 시각적 자극을 표시한 것이었다.

또한 눈은 작은 뇌라고도 하고, 시각적인 자극은 뇌로 바로 전송된다고 하지 않는가? 여자보다 이 작은 뇌가 발달했는지 남자들은 시각적인 자극에 강하게 반응하고, 사랑하는 사람의 섹시한 이미지를 보는 것만으로도 흥분을 한다. 이를 충분히 이용하는 것도 방법이다. 때로는 촉촉이 젖은 머리카락, 오렌지색 은은한 침실의 조도, 전라보다는 매끈하면서 유혹적인 실크 슬립이 남자를 유혹하는 데 효과적이다.

혹시 집에서 편하다는 이유로 이 방 저 방 속옷 차림으로 다니는 아내라면, 혼자 있을 때나 그렇게 할 일이다. 아이들에게도 좋은 교육이 되지 못하고, 남편에게는 신비감을 급속하게 잃어버리는 지름길이 된다. 아내의 벗은 몸이 익숙한 풍경이 돼버리면 정작 자극이 필요할 때 느끼지 못하게 된다. 아내는 남편에게 긴장해야 하고, 남편 역시 아내의 시선에 긴장해야 한다. 벗어도 섹시하게 벗으라고 조언하곤 하는 이유는 부부라 할지라도 여자와 남자라는 각성이 따라야 불꽃이 튀기 때문이다.

바꿔 말하면 늘 팬츠 바람으로 다니는 남편에게 흥분이 되는가? "가족끼리 이러는 거 아니야"라는 남편의 객쩍은 농담은 아내의 벗은 몸을 여자의 몸으로 보지 않거나, 일상적으로 늘 예쁘게 보지 않아서 생긴 말일지도 모른다.

집에서 편한 게 좋다고 티셔츠에 반바지, 혹은 요즘 우리 국민복이 되어버린 고어텍스 운동복만 입지 말고 남편이 올 때쯤에는 여성적인 옷을 차려입도록 하자. 밖에서 일하고 들어온 배우자는 '이 하루를 어떻게 입으면 돋보일까 고민하며 차려입은 사람들 틈에서 살다 왔다'는 것을 잊지 말 일이다.

3. 내 남자의 취향 파악하기

무엇보다 만족스러운 섹스를 위해서는 '내 남편 전문가'가 돼야 한다. 나는 고교시절 가정선생님께서 하신 말씀을 지금도 기억하고 있다. "언제 무슨 일이 생겨(교통사고가 난다거나 할 수도 있고) 남 앞에 속옷을 보여야 할지도 모르는데, 그때 구멍 나거나 더러운 속옷을 보이는 것이야말로 여자로서 수치 아니겠느냐"는 말씀, 그러니 겉옷만큼 속옷에 더욱 신경쓰라고 하셨더랬다. 공중 목욕탕에 가서 깔끔하고 예쁜 속옷을 입은 여자들을 보면 그만큼 자기를 잘 돌보고 관리하는 여자란 생각이 들곤 하는 것은 나만의 생각일까?

이런 속옷 구입도 이왕이면 남편의 취향에 맞게 선택하는 건 어떨까? 남편이 호피무늬를 좋아한다면 화이트, 핑크처럼 소녀 취향의 속옷은 유치해 보여 자극과는 멀어질 수 있다(물론 너무 야한 속옷을 좋아한다면 그 앞에서만 입어주는 센스도 나의 정신건강을 위해 필요할 것이다). 또 남자라고 모두 T팬티 같은 야한 속옷을 좋아하는 것은 아니다. 기겁하는 남자들도 많다.

많은 남자들이 소녀같이 순결해 보이는 하얀 레이스 속옷을 좋아한다. 보편적인 취향이란 없다. 파트너가 좋아하는 방식에 맞춰 자극을 주는 센스를 발휘해야 한다.

사랑받는 현명한 아내는 바디 크림의 향기마저도 남편의 취향을 고려해 선택한단다. 시각만큼이나 후각도 에로티시즘에 중요한 요소이기 때문이다. 아이와 함께 발라온 베이비 로션은 아이나 발라주고 자신을 위한 바디 크림이나 로션을 마련하자. 요즘 세련된 여자들은 따로 향수를 쓰지 않고 은은하며 향긋한 바디 크림을 발라 몸에 배게 한다고 한다. 오히려 향수보다 이것이 그녀만의 독특한 냄새라고 해 남자들이 더욱 잊지 못한다고 하니 참고하기를.

4. 그의 성적 환상 인정하기

남자는 영원한 소년이다. 성적 판타지는 사춘기 소년, 청년만 갖고 있는 게 아니다. 당신의 남편이 좋아하는 성적 환상이 있다. 범죄만 아니라면 남편의 환상에 맞장구를 쳐주는 일이 왜 나쁘겠는가? 특히 남자들의 성적 환상에는 장소에 대한 것이 많은데, 예를 들어 여자는 나만의 안락하고 안전한 공간에서의 하룻밤을 꿈꾸지만 남자는 탐험 욕구를 충족시키는 산속 동굴을 더 선호할지도 모른다.

오픈된 장소에서의 관계를 꿈꾸는 남자도 많다. 아파트 후미진 계단이나 엘리베이터 안, 어떤 남자는 거대한 광고탑이 설치된 빌딩의 옥상 위를 들기도 했는데, 사람들이 상상하지도 못할 장소에서(들킬 수도 있는 곳에서) 사랑을 나누는 것이 무척 통쾌하고 스릴 넘칠 것 같다는 이유에서였다. 어쨌건 환상이란 일상을 벗어나는 것일 때 더 흥분되지 않겠는가?

중년의 섹스리스를 주제로 한 메릴 스트립 주연의 영화 '호프 스프링스'

를 보면, 남편의 성적 판타지는 '공개된 장소에서 하는 오럴섹스'였다. 처음에 아내는 기겁하며 거부하지만 부부관계 회복을 위해 인적이 드문 시골 마을 극장에서 시도하게 된다. 영화를 보다가 갑자기 바닥에 내려앉아 오럴섹스를 시도하는 아내에게 남편은 깜짝 놀란다. 익숙하지 않은 행위라 머리를 부딪치는 등 좌충우돌 끝에 결국 실패하지만 자신을 생각하는, 더 행복한 부부생활을 원하는 아내의 진심이 전해지면서 남편의 마음이 열리기 시작한다. 생각해보면 아내들은 남편에게 늘 이벤트를 요구하지만 자신이 남편을 위해 무언가를 해줄 생각은 잘 못한다.

가끔은 아내가 주도권을 잡아주길 원하는 남편도 많다. 매번이 아니라 어쩌다 한 번씩이라면 못할 일도 아니지 않은가? 아내로서도 때로 성적 주도권을 가진다는 것이 통쾌한 일이 되기도 한다. 남편을 납치해 산속 깊은 곳에 데리고 가 침대에 묶어놓고 성감 터치로 장난치는 것은 어떤가? 여자도 때로는 당황하는 남자를 들었다 놨다 하며 리드하는 재미를 느껴보기 바란다.

5. 노골적인 그곳이라도!

시간과 노력이 걸리는 성감 터치가 어렵다면 절대적인 남자의 성감을 공략하는 것도 나쁘지 않다. 음경, 고환, 엉덩이, 항문, 그리고 항문과 음낭을 잇는 부분인 회음부가 그곳이다. 특히 항문과 음낭 사이는 자극을 받으면 예민하게 반응하는 부분이다. 어떤 전문가는 항문과 음낭 사이를 여자의 지스팟과 비교한다. 여자의 전립선이 퇴화되면서 지스팟이 됐다는 학설이 있는 만큼 어쨌든 남자의 확실한 성감대인 것이다.

남자를 엎드리게 해놓고 목부터 손으로, 입으로 천천히 때론 열정적으로 애무해보면 '움찔거리는 곳, 근육이 긴장하는 곳'이 바로 그날의 예민한 곳이다. 부부가 중년을 넘으면 호르몬의 변화에 따라 아내가 주도적일 필요가 있다.

이 모든 행위는 사랑하고, 원하고, 행복하게 해주고 싶다는 메시지가 남편에게 전달되는 것만으로 충분하다. 현실적으로 말하면 남편은 아내와의 섹스가 만족스러우면 외부의 다른 여자에게 눈길을 돌리지 않는다. 금슬 좋은 부부들은 그저 궁합이 좋아 이뤄진 것이 아닐 것이다. 서로에게 늘 섹시하고 유머러스하고 사랑스럽게 보이도록 노력하는 부부가 당연히 금슬도 좋다.

섹스는 보상심리나 이기주의에서 출발하는 것이 아니다. 사랑하는 사람을 재미있게, 행복하게 해주기 위한, 사랑을 표현하는 혹은 놀기 위한 행위다. 부부간에 거리낄 게 무엇이 있겠는가? 공적으로 자주 많이 섹스를 하고 행복하게 살라고 인정도 받은 사이인데!

자존심 때문에 주저한다면 '내가 과연 그 사람을 사랑하는지' 스스로에 대해 먼저 생각해볼 문제다. 사랑한다면 그 사람의 존재 자체만으로 고마운 법이니까.

숫자는 숫자일 뿐

강의를 많이 하다 보면 교육생들에 따라서 강의하는 스타일을 달리 해야 하는 것을 자연스레 알게 된다. 이른바 '눈높이 교육'이라 할까? 좀 더 구체적으로 말하면 대상별 눈높이 교육이다.

성인 성교육을 주로 하다 보니 대상은 대학생, 미혼 직장인, 기혼 직장인, 교사, 학부모, 성교육 전문가, 의사, 주부, 노인, 심지어 성희롱 가해자에 이르기까지 다양한데, 이들 소속이나 주거지, 직업에 따라서도 강의태도나 어법이 좀 바뀌어야 더욱 효과적이다. 이를테면 교사나 정훈장교같이 누구를 가르치는 이들은 좀처럼 교육 내용에 집중하지 못하고 교육 방법에 관심을 가질 때가 더 많다. 나름 비평가의 위치에서 교육을 바라보는 것이겠다. 또 소재지에 따라서도 접근 방법은 달라져야 하는데, 호응이 활발한 전라도와 달리 경상도와 충청도, 특히 내륙지방은 여간해서는 잘 웃지도 않고 반응도 소극적이다.

혹자는 경상도 사람들을 웃길 수 있다면 명강사라고 하는데, 사실 충청도가 더 어려운 것 같다. 교육 내내 표정이 별로 변하지 않을 뿐 아니라 다른 지방 같으면 폭소가 터져나올 법한 부분에서도 잠깐 웃음기만 머금었다가 만다. 그러면서도 강의가 끝나면 "재미있게 잘 들었습니다." 한다. 그렇게 이 모든 대상에 따라 조금씩 교육 방법이 달라져야 하지만 특히 크게 남자와 여자 교육은 더욱 그렇다.

평소 파트너와 공감의 소통을 자주 해온 여자들은 교육에 임하는 자세가 남자와 사뭇 다르다. 특히 아기를 낳아 기르면서 아기를 어르고 달래며 말을 가르쳐온 기혼 여자들은 강사의 이야기를 들어줄 자세가 완벽하다. 그래서 웃어줄 준비가 이미 되어 있고, 강의 중에도 꽤 열성적으로 반응을 보여온다. 그러면 강사로서는 강의가 쉬워지는 게 당연하다.

그런데 남자는 아주 다르다. 여자 교육생들을 만났을 때의 첫인상이 '친밀감'이라면 남자 교육생을 만나는 첫인상은 '호기심'이다. 남자들은 얼마나 많은 그리고 정확한 정보를 줄까가 가장 궁금한 것이다. 따라서 이들에게는 무엇보다 표와 전문가의 말을 인용하는 것이 매우 효과적이다. '많이', '꽤'라는 주관적인 말에는 석연치 않아 하다가 '78퍼센트', '세계에서 1위' 뭐 이렇게 정확한 숫자가 나오면 안심하는 눈치다. 게다가 '프로이트는……', '킨제이는……' 등 전문가를 인용하는 말이 들어가면 고개를 끄덕이는 사람이 많아지고 몸이 강사에게로 점점 집중해오는 것이 느껴진다.

그리고 성에 대해 모르는 것이 여자의 미덕이라고 생각하는 우리나라에서는 여전히 여자들은 성에 대한 교육에서도 질문을 많이 하지 않는다. 물론 열심히 듣는다. 그리고 나중에 강의가 끝나면 조용히 다가와 질문한다. 그런데 남자들은 수업 중에도 활발하게 질문을 던져온다. 특히 남자들이 많이 물어오는 질문은 이렇다.

"그래서…… 일주일에 몇 번(섹스를, 자위를) 하는 게 좋습니까?"

"그러니…… 한 번 할 때 얼마나 유지해야 합니까(이것도 둘론 시간)?"

"오래 하는 게 더 좋을 텐데, 얼마나 오래 하는 게 좋은가요?"

"정상 사이즈는 얼마나 됩니까?"

심지어 어떤 이들은 자기 나이에 9를 곱해서 일주일, 한 달 뭐 이렇게 나누는 기발한 셈법을 제시하기도 한다. 하지만 말 그대로 숫자는 숫자일 뿐 연연해할 필요가 전혀 없다. 섹스를 나이에 따라 얼마나 하는 게 좋은 가? 사람마다 건강, 파트너와의 친밀감, 일상생활의 사정이 다른데 어떻게 일률적으로 맞춘단 말인가? 섹스는 자주 하는 게 좋다고 하니 그 횟수를 궁금해하는데, 병을 진단하고 의사가 약을 처방하듯 섹스 횟수를 처방해 달라는 것일까?

우리는 기본적으로 생물이고, 모든 생물처럼 우리가 두 바퀴로 가는 수 레라면 한 바퀴는 자연선택(생존을 위한)이고, 나머지 한 바퀴는 성선택(생 식을 위한)이라고 나는 생각한다. 말할 것도 없이 행복하려면 두 바퀴가 잘 굴러야 한다. 죽을 때까지. 그러므로 나의 생존과 생식을 위한 노력은 죽 을 때까지 계속되어야 한다. 즉 잘 먹고, 잘 자고, 잘 배설하고, 잘 운동하 고, 그리고 잘 섹스해야 하는 것이다.

사람마다 다 사정이 다르기에 섹스 횟수는 자신에 맞춰 조절되어야 한 다. 하지만 성학에서는 적어도 남자는 일주일에 두 번 이상 사정을 하는 것이 좋다고 말한다. 또 자주 발기되는 것이 좋다(물른 건강한 남자라면 새벽 발기를 늘 경험하겠지만). 왜냐하면 발기가 된다는 것은 성기에 피순환이 잘 된다는 것이고, 성기의 혈관에 산소공급이 잘되는 것이어서 더욱 좋다는 것이다.

원래 있는 기관은 일상적으로 사용되는 것이 당연하고 그래야 그 기관의 건강이 유지된다. 그러니 발기와 사정은 성기의 건강한 관리 유지를 위해서도 자주 되는 것이 좋다.

섹스는 성기관의 관리와 유지를 위해서도 또 파트너와의 친밀감 및 애착관계 향상을 위해서도 자주 하는 게 좋다. 그러나 횟수가 중요한 것이 아니라 그 질이 더욱 중요하다. 섹스를 통해 서로 함께 즐거워야 하고 그를 통해 더욱 사랑할 수 있어야 할 것이다. 섹스는 누가 누구에게 하는 일방적인 서비스가 아니라(가끔 필요하긴 하지만) 그야말로 사랑하는 이들이 하는 'fun'한 '놀이'여야 하는 것이다.

또 섹스시간을 얼마나 유지할 것인가에 대한 질문에 대해서는 전문가들의 연구결과가 있다. 앞서도 말했듯 '적절한' 혹은 '최상의' 섹스시간은 약 7~13분이라고 한다. 이는 쓰다듬고 키스하고 하는 애무의 시간까지를 포함해 말한 것이 아니라 삽입해서 사정하기까지의 시간을 말한 것이다. 질문대상이 성전문가들인 섹스치료사들이었으니 연구의 질에 대해서는 의심할 바가 없을 텐데, 요는 남녀가 성적인 만족을 얻기까지는 그리 긴 시간이 필요치 않다는 것이다.

섹스에 있어서 여자가 오르가즘과 만족을 느끼게 하는 데는 그야말로 정성들인 애무면 충분하다. 여자는 특별하게 뇌를 자극받아야 질윤활액이 잘 나온다는 것이 다른 동물과 비교해 유별난 점인데, 단순히 삽입시간만 길다고 만족스러운 섹스가 아닌 것이다.

남자의 성기는 세 군데, 즉 음경, 손가락, '사랑한다'고 말할 수 있는 성대(혹은 입)라고 한다. 이는 직접적인 삽입만이 아니어도 여자를 성적으로 황홀하게 할 수 있는 방법은 아주 다양하다는 것을 시사한다. 다른 말로는 삽입부터 사정까지의 시간에만 전전긍긍하지 말고 손가락으로, 입으로 그녀를 행복하게 할 수 있다면 좀 더 느긋하게 그녀와의 놀이 시간을 가지란 뜻이다. 그런데 이렇게 말했는데도 불현듯 불길한 예감이 든다.

"그래서…… 몇 분이나 애무를 하라구요?"

아이구!

송우

폐경기 여자에게
필요한 것

얼마 전, 가을 햇빛이 좋은 어느 날 양평에 사는 지인의 초대를 받아 그분 집에 갔을 때의 일이다. 폐경기 즈음 연배의 중년 주부들이 모여 앉아 차를 마시며 이런저런 이야기를 하는 중에 그중 젊은 분이 다른 분들에게 하는 이야기를 들었다.

"저번에 배 선생님이 주신 윤활제 쓰고 있어요? 제가 써보니 정말 좋아요. 전 효과 보고 있어요. 그거 묵혀두지 말고 열심히 쓰세요."

"난 어디에 두었는지도 모르는데. 어떻게 좋은데?"

"갑자기 남편이 관계를 하려고 할 때 있잖아요. 그때 사용하니 제일 좋고, 평소에도 시작할 때 몇 방울 사용하면 느낌이 참 좋더라고요. 아프지도 않고요."

어쩌다 사용해보니 정말 좋아서 요즘에는 침대 머리맡에 숨겨놓았다가 남편과 섹스할 때마다 사용한다는 그는 '이제 조금밖에 안 남아서 곧 사야 할 정도'라고 해서 좌중의 부러움을 샀다.

그녀의 말처럼 내가 폐경기 즈음의 지인이나 상담을 하러 온 내담자들에게 지그시 쥐어주는 선물이 있다. 바로 윤활제다(즉 폐경기로 건조한 상태가 아니더라도 섹스를 시작하는 커플, 수유기에 있는 여자들에게 가장 필요한 우선순위에 드는 물품이다). 그런데 우리나라의 분위기상 건조해진 질 때문에 성교통을 느끼기 일쑤인 중년여자가 윤활제를 구하려 해도 그것이 쉽지 않은 것이 현실이다. 심지어 약국에서도 구하기가 어렵고, 달라고 하기가 어려운데다, 인터넷 쇼핑몰에서 사자니 안전성이 보장된 것인지 불안하기도 하다.

실제로 윤활제는 성생리상 꼭 필요한 것인데도 마치 '섹스 토이'를 구하는 것처럼 생각하고 '유난히 밝히는' 여자가 되는 것 같아 구입을 망설이고 어려워하다가 결국 관계할 때마다 아프기 때문에 섹스리스가 되거나 상처를 입는 경우도 적지 않다. 그 외에도 폐경기를 전후해 중년여자들이 겪는 어려움은 많다.

"어제 렌지 위에 사골국을 올려놓고 깜박 잊고 ㅅ장을 다녀왔어요. 사골국이 다 타버려 집안이 엉망이 되었답니다. 뼈가 탄 냄새가 사라지질 않아 온 식구에게 지청구를 듣고 있어요."

"말도 마세요. 전 휴대폰을 손에 들고서 찾을 때가 한두 번이 아니랍니다."

"건망증도 건망증이지만, 전 밤마다 시트를 갈아야 할 만큼 식은땀이나 잠을 설치고 있어요."

"갑자기 얼굴이 달아오르는 홍조 증상은 어떻고요?"

사람의 성장발달 단계에 따라 몸도 마음도 달라진다. 성적으로는 가장 급격하게 변화를 겪을 때가 사춘기와 폐경기 즈음이라 할 만하다. 성호르몬이 왕성하게 분비되기 시작해 몸과 마음이 그에 적응하느라고 그야말로 '질풍노도의 시기'를 겪는 사춘기뿐 아니라, 성호르몬 분비가 급격히 줄어들거나 없어지는 폐경기는 사춘기와 마찬가지로 여자를 당황스럽게 한다.

건강하기만 하면 평생 생식을 할 수 있는 남자에 비해 생식 기능이 없어지는 폐경기 변화를 겪는 여자는 이에 잘 대처하고 현명하게 관리하지 않으면 그 후 삶의 질이 급속히 나빠진다는 점에서 더욱 관심이 필요하다. 물론 남자도 30대가 지나면서 성호르몬 분비가 줄어들기 시작하니 적절한 관리를 해주지 않으면 심하게 갱년기 어려움을 겪기도 한다.

폐경기란 말 그대로 '월경이 없어지는 시기'다. 사춘기에 월경이 시작될 때와 마찬가지로 폐경이 될 때도 월경이 불규칙하고 양이 변할 수 있다. 결국 시작되는 것과 사라지는 것의 차이다. 폐경은 몸의 노화에 따른 자연스러운 폐경과, 질병이나 만성적인 스트레스 등이 원인이 되는 조기 폐경, 난소제거술을 받은 경우같이 생식기관의 제거 등에 따라오는 인위적인 폐경으로 분류되지만 여기서는 자연스러운 폐경만을 다루고자 한다.

흔하게 여자들은 폐경에 꼭 부정적인 증상이 따라온다 생각하고 지레 겁을 먹기도 하지만 실제 무척 평온하게 폐경기를 겪어내는 사람도 있으니 미리 걱정할 일은 결코 아니다. 폐경기란 어찌 보면 호르몬 변화에 따라 뇌가 재편성되며 부부관계 또한 재정립되는 시기라 할 만하다. 자연스러운 폐경기에 가장 먼저 나타나는 호르몬 변화는 프로게스테론의 점진적인 감소이며, 에스트로겐 수치는 변동이 없거나 오히려 증가한다.

에스트로겐 수치가 높아지는 이유는 그동안 한 번에 하나씩 난자를 생산하던 난소가 월경이 중단되기 전에 남아 있는 모든 난자를 다 소모하려는 것처럼 모든 난포들에게 난자를 성숙하게 만들기 때문이라고 한다. 그래서 나이 들어 임신한 산모가 쌍둥이를 잉태할 가능성이 높아진다고 한다. 반면 프로게스테론이 감소하는 이유는 실제로 완전한 배란과정을 수행할 만한 성숙한 난자가 날이 갈수록 줄어들기 때문이다.

이러한 체내 호르몬의 변화는 여자의 질을 건조하게 만들고 질 벽을 얇아지게 해서 섹스를 할 때 통증을 느끼게 해 성교통을 유발한다. 이러한 증상들은 섹스 시 삽입으로 인해 쉽게 상처를 입거나 염증을 유발하기도 하고, 성병 등의 질환에 취약하게 만들기도 한다. 성교통이 심해지면 이 시기 여자들은 적극적으로 섹스를 거부하게 되는데, 이런 경우 윤활제를 사용하면 성교통을 많이 줄일 수 있다. 또는 적극적으로 호르몬 대체요법을 사용하면(질정, 복용약, 질 크림 등으로) 질은 다시 탄력을 찾고 질액이 증가하며 성욕이 돌아오는 효과를 볼 수도 있다.

보통 폐경기가 되면 호르몬 보충요법에 대한 필요성을 이야기하고 당연히 모두 그 방법을 사용해야 할 것처럼 말하지만, 호르몬 보충요법은 자신에게 필요할 때 의사의 도움을 받아 사용하는 게 좋다는 것이 전문가들의 의견이다. 한때는 호르몬 요법이 유방암 위험을 높인다는 연구결과 때문에 호르몬 사용에 두려움을 갖는 경우가 많았지만, 10년 넘어 장기간 사용하는 것이 아니라면 특별하게 호르몬 때문에 유방암이 생겼다고는 말하기 어렵다는 게 의학계의 견해다.

성전문가로서 말하면 유방암에 대한 공포 때문에 이러저러한 어려움을 겪으며 어렵게 지내기보다는 오히려 여성호르몬을 사용하되 유방암 검진 등의 암검진을 게을리하지 않고 규칙적으로 체크해주는 것이 폐경기 이후 달라진 몸에 좀 더 합리적으로 반응하는 것이라 생각한다.

이런저런 폐경기의 불편함이 있다 하더라도 대개 5년에서 10년 안에 모든 증상은 시작되고 저절로 가라앉는다. 결코 짧지도 않고 지내기 쉽지도 않은 이 시기를 무조건 참고 견딜 것이 아니라 좀 더 현명하게 자신의 몸에 맞는 방법을 적극적으로 찾아보는 일이 필요하다. 모든 폐경기 증상들은 거의 밀접한 관계라서 한 가지 증상이 치료되면 다른 증상도 완화되는 경우가 많다.

폐경기 여자 스스로에게는 '사춘기를 잘 이겨냈듯이 사추기도 잘 견디어낼 수 있다'는 긍정적인 마음이 필요하지만 무엇보다도 남편을 비롯한 가족들의 따뜻한 격려와 위안은 폐경기를 조용히 넘기는 데 큰 도움이 되어줄 것이다.

여자는 폐경이 되면 성욕이 감퇴한다?

Case by Case. 폐경이 되면 성욕이 감퇴한다고 일반화하기는 어렵다. 물론 여성호르몬인 에스트로겐이 나오지 않으니 성욕 자체가 떨어질 수도 있고 질액 부족으로 인한 질 건조에 따라 성교통이 생길 수 있다. 이렇게 되면 섹스를 피할 수는 있을 것이다. 그러나 반면 임신 걱정이 없어서 성욕이 불타오른다는 사람도 있다. 폐경 이후 남편과 좋은 관계를 유지하고 스킨십이 자주 있다면 섹스에 별 문제가 없는 경우가 더 많다. 그런 경우의 사람들은 애액도 충분히 나와 힘들지 않다고 말한다.

갱년기 남자에게
필요한 것

"남자들도 갱년기가 있나요?"

'얼굴이나 몸이 훅 달아올라 갑자기 더워서 어쩔 수가 없다'든가 '밤새 식은땀으로 침대 시트까지 다 젖어 몇 번이나 옷을 갈아입어야 했다'는 자신의 폐경기 증상에 대해 이야기하던 중년 부인이 남자의 갱년기를 물어보며 깜짝 놀란다.

물론이다. 남자들도 갱년기를 겪는다. 하지만 여자들이 그렇듯이 어떤 사람은 좀 심하게 겪고 어떤 사람은 가볍게 지나갈 수는 있다. 남자들은 40세가 지나면 남성호르몬인 테스토스테론 수치가 대년 1~3퍼센트씩 떨어진다고 한다. 이때 계속 어떤 성취나 새로운 일에 도전하거나, 새로운 매력적인 대상이 생기거나 멋진 섹스를 자주 하거나 하면 테스토스테론 수치가 그렇게 떨어지지 않겠지만, 대개의 경우 이 나이는 아내와의 섹스 긴장감도 떨어진데다 섹스 횟수도 많이 줄어들고 성취할 일도 줄어들기 때문에 낮은 테스토스테론 수치를 가지는 경우가 많다. 테스토스테론 수치는 남성적인 특성과 깊은 관계가 있는데, 남자는 지배적인 위치에 오를수록 테스토스테론이 더 많이 분비되고, 성욕도 증가하며, 뭔가 성취하고자 하는 욕구도 높아진다. 또 테스토스테론은 근육량을 증가시킨다.

50~60대 정도 된 남자들은 테스토스테론과 바소프레신 분비가 줄어들기 시작하는데, 또 남자는 나이 들어가면서 테스토스테론에 대한 에스트로겐 비율이 증가한다는 연구결과도 있다. 호르몬으로만 보면 공격과 성취를 지향하던 남자의 뇌가 어른여자의 뇌와 비슷해진다는 것이다. 또 사랑과 애착 호르몬인 옥시토신에 대한 반응도가 높아진다고 생각하는 과학자들도 있다. 그래서 남자들이 나이가 들면 부드러워지고 전보다 대화가 잘되며 공감능력과 얼굴표정을 읽어내는 능력이 향상된다고 한다. 이는 젊어서는 예쁜 여자가 있는 술집을 찾아가지만, 나이 든 남자는 말이 통하는 마담이 있는 술집을 찾아가 마음의 위로를 받고자 한다는 이야기를 설명해주는 말이기도 하다.

호르몬 수치의 변화는 남자를 좀 더 친절하고 부드럽게 만들고, 예전보다 좀 더 인내심이 있고 기다릴 줄도 알게 한다. 그래서 나이 든 남자는 젊은 여자들의 이상적인 남성상에 근접한 모습으로 보이기도 한다. 서양에서는 여자들에게 가장 인기 있는 남자의 머리색은 '반백salt and pepper(후추와 소금이 반반 섞인 것 같은 머리를 말한다)'이라고도 한다. 이때는 경제적으로도 안정감 있고, 관대하고 든든하며, 이해력이 넓고 포용해주며 아직 아주 늙지도 않은 남자인 것이다.

이렇게 나이 들어 좋은 점도 있지만, 나이 든 남자들을 힘들게 하는 것은 역시 남성호르몬의 저하다. 남성호르몬 수치가 낮아진 데 따른 성적 능력 저하를 깨닫게 되면 남자는 더욱 자신감을 잃고 짜증을 내며 불안해

한다. 심장이 두근거리고 불안해지는 증상은 그 나이 즈음의 남녀가 똑같이 겪는 증상인 것이다. 발기가 예전처럼 단단하게 되지 않고, 행위 중간에 사라지기도 하며, 지루나 조루의 문제들이 생기기도 한다. 또 성욕 자체가 많이 줄어든다.

남자들은 자신의 성기능을 능력과 젊음이라 생각하는 경우가 많기 때문에 이런 성적 문제가 생기게 되면 우울해하고 무기력해지며 짜증이 많아진다. 잔소리가 심해지는 것도 이때쯤이다. 여자들이 폐경기를 거치며 더욱 사회적이 되어서 밖으로 나가고 친구들을 쉽게 사귀며 사회활동에 신명 나 있을 때 남자들은 집으로 돌아와 아내와 함께 있어야 안심하고, 아내가 밖으로만 나가고 집안살림에 신경 쓰지 않으며 자신에게 소홀하다고 투덜댄다.

이러한 상태의 남자들에게 나는 호르몬 수치 검사를 권하기도 한다. 테스토스테론은 성행동에 확실히 많은 영향을 미치는 호르몬이라, 수치가 낮을 경우 호르몬 보충요법(바르거나 먹거나 주사를 맞거나 하는 많은 방법들이 개발되어 있다)을 통해 많은 문제가 개선되는 것을 보기 때문이다. 실제로 테스토스테론을 보충해주면 활기가 생기고 자신감도 생기며 성욕도 많이 살아난다.

내가 아는 70세가 넘으신 한 선생님은 호르몬 보충요법을 사용하시는데, 그 약을 쓰셨을 때와 안 쓰셨을 때 풍기는 생기가 다르다. 약을 쓰실 때는 눈에 띄게 젊어 보이고 열정적이 되며, 자신감에 넘친 젊은 남자 같아 보인다고 해도 과언이 아니다. 물론 호르몬만으로 이런 효과를 내는 것이 아니라 그분의 평소 열정적이고 긍정적인 삶의 태도가 호르몬을 더함으로써 생기 충만해지는 것이겠지만 분명히 효과는 있어 보인다.

여자와 마찬가지로 남자도 호르몬 보충요법을 너무 두려워할 필요는 없다고 생각한다. 여자들의 경우 유방암 유발에 대한 염려로 호르몬 보충요법을 고민하는 경우가 많은데, 좀 더 열심히 유방암 검사를 하면 될 일이다. 남자도 마찬가지다. 몇몇 위험군은 의학전문가가 걸러내고 만류할 것이고 이들이 문제없다고 하면 호르몬 보충요법을 받으면 된다. 호르몬 보충요법을 받으면 신체적 정신적 건강이 향상될 뿐 아니라 성욕도 회복되고 성기 기능도 좋아진다. 게다가 근육의 탄성과 골밀도도 증가하며 무엇보다 기분이 좋아지고 인지 능력도 향상된다는 연구보고가 있다.

테스토스테론이 증가하면 복부비만도 감소한다고 하니(물론 운동으로 복부비만을 극복하면 더 좋을 일이지만) 여러 가지 위험요인만 잘 조절된다면 사용에 너무 고민할 이유가 없다. 또 발기 문제가 생긴다 해도 이미 꽤 안전한 약이라 검증받은 여러 발기부전 치료제들의 도움을 받는 것도 나쁘지 않다. 비아그라 같은 약물의 경우 미국 위스콘신대학에서의 실험에서 발기력뿐 아니라 옥시토신 분비량을 세 배 이상 증가시켰다는 보고도 있다.

이런 테스토스테론, 발기부전 치료제 등 약물 보충 외에 중년남자에게 더 좋은 것은 다정하고 관심을 가져주는 파트너와의 생활이다. 사실 남자는 놀랍게도 외로움에 아주 취약한 존재라서 나이 든 남자 옆에 그를 돌보고 사랑해주며 자신의 존재 때문에 행복해하는 든든한 여자가 있다는 것은 생물학적으로, 정서적으로 아주 커다란 영향을 미친다. 물론 여자도 마찬가지지만 혼자 사는 여자보다 남자는 더욱 고립감을 느끼며, 나이 들어 혼자 사는 남자는 괴팍해지기 일쑤다.

애착 호르몬, 행복 호르몬인 옥시토신 역시 손을 잡고, 머리카락을 부드럽게 쓰다듬고, 서로 마사지해주고, 눈을 바라보고 하는 것만으로도 그 분비를 증진시킬 수 있다고 하니 중년 남녀의 다정한 접촉은 여자뿐 아니라 아니 오히려 여자보다 남자의 건강에 더 좋은 영향을 줄 수 있다. 다행스러운 것은 갱년기가 지난 남자들은 가족 그리고 친구들과 좋은 시간을 보낼 수 있는 조건을 많이 갖추고 있다는 것이다. 몸으로도 그렇고, 마음으로도 그렇고, 사회적으로도 그렇다.

갱년기가 되면 현명한 남자들은 아내들의 사교 영역에 자신을 끼워 넣으려 노력한다. 아내의 친구들 모임에 따라나가 보디가드가 되어주고, 자주 식사 값을 내주며, 우스갯소리로 그녀들을 웃겨주고 커피를 산다. 요리를 배워서 아내에게 대접하고 친구들을 불러 즐거운 시간을 가진다. 또 젊었을 때 직장과 일 때문에 포기했던 취미활동을 시작하기도 한다. 예전 남자들이 정년 후 등산과 바둑 두기로 소일했다면 요즘 중년남자들은 요트, 낚시, 부부동반 외국여행, 크루즈 여행, 오디오 등 다양한 취미활동을 시작하고 즐기는 것을 볼 수 있다. 부부가 따로 또 같이를 아주 잘 운용하는 것을 본다.

남자의 갱년기 역시 여자의 폐경기와 마찬가지로, 우리가 사춘기라는 질풍노도의 시간을 훌륭히 겪어낸 것처럼 잘 지나갈 수 있다. 갱년기 남편 옆에 그를 여전히 사랑해주고 다정하게 돌봐주는 아내가 있다면, 젊은 날의 섣부른 열정을 뛰어넘어 포용력 있고 든든하며 따뜻한 멋진 남자가 될 가능성이 누구에게나 있다.

송우

체력이 정력이다

언젠가 페이스북에 남자가 여자에게 매력적으로 보이기 위해서는 셀러리를 많이 먹어야 한다는 등 성건강을 위해 필요한 몇 가지 글을 올렸더니 중년남자들의 반응이 가히 폭발적이었다. 중년이 되면 남자나 여자나 몸과 마음에 변화가 온다. 이러한 변화를 잘 받아들이기도 해야 하지만 자신이 관리하기에 따라 노화는 그 시기를 더 늦출 수도 있고 나이와 큰 관계없이 더욱 행복한 성생활을 누릴 수 있으며, 나아가 인생이 행복해질 수도 있다.

남자들이 성적으로 더욱 건강하려면 어떻게 해야 할까? 옛날부터 '가화만사성'이라 했지만 그 말이 정말 맞는 말인 것이 부부관계가 좋으면 나아가 일도 잘한다는 것이 사실이다. 특히 남자는 섹스에서 멋진 오르가즘을 느끼고 사정을 하면 남성호르몬인 테스토스테론이 더 많이 분비가 되어 더욱 활기 있고 뭔가를 성취하고자 하는 남성적인 욕구가 생기게 된다. 반대로 섹스를 너무 안 하거나 잘 안 되거나 하면 테스토스테론 수치가 낮아지고 그러면 성욕이 안 생기고 섹스 욕구가 사라지게 되며, 자신감을 잃게 된다. 결국 섹스를 잘 안 하거나 못하는 사람은 성취욕구가 안 생기고 자꾸 짜증이 나며 무기력해지기 일쑤라는 것이다.

섹스의 미덕은 여러 가지가 있지만, 심리적인 자존감 향상 외에도 육체적인 건강에도 유리하다. 섹스를 하게 되면 스트레스를 완화시키는 효과가 있고, 감기 같은 병치레도 잘 안 하게 되는 면역력 증가 효과가 있다. 또 열량소모(30분당 21kcal 이상) 효과가 있으며 심혈관 질환, 통증 완화와 함께 전립선암 예방을 도우며, 애착 호르몬인 '옥시토신'이 분비되어 파트너와의 친밀감이 더욱 강화된다. 또 섹스는 천연수면제로 숙면을 돕고 자기 나이보다 훨씬 젊어 보이게 하며, 장수에도 긍정적인 영향이 있다. 이렇게 여러 모로 건강에 좋을 뿐만 아니라, 실제로 부부관계가 좋으면 외롭지 않고 자존감이 높아져 자신 있고 더욱 행복한 생활을 영위하게 된다.

그런데 이렇게 성건강을 유지 관리하려면 어떻게 해야 할까? 무엇보다 규칙적인 유산소운동을 해야 한다. '운동을 일같이 해야 한다'는 말이 있다. 어느 날인가부터 발기에 문제가 생겼다면 그것은 나의 혈관, 피돌기에 문제가 생겼다는 것과 같은 의미다. 피가 지방 등으로 농도가 진해졌다거나 혈관벽이 두터워져 통로가 좁아지면 혈류에 문제가 생기게 되는데, 대개 가는 혈관부터 막히게 된다. 그래서 미세혈관들이 분포된 성기에서부터 문제가 생기기 시작하는 것이다.

등산, 걷기, 체조, 수영 같은 유산소운동이야말로 피돌기를 돕는 운동이다. 또한 금연은 필수다. 흡연은 혈관벽을 두텁게 하고 혈류를 약하게 하는 원인이 된다. 그래서 담배를 피우는 남자에게 발기부전이 많이 나타나고, 여자 역시 클리토리스(음핵)의 혈류가 나빠져 오르가즘을 잘 느끼지 못하게 되는 경우가 많다. 그 외에도 담배는 여러 가지 성인병의 원인이 되므로 금연하는 것이 가장 좋다. 흡연의 미덕은 심리적인 안정감이라고 말하지만 기실 그것은 어떤 것에 의존하는 '중독'에 다름 아니다. 아무리 좋은 것이라도 의존해서는 건강하지 않다. 의존은 어떤 것도 좋지 않다.

'절주' 또한 중요하다. 얼마 전 포털 사이트에 오른 기사를 보니 우리나라는 술을 정말 '과하게' 마시는 나라다. 15세 이상 남녀를 대상으로 한 것인데도, 10명 중 4명은 지나치게 많이 마신다는 것이다. 한두 잔 정도의 술은(잔 크기가 문제이긴 하지만) 사람을 약간 뻔뻔하게 하고 용기가 나게 해서 최음제 역할을 하기도 하지만 다량의 술은 마취제 역할을 한다. 그래서 술을 많이 마시게 되면 발기도 잘 안 되고 사정도 어려워지는 것이다. 또 술을 자주 많이 마시게 되면 고환이 망가진다고 하니 술은 소량 그저 기분이 좋아질 정도로만 마시는 것이 좋다. 만일 자신이 주량을 조절하기 어려운 사람이라면 차라리 안 마시는 것이 성건강에 도움이 된다.

중년남자는 자신이 자주 짜증이 나고 어지럽고 무기력해진다면 병원에 가서 피검사를 통해 남성호르몬인 테스토스테론 수치를 검사해볼 필요가 있다. 테스토스테론은 성욕을 부추기는 호르몬이며, 고환과 음경의 발달, 음모, 체모, 목소리, 근골격계와 심혈관계의 발달에 관여하는, 남자를 남자답게 살아가게 하는 중요한 역할을 하는 호르몬이다. 남자는 30대 이후 매년 1~2퍼센트씩 남성호르몬이 감소하여 60세 이상 남자의 20퍼센트, 70세 이상의 남자 30퍼센트는 정상치보다 낮아진다.

이 테스토스테론의 수치가 낮아지면 성욕이나 발기력의 저하, 인지기능과 지적 능력의 저하를 가져오며 특별하게 원인이 없는데도 불안하고 초조해지거나, 수면장애 및 우울증의 원인이 되기도 한다. 또 기력이 떨어지거나 무력감을 느끼며 빈혈이 발생하고 체모가 감소되며, 근육량이 줄어들고 근력이 약해지며 복부지방이 증가하고, 골다공증 및 골절 위험이 생기고 동맥경화 및 혈관계가 약화되는 증상이 나타난다. 그러므로 만약 수치가 너무 낮으면 보충요법을 전문의와 상의해볼 수 있을 것이다. 호르몬 보충요법을 받으면 성욕이 높아지고 활력이 생기며 젊어 보이는 등의 효과가 나타나는 것이 사실이다. 또 붉은색 동물성 고기를 먹는 것도 남성호르몬 수치 향상에는 도움이 되는 듯하다.

이외에도 가능하면 규칙적인 생활을 해 잠을 잘 자도록 하는 것이 도움이 된다. 수면이 부족하면 남성호르몬이 잘 분비되지 않아 발기 횟수가 줄 수도 있다. 또 경쟁이 심한 현대사회에서 스트레스를 안 받을 수는 없겠지만 가급적 긍정적인 생각으로 스트레스를 덜 받아야 한다. 과도한 스트레스, 불안, 우울감, 죄의식, 열등감은 남자의 심인성 발기부전을 가져온다. 어느 날 갑자기 발기가 잘 안 되거나 성욕이 안 생기는 것을 느끼면 자신감을 잃게 되기 쉬운데, '그럴 수도 있지, 내가 오늘 피곤했나보다.' 하고 대범하게 생각하는 것도 좋은 방법이다. 거리가 가깝지는 않아도 성기와 뇌는 무척 친밀해서 서로의 생각을 잘 읽는다는 것을 유념하자.

몸과 마음은 하나다. '나는 생각한다 고로 존재한다'는 데카르트의 서양 철학 덕분에 우리는 몸과 마음을 동물적인 것과 이성적인 것으로 분류하게 되었지만 몸과 마음은 절대 분리할 수 없다. 몸의 건강은 운동과 식이요법, 흡연과 절주로 챙기고, 마음의 건강은 대화와 사소하게 사랑을 표현하는 방법 등을 통해 파트너와의 친밀감으로 향상시켜 뜨거운 사랑을 다시 회복하기를 바란다.

Sex Life
부부가 함께 오르는
행복한 성

성공적인 결혼은 늘 똑같은 사람과
여러 번 사랑에 빠지는 것을 필요로 한다.
— 미뇽 맥래플린

결혼, 사랑의 완성인가
무덤인가

2009년, 세계성학회가 스웨덴에서 개최되었다. 스웨덴 학회에서 나는 결혼에 대한 연구로 유명한 미국의 유대계 심리학자 데이비드 슈나츠 박사 부부의 워크숍에 참가했다. 깊고 관대한 눈빛을 가진 데이비드 슈나츠 박사는 아주 지성적인데다 귀엽기까지 한 그의 아내와 결혼에 대한 공동 워크숍을 진행했다.

남편인 데이비드 슈나츠 박사가 강의할 때는 그의 부인이 바닥에 앉거나 벽에 기대어 그의 강의를 경청하고, 때로 그녀의 의견을 묻는 박사의 질문에 재치 있게 대답했다. 그리고 아내가 강의할 때도 같은 상황이 연출되었다. 데이비드 슈나츠 박사는 결혼을 '십자가 길'에 비유해 설명했다. 어차피 누구의 결혼이든 열정의 콩깍지가 벗겨지고 일상이 되면 잘 운영하고 유지하기가 쉽지 않다는 것이다. 그래서 결혼이란 자기가 선택한 십자가를 지고 언덕을 오르고 그 십자가에 박혀 죽는 고난의 길이라는 것이다.

그러므로 다른 십자가가 혹시 더 가벼울까 기웃거리지 말고, 자신의 십자가에 감사하고 더 익숙해지도록 애쓰라는 이야기다. 사람들은 내가 진 십자가 말고 다른 십자가가 가벼워 보여 내 것을 버리고 새것을 선택하기도 하지만 그 십자가 역시 만만하지 않고, 심지어 더 무거울 수도 있다는 농담을 섞어가며 말이다.

데이비드 슈나츠 부부 역시 재혼부부다. 그 역시 십자가를 바꾼 사람이기는 한데, 지금 현재는 십자가 바꾸기에 성공한 듯 보이는 것이 다행한 일이다. 새로운 십자가를 선택하고 그 결혼에 다시 익숙해지기까지의 내공이 만만치 않았을 것이다. 그의 결혼에 대한 이야기도 무척 공감 가는 것이었지만 워크숍 내내 내 마음을 강력하게 움직인 것은 그의 아내를 바라보는 데이비드 슈나츠 박사의 눈빛이었다. 그 눈빛은 부드러운 열정이 살아 있는 듯했고, 존중과 배려, 그리고 무엇보다 파트너에 대한 신뢰가 들어있는 그야말로 완벽한 동반자의 그것이었기 때문이다.

서로의 인생과 상처를 이해하고 동의하며, 같은 미래를 바라보며 함께 가고자 하는 동반자로서의 그의 눈빛은 오래도록 내 마음에 남았다. 인생은 혼자서도 둘이서도 살 수 있지만, 끝까지 당신과 인생길을 같이 가겠노라는, 곁에 있겠다는 동반자를 만나는 것만큼 더 감사한 일이 있을까? 그런 동반자와 남은 인생을 같이할 수 있다면 인생을 마치는 날, 이번 인생은 정말 멋진 것이었다고, 심지어 아주 많이 남긴 인생이었다고 말할 수 있으리라.

몇 년 전, 한 아름다운 젊은 여배우가 암으로 세상을 떠났다. 아직도 젊고 재능까지 넘치는 그녀를 떠나보내는 많은 사람들이 가슴 아파했지만, 정작 우리의 마음을 감동시킨 것은 그녀와 그녀의 연인, 두 사람의 사랑이었다. 하도 사랑을, 약속을 가볍게 여기는 세상이라 그들의 사랑은 무엇보다 값지고 눈시울이 뜨거워지는 소중한 것이라 느껴졌다.

사랑하는 연인의 마지막 날을 예감한 남자는 그녀에게 청혼을 하고, 그녀가 세상을 떠나기 며칠 전 혼자 혼인신고를 마쳤다고 했다. 그녀가 떠난 후 남자는 말한다. 그녀가 떠날 것을 알고도 혼인신고를 한 이유는 자신의 호적에 그녀를 올려 가는 길을 외롭지 않게 해주려는 뜻이었다고. "그녀가 혼인신고조차 없이 세상을 떠나면 그야말로 남남이 되는 것이어서 저승에서라도 부부로 만나고 싶은 마음이었다. 내가 지금까지도 그녀를 지켜왔는데, 앞으로 가는 길도 나의 아내로서 외롭지 않게 하고 싶었다. 그것은 그녀에게 주는 나의 마지막 선물이다."

그의 말 한마디 한마디에 그녀를 향한 절절한 사랑이 흐른다. 세상을 생명을 가지고 살아갈 때도 필요한 것이 사랑이지만 떠날 때 필요한 것도 사랑이구나 하는 각성이 다시 마음을 때렸다. 그녀를 향한 그의 마음이야말로 사랑하는 이를 위한 진정한 동반자의 그것이 아니고 무엇이겠는가!

우리는 흔히 결혼이 사랑의 무덤이라고 이야기한다. 하지만 진실로 들여다보면 결혼이야말로 진정한 사랑의 마음을 가지고 성장할 수 있는 축복의 과정이다. 처음 만나 사랑에 빠졌을 때의 그런 뜨겁고 아슬아슬한 느낌은 지속될 수 없지만, 나의 배우자를 믿고 그에게 의지해 이 세상을 좀더 다정하고 따뜻하게 살아갈 수 있는 방법이 결혼이다. 비록 심리학자 레빈은 "결혼만큼 사람을 성장시키는 과정이 없다"고 말할 정도로 결혼 안에서 파트너를 변함없이 사랑하기는 쉽지 않지만, 그 어려운 과정을 거치다 보면 서로에게 동화되고 눈빛만 마주봐도 파트너가 무슨 감정인지, 행복한지 불편한지를 알아차릴 수 있는 공감의 경지에 이르는 것이다.

나는 가르치는 대학에서 학생들에게 부모들의 결혼을 탐색하는 인터뷰를 과제로 내주곤 한다. '왜 그 배우자와 결혼했는가, 왜 그때 결혼했는가?

배우자의 어떤 면이 좋았는가? 결혼은 나의 인생에 어떤 도움을 주었는가? 앞으로 당신은 어떻게 결혼생활을 이끌고 싶은가?' 등의 질문으로 구성된 인터뷰를 하고 나면 학생들은 자신의 부모들을 한 여자와 남자로, 그리고 결혼을 그들이 이루는 삶으로 이해하게 된다. 그리고 여기서 기대하지 않았던 성과는 부모들이 자신의 결혼에 대해 돌아보고 부부에 대해 생각해볼 기회를 갖게 된다는 것이었다.

그때 많은 인터뷰 글을 읽었지만 절대로 잊히지 않는 한 어머니이자 아내의 글이 있다. "결혼이 내게 행복만을 가져다준 것도 아니고 나와 그가 미처 성숙하지 못해 어려움이 많았지만, 나는 앞으로도 그의 인생에서 떠나지 않을 것이며, 내 인생에서 그를 떠나보내지도 않겠다."

그를 떠나지도, 떠나보내지도 않고 그와 함께 끝까지 가겠다고 맹세하는, 진정한 사랑을 작정하는 것이 바로 결혼이다.

성공적인 결혼을 위한 9가지 팁

1. 부부관계는 부부 중심이어야 할 것.
2. 공동의 취미나 관심분야가 있어야 할 것.
3. 주기적으로 둘만의 시간을 가질 것.
4. 파트너를 있는 그대로 인정할 것.
5. 파트너를 존중할 것, 어떤 경우에도 막말을 하지 말 것, 호칭도 주의할 것.
6. 가정이 자존감의 근원이라는 사실을 잊지 말 것.
7. 잘못된 선입관이나 고정관념을 버릴 것.
8. 수많은 위기와 장애물을 예상할 것, 철저하게 배우자의 든든한 보호막이 될 것.
9. 스스로 좋은 사람이 될 것.

부부관계를 단숨에
회복시키는 섹스의 힘

지난여름, 상담실 문을 열고 냉랭한 표정의 젊은 부부가 들어왔다. "섹스리스로 2년을 지냈습니다. 저는 아무 문제 없는데 아내가 섹스를 거부합니다. 마음이 없는 섹스를 하고 싶지 않다는 거예요. 부부상담도 여러 차례 받아봤지만 효과가 없고, 이번이 마지막이라고 생각하고 왔습니다. 이번에도 안 되면 헤어질 수밖에 없을 것 같아요."

이번이 마지막이라는 부부의 상담이 시작되었다. 그 부부는 회사에서 만난 지 몇 개월 만에 결혼을 한, 서로에 대해 잘 알지 못한 채 결혼생활을 시작한 부부였다. 외향적이고 자신 있는 아내에 비해 남편은 내성적이고 소극적인 사람이었다. 남에게 너무 신경을 쓰는 나머지 친구와의 만남이 아내와의 약속보다 항상 우선인 전형적인 한국의 남편이라고 할까? 남편은 너무 주장이 강한 아내가 부담스럽고 아내는 늘 수동적이고 남에게 끌려다니는 우유부단한 남편이 못마땅했다. 그러다 보니 시댁문제며 승진 문제며 여러 가지가 얽혀 다툼이 시작되었다.

　그래서 별거를 하다가 태어난 딸아이를 생각해 다시 재결합해 처음 몇 번을 시도해보다가 지금은 아예 섹스를 안 하고 산 지 2년째라는 것이다. 이렇게 계속 살 수는 없다는 주장에 남편은 또 끌려온 것 같았다. 외적으로 드러난 그들의 문제점은 그러했지만 실상 속 내용은 결국 소통의 문제였다. 섹스도 대화도 없는 소통의 부재는 그들 부부관계를 점점 메마르게 했다.

　게다가 남편은 직업상 성접대를 많이 받는 사람이고 그래서 서비스 받는 섹스에 익숙해져 있었다. 여자를 위해 뭔가를 하기보다는 자신이 받는 데 더 익숙해져 있는 것이다. 게다가 아내와의 첫 섹스는 그녀가 '너무나 적극적이어서' 당황했던 느낌이 강하게 남아 있었는데, 그것이 결혼생활 속에서 아내의 강한 성격에 더욱 강화되었던 것이다. 아내는 남편의 성의 없는 섹스가 마음에 들지 않았고 매사에 맺고 끊음이 없어 보이는 남편의 생활태도에 대한 실망과 맞물려 섹스는커녕 대화조차 하기 싫게 되었다고 불평했다.

　각각의 상담에선 서로 이상형도 다르고 성격도 너무 다르다고 불평을 하고, 함께 상담하는 자리에선 여지없이 설전으로 이어지던 부부는 성상담과 교육이 진행되면서 달라져갔다. 다행히 신체적인 문제가 원인은 아니었기에 서로의 다른 성, 몸과 마음에 대한 이해를 돕기 위해 성교육을 받고, 일방적으로 통보하던 방식에서 자신의 마음을 전달하는 대화법을 배우며, 성감대를 찾고 터치를 연습했다.

　상담을 마칠 즈음엔 부부가 환하게 웃으며 서로의 손을 잡고 다정하게 걸어나갔다. 이 부부는 그해 여름휴가에 괌으로 여행을 간다고 연락을 해왔다. 두 번째 신혼여행이라며 행복해하는 그들 모습을 보며 나 역시 '관계회복에서의 섹스의 파워풀한 효과에 놀라게 되었다. 몸이 멀어지면 마음이 멀어지고 마음이 멀어지면 몸이 멀어진다는 속담은 결국 몸이 가까워지면 마음도 가까워지고 마음이 가까워지면 몸도 가까워진다는 말이다. 그래서 부부는 규칙적으로 섹스를 해야 한다.

출산으로 한번 늘어난 질 근육은 어쩔 수 없다?

No. 아이를 낳고 질이 헐렁해졌다고 걱정하는 여자들이 많다. 이는 질이 넓어졌다기보다 질 내벽 근육이 출산으로 인해 탄력성을 잃었다고 하는 것이 옳다. 무거운 것을 드는 것을 피하거나 아래에 힘을 주지 않고 운동을 한다면 탄력성은 금방 돌아온다. 나이가 들면 얼굴의 탄력이 떨어지듯이 질 근육의 탄력도 줄어들게 마련이다. 일명 '이쁜이 수술'이라고 하는 회음부 성형수술이 있지만 나는 추천하지 않는다. 피부를 물리적으로 접어놨으니 질액이 덜 나와 성교통이 올 수도 있다. 게다가 시간이 지나면 수술했다고 해도 다시 늘어지게 마련이다. 질 내벽의 탄력성 회복을 위해서는 케겔운동을 하면 좋은 효과를 볼 수 있다.

부부가 섹스를 계속해야 하는 이유

'검은 머리 파뿌리 되도록……'이라는 주례사가 무색해진 지 오래다. 세계적으로 부부들이 한 번 결혼을 해서 함께 늙어가고, 죽음으로 헤어질 때까지 결혼을 유지하는 비율은 점점 낮아만 간다. 이러한 추세가 급속도로 진행중인 우리나라는 미국, 스웨덴을 이어 세 번째로 이혼을 많이 하는 나라라고도 한다. 연구에 따르면 사람의 평균연령이 70세가 넘으면 평균 두어 번의 이혼과 재혼을 경험하게 된다고 하나, 현대과학의 발전으로 평균수명이 연장되는 것이 단순한 인생을 살기 어렵게 한다는 점에서 보면 그리 좋은 일만은 아닌 것 같다.

결혼한 사람들에게 결혼 이유를 물으면, '적령기가 되어서', '남들이 다 하니까'라는 대답을 가장 많이 한다. 배우자를 고른 기준은 '부모에게 착한 며느리가 되어줄 것 같아서', '아이를 잘 키울 것 같아서', '내조를 잘할 것 같아서' 등이다. 즉 사랑의 대상이 아닌 역할로서의 대상을 선택했다는 대답이 가장 많은 것을 보면 백년해로를 못하는 이유가 정작 애초부터 '강력한 끌림'의 파트너가 아니라서, 혹은 성적으로 사랑하고 싶은 매력의 소유자와 결혼한 게 아니어서인지도 모르겠다.

커플이 파경에 이르는 이유도 크게 다르지 않다. 사실 초창기에는 매력적이었더라도 살다 보면 서로에게 너무나 익숙해져서 더 이상 '끌림'의 대상이 되지 못할 수도 있고, 또 무엇보다 자신에게 맞는 사람을 알아보는 안목과 경험의 부족, 합의를 도출하지 못하고 힘겨루기로 가정의 평화를 이어가는 미숙한 협상능력이 오래도록 결혼을 유지하지 못하는 이유이기도 할 것이다. 로라 벳직은 이혼에 대해 비교문화적으로 분석한 진화인류학자인데, 그의 연구에 따르면 커플이 파경에 이르는 데는 배우자의 간통과 불임이 가장 큰 원인이며, 그다음이 성관계 거부, 배우자의 잔인함과 무시, 학대라 한다.

인간이 생물이고 생물의 궁극적인 목적이 생식, 종족 보전이라는 점에서 볼 때, 배우자의 간통과 불임이 파경의 원인이 된다는 것은 무척 설득력이 있다. 그런데 여기서 남편보다는 아내의 간통이 파경에 미치는 영향이 더 크고, 또 남편이 불임일 때보다 아내가 불임일 때 이혼하는 사회가 더 많았다는 점을 보면 어느 사안에서나 생식에 관련된 부분에서는 남자보다 여자에게 더 책임을 묻는 이중잣대의 기준을 보여준다 하겠다.

그리고 파경에 이르는 그다음 원인으로 제시된 부부간 섹스 거부는, 특히 아내의 섹스 거부는 배우자를 갈아치우는 아주 중요한 방법이라 말한다. 남편과의 신체적인 접촉 자체를 거부하고 성적으로 무관심하고 냉담하게 변하는 것, 남편이 자기 몸에 손대지 못하게 하는 것, 성관계 요구를 거절하는 것 등이 주로 여자에 의해 일어나는 거부방법이다.

이렇게 아내에게 섹스를 번번이 거부당하다 보면 대개의 남편은 처음엔 어떻게든 해결방법을 찾아보려 하겠지만, 그것도 받아들여지지 않는다면, 더 이상 배우자로서의 의무를 이행하고 싶지 않아진다고 한다. 그렇게 되면 남편들은 바깥에서 대안을 찾을 수도 있다. 우리나라에선 이게 얼마나 쉬운가! 그래서 남편들에게 섹스를 거부하는 것은 그들을 외도로 내모는 것과 다름없다고 성전문가들은 말하곤 한다.

허나 그런 아내들로서도 할 말이 없진 않다. 특히 여자의 성에 보수적인 우리 사회에서는 여자들이 성을 즐길 정도로 정보가 제공되지도 않고, 성감 개발 등 감각을 개발해 섹스를 좋아할 만하게 기회가 주어지지도 않는다. 그래서 실제 섹스를 통해 자신의 성감을 개발하고 자신의 호불호를 깨달아가는 일조차 우리 사회 여자들에게는 꽤 무리한 일이다. 남자들과 다른 여자들의 성심리상 여자들은 낯선 파트너보다 익숙한 파트너와의 섹스에서 오르가즘을 포함한 성적 만족을 더 많이 느낀다.

또 여자는 몸의 문제보다 마음의 문제가 생겼을 때 섹스를 거부하는 일이 더 많다는 것을 남자들이 좀 안다면 아내와의 원활한 정서적 관계에 더욱 많은 투자를 할 것이라 생각된다. 파트너를 사랑한다면, 섹스할 때마다 아프다 하더라도 그 아픔조차 감수하고 파트너가 원하는 대로 해주려는 게 여자다. 여자가 섹스를 하고 싶지 않아하고, 심지어 거부할 때는 파트너와의 관계, 특히 정서적인 관계 맺기에 문제가 생긴 경우가 훨씬 많다. 즉 파트너가 밉거나 원망스럽거나 싫어진 경우다. 또 새로운 사랑이 생겼을 때도 그렇다. 그래서 애인이 생긴 아내는 남편과의 잠자리를 거부하는 경우가 많다.

이렇게 자신의 마음을 새로 차지한 사람이 생긴 경우가 아니고, 남편을 갈아치울 생각까지는 아니었어도 어느새 이렇게 냉담해진 자신의 모습을 투영해보는 아내들이 적지 않을 것이라 생각된다. 그런데 의도적으로 그러는 것이 아니라면 문제를 해결해야 한다. 왜 남편과의 섹스가 싫어졌는지, 자신이 성적으로 냉담하고 무관심해진 이유가 무엇인지, 갈등이 있다면 그 원인이 무엇인지, 그것도 아니라면 몸에 무슨 문제가 생겼는지 전문가의 도움을 받을 일이다.

여자는 대화가 없어지면 둘 사이에 사랑이 없어졌다고 생각하지만, 남자는 둘 사이에 섹스가 없어지고 그것을 거부당할 때 사랑이 없어졌다고 느낀다. 남자에게 섹스는 사랑의 목표나 사랑으로 가기 위한 과정이 아니라 어쩌면 섹스가 바로 사랑이다. 남자에게 사랑과 섹스의 거리가 그리 멀지 않다는 뜻이기도 하다. 그러므로 남편에게 섹스를 빼앗는 것은 아내에게 사랑을 빼앗는 것만큼이나 결국 이별을 부르는 전주곡이라 하지 않을 수 없다.

섹스가 정말 힘들어서
안 하는 걸까

"회사일이다 뭐다 너무 피곤해서 섹스는 생각도 못하죠. 지쳐서 퇴근해보면 아내는 아이들방에서 자고 있고. 저는 그게 고맙죠. 이렇게 피곤하고 지치는데 섹스까지 봉사해야 한다고 생각하면, 제가 무슨 쉿덩인가요?"

"일주일에 한 번이 뭐예요? 한 달에 두어 번이나 마지못해 하는 거죠. 그것도 사실은 전혀 섹스가 없어지면 바람이 날까봐 예방 차원이에요."

"잘 시간도 없는데 섹스를요? 섹스하고 나면 다음날이 힘들어져서요."

섹스를 몇 번이나 하는지를 물으면 대충 위와 같은 대답이 나온다. 한마디로 힘들어서 못하겠다는 것이다. 음, 뭐 사회가 복잡해지고 여전히 술문화가 관계를 맺는 데 중요한 방식이 되는 우리 사회에서 이해가 전혀 안가는 것은 아니지만, 곧 이런 의구심이 생긴다. '아니 얼마나 오랜 시간을, 얼마나 열정적으로 하기에 힘들어서 못하겠다는 걸까?' 그래서 다시 질문을 한다.

"실례지만 얼마나 오래 하시는지요? 한 시간 이상은 하시나봐요?"

"어이구, 한 시간은요. 10분에서 20분? 하하."

이렇게 어정쩡한 웃음이 오간다. 그 정도의 시간 동안 몸을 움직이는 것이 그리 힘들다는 이유가 무얼까? 6분 정도 섹스를 하는 데 소요되는 열량은 대략 21킬로칼로리 정도라고 한다. 물론 얼마나 적극적으로 하느냐에 따라 30분 섹스가 150~250킬로칼로리, 최고 350킬로칼로리까지 소모하게 한다고 《궁극적인 섹스 다이어트The ultimate sex diet》의 저자 케리 멕클로스키는 말했지만, 1983년 남자의 열량 소비만을 다루어 섹스를 통한 에너지 소비량을 과학적으로 측정한 연구에 따르면 21킬로칼로리다. 이는 6분간 걷기 운동을 하는 수준이다.

그렇다면 솔직하게 말해서, 부부들이 섹스를 힘들어하는 이유는 '몸이 힘들어서'가 아니라 '재미가 없어서'가 정답 아닐까? 섹스를 의무방어전으로, 서로에 대한 일방적인 봉사로 하기 때문에 재미없고 힘들기만 하지 않은가? 자신들의 연애시절 혹은 신혼시절로 돌아가보자. 우스개이야기가 있다. 신혼시절에 한 번 섹스할 때마다 병에 콩을 집어넣으면, 3년 후부터 죽을 때까지 섹스할 때마다 콩을 빼내어도 그 콩을 다 못 뺀다는.

그런데 요즘은 신혼시절에도 그렇게 섹스를 즐기지 않았다는 사람들을 적지 않게 만나곤 한다. 그 이유는 아마도 섹스에 대한 지나치게 과장되고 왜곡된 정보가 넘치기 때문에 기대 수준이 높아진 데다, 실제 자신들의 섹스는 즐겁기보다 힘만 드는 노동이라고 느끼기 때문이 아닐까 한다. 또 그들이 섹스보다 더 재미있게 빠질 만한 취미활동거리들이 많이 있기 때문이기도 하겠다.

어쨌든 처음 섹스를 시작할 때를 생각해보면 파트너와 손이 닿는 것만으로도, 아니 파트너의 몸을 생각하는 것만으로도 짜릿한 느낌이 들었던 것을 떠올리게 된다. 사랑하는 연인과 처음 입술을 맞대던 날 내 귀까지 들려오던 가슴 뛰는 소리, 그의 손이 처음 가슴을 만졌을 때 세상이 아득해지던 기억, 뜨거운 그의 입술이 목을 따라 내리며 애무할 때의 그 머리 끝까지 전해지던 전율, 그리고 첫 섹스.

섹스가 멋지면 자꾸 하고 싶어진다. 그런데 그 섹스에 대한 기억이 그다지 좋지 않으면 당연히 다시 한다는 것이 고역이다. 결국 섹스가 재미있고 그 감각과 만족이 좋으면 다시, 계속, 그리고 자주 하게 된다는 이야기다. 섹스는 혼자 하는 일방적인 서비스나 노역이 아니다. 섹스는 그야말로 서로의 사랑을 전달하는 사랑의 표현이자 강력한 확인이며, 즐거운 놀이다.

섹스를 하려면 체력이 필요하다?

No. 섹스리스 부부 중에는 '체력이 달려', '힘들어서' 섹스 못한다는 사람들도 많다. 그러나 섹스 시 소모되는 열량은 21킬로칼로리에 불과하다. 5~6분 걸어다닌 정도의 칼로리 소비다. 섹스를 하면 체력 소모보다는 건강해진다는 관념을 가져보자. 만족스러운 섹스는 혈액순환에 좋고 숙면을 취하는 데도 좋지 않은가.

결혼 후
자위행위

예전과 달리 지금은 자위행위에 대해 그렇게 부정적이지는 않지만, 그렇다고 자유롭게 받아들이는 것 같지도 않다. 또 청소년의 자위행위에는 좀 더 너그러워졌어도 결혼한 남자나 여자들이 하는 자위행위에 대해서는 자연스러운 행위라고 생각하기보다는 어떤 결핍에서 나오는 행위라고 생각하는 것 같다. 그래서 자신의 남편이나 아내가 자위행위하는 것을 보았거나 알게 되었을 때 '내가 성적으로 매력이 없어져서 자위행위를 하는 건가?', '나와 하는 성행위가 만족스럽지 않은가?' 혹은 나의 배우자가 '성을 밝히는 사람이었나?'라고 생각하며 충격을 받고 상담을 해오는 사람이 적지 않다.

하지만 남편들이 꼭 아내와의 섹스가 재미없어서 자위행위를 하는 건 아니다. 결혼 전까지 길게는 몇 십 년 동안 혼자 하는 자위행위의 감각에 익숙해져 있고, 가끔은 그냥 쉽게 그 감각을 느껴보고 싶어서 자위행위를 계속하는 경우가 많다. 그러므로 배우자의 자위행위에 대해 지나치게 민감할 필요 없이 그저 모른 척 넘어가주면 좋을 것이다.

보다 적극적인 방법으로는 배우자의 자위행위를 도와주는 방법이 있다. 외국의 성치료사들은 부부간의 더 멋진 섹스를 위해 파트너에게 자위행위하는 모습을 보여주라고 종용하기도 한다. 파트너가 자위행위하는 모습을 보면 더 흥분하게 되고 또 파트너가 애무받기를 원하는 신체부위와 접촉의 강도 및 방법을 알게 되어 섹스의 질을 높일 수 있다는 것이다. 특히 여자의 자위행위를 보는 것을 성적 판타지로 가진 남자들도 적지 않다.

섹스리스나 오르가즘 장애를 가지고 있거나 한 경우에도 어김없이 자위행위는 치료법으로 제시된다. 이런 방법을 이야기하면 대개의 부부가 '자위행위를 한다는 것도 부끄러운데, 어찌 배우자에게 그런 모습을 보이느냐'며 민망해한다. 하지만 부부간의, 사랑하는 연인 간의 섹스는 부끄러움 없이 모두 솔직하게 드러낼 수 있어야 서로에게 더 몰입할 수 있다. 이미 섹스를 하기로 했다는 것은 모든 것을 벗고 서로를 누리고 나누도록 허락하고 동의한 것이 아닌가? 자신이 만져지기를 원하는 곳을 가르쳐주고, 파트너의 그런 곳을 알려 하고 만족시켜주며, 또 자신의 흥분하고 만족하는 모습을 자연스레 꾸밈없이 보여줄 때 사랑의 표현은 더 친밀해지고 섹스는 업그레이드된다.

자위행위에서 느끼는 만족감과 사람과의 성행위에서 느끼는 그것 중 어느 쪽이 더 자극적이냐고 질문한다면, 대부분이 감각만으로 본다면 단연 자위행위에서 느끼는 감각이 더 만족스럽다고 대답한다. 그 이유는 자위행위는 혼자서 원하는 데까지 자극을 가질 수 있기 때문이고, 파트너의 만족이나 배려에 신경 쓰지 않아도 되는 행위여서 그렇다. 그래서 혼자 해결하는 자위 중독증에 빠지게 되면 다시 사람과의 관계에서 만족을 얻게 하기 위해서는 배우자와 함께 몇 배의 노력을 해야 한다.

그런데 이런 남자의 자위행위와 달리 결혼한 여자의 자위행위는 사실 성적 만족의 결핍에서 나오는 경우가 많다. 결혼한 여자는 성관계가 끝난 후 자위행위를 하는 경우가 많은데, 그것은 남편은 삽입 후 사정하는 것으로 오르가즘을 느꼈더라도 아내는 아직 만족이 안 된 미진한 상태여서 그것을 해결하기 위한 소극적인 대안이기 쉽다.

섹스의 원칙은 'you first'다. 그리고 늘 'you first'여야 한다. 사랑하는 이의 성적인 만족을 위해 아낌없이 노력하고 배려하는 것이야말로 섹스의 미덕이다. 그리고 또 무엇보다 자신의 느낌을 숨기지 않고 마음을 비우고 파트너의 악기가 돼 훌륭한 연주를 할 수 있게 하는 것이 바로 섹스가 사랑의 가장 극진한 표현이라는 말에 다름 아니다.

남편이 항상 섹스에 대해 생각하는 10가지

1. 아내가 남편에게 성적인 관심을 가지면, 남편은 정서적으로 사랑받는다고 느낀다.
2. 남자는 육체적인, 즉 성적인 분출이 필요하다.
3. 남편은 나이가 들수록 더 불안해하고, 더 사랑받지 못한다고 느낀다.
4. 남편은 성관계를 통해 아내와 가까움을 느낀다.
5. 남편은 육체적인 존재다. 남자는 육체적인 방법으로 문제를 잘 해결한다.
6. 남편에게 섹스(멋진 섹스!)는 자유와 진정한 쾌락을 주는 단 한 가지 일이다.
7. 남편은 시각적으로 늘 자극받는다.
8. 남자에게 섹스는 스트레스의 확실한 분출구다.
9. 남편과 아내가 하나의 둥지애로 결합되는 것은 섹스라는 행위를 통해서다.
10. 남편은 아내와 섹스를 나눔으로써 친밀감을 확인한다.

— 케빈 르먼 『남자 이해하기』 중에서

송우
마음과 몸이 열린 섹스가
황홀하다

"신혼에는 남편이 팔베개를 자주 해주었습니다. 남편 팔이 저릴까봐 제가 이제 되었다고 해도 기어이 우겨서 팔베개를 해주곤 했지요. 사실 제가 남편의 팔베개를 좋아하거든요. 그런데 요즘에는 제가 우겨야만 팔베개를 해줍니다. 그리고 이제 제 머리맡에 와 있는 건 남편의 마음 없는 팔뿐인 것 같아요."

얼마 전 '부부관계 회복' 워크숍 때 만난 젊은 부부의 이야기다. "사랑받고 보호받는 기분이어서 반 강권으로 남편의 팔을 끌어온다"는 젊은 아내는 아쉬움이 가득했지만, 젊은 남편은 "팔만 가 있는 것은 사실이지만 그래도 성의는 다하고 있다"며 대꾸해 모두를 웃게 했다. 그리고 그 말을 들은 나이 든 한 아내는 "그래도 팔베개는 해주네. 새댁은 감사하고 살아요"라며 내심 '팔만 와 있는' 그 팔베개마저 부러워하는 듯했다.

사실 오래되어 익숙해진 부부관계에서는 잠잘 때 서로의 살갗을 대고 파트너의 존재감을 잃지 않고 자는 것만으로도 만족해야 할지도 모른다. 하지만 요즘엔 오래된 부부일수록 더 스킨십을 많이 해야 한다고 권한다. 서로의 살갗만 닿아도 가슴이 뛰고 그 손을 잡아채 침대에 뛰어들 열정이 비록 사라졌어도 서로의 따뜻한 온기를 전할 수 있는 스킨십이 계속 유지된다면, 그야말로 열정이라는 콩깍지를 쓰고 사랑에 빠져 있던 섣부름을 뛰어넘어 제정신을 가지고 파트너를 보고 또 그 모습을 인정하는 '성숙한 사랑하기'로 '좋은 결혼과 만남'을 유지할 수 있다.

　그래서인지 나이 든 노부부가 손을 잡고 서로 의지하면서 공원이라도 산책하는 것을 보면 눈시울이 붉어질 정도로 아름답다고 생각한다. 젊어서는 그저 파트너의 성적인 매력에 빠져 격정적인 정복의 섹스를 했다면, 서로를 깊이 알아갈수록 인생의 진정한 동반자로서 살과 마음을 나누는 그야말로 좋은 관계 맺기의 섹스를 해야 한다.

　남자들에게도 '섹스 경험'이나 '섹스파트너 수'를 물어보면 많은 남자들이 '일회적인 섹스', '마음이 담기지 않은 섹스'를 섹스로 생각하지 않고 있음을 알 수 있다. 또 '어떤 섹스가 멋진 섹스인가'라고 물어보면 '전희뿐 아니라 후희가 있는 섹스'라고 답하는 남자가 많아 놀라게 된다. 여자들이 흔히 남자들은 아주 일방적인 섹스를 한다고 불만하고 있음에도 불구하고 말이다.

　또 최근의 한 연구결과를 보면 남자는 외도에서조차 '사랑하지 않으면서 하는 섹스'를 '사랑하면서 하는 섹스'보다 더 나쁜 것으로 보고 죄책감을 느낀다고 했다. 반대로 여자는 외도의 관계에서 파트너와 '섹스'한 것을 두고 그를 정신적으로 '사랑'하기만 했던 것보다 훨씬 큰 죄의식을 느꼈다고 대답했다. 즉 남자도 여자도 사랑하는 마음을 가진 파트너와 섹스하고 싶어하고, 사랑의 표현이 섹스라고 생각하며, 사랑을 표현하고 확인하는 '서로에게 마음을 열어놓은 섹스'를 원한다는 것이다.

나의 몸뿐 아니라 영혼마저 사랑하는 그(그녀)와의 섹스라면 아마도 몸뿐이 아니라 영혼이 교통하는 극도의 황홀감과 충일감을 느낄 수 있을 것이다. 서로에게 마음을 열어놓고 사랑을 계속 느낄 수 있으려면, 그래서 늘 황홀하고 멋진 섹스를 하고 싶다면 평소에 좋은 관계를 유지하는 것이 필요한데, 그러기 위해서는 '잘 듣기', '믿어주기', '지지하기', '불일치 협상하기', '존중하기', '수용하기', '격려하기'가 바로 그 비법이다.

서로에게 마음을 열자. 그 모든 것이 일상 속에 묻힌다 하더라도 파트너는 내가 사랑해서 선택한 바로 그 사람이란 것만은 잊지 말자. 그리고 최선을 다해 몸과 마음을 다하는 사랑을 하고 즐겁게 섹스를 하자.

오르가즘에도
연습이 필요하다

최근 성학회에 새로운 이론이 발표되고 있다. 그것은 여자의 성적인 욕구와 흥분은 자극에 이은 반응이지 남자의 성욕처럼 처음부터 자연스레 일어나는 것이 아니라는 것이다. 그래서 연인을 만났을 때(이때는 시각적인 혹은 심리적인 자극을 받은 것이 된다), 연인이 자신에게 깊이 키스할 때, 혹은 머리카락을 다정히 쓰다듬을 때 여자의 성욕은 급속히 살아난다. 또 여자는 오감 중에 후각이 가장 예민하고 다음으로 촉각, 청각이 예민하다. 그래서 좋은 냄새가 나는 남자에게 여자들은 매력을 느낀다.

물론 여자뿐만 아니라 남자의 성흥분도 자극에서 시작된다. 남자의 성적인 흥분에 가장 긍정적인 영향을 미치는 감각은 오감 중 시각이다. 멋진 여자를 만날 때, 섹시한 옷을 입은 여자를 볼 때, 사랑하는 여자를 생각할 때, 혹은 옷 벗은 여자를 상상하거나 직접 볼 때 자연스러운 성적 충동이 생기는 것도 생각해보면 시각적인 자극(심리적인 시각도 시각이라고 한다면)에서 비롯된 것이다. 성적 흥분은 그 반응 기제인 것이다. 물론 이는 누구에게나 잠재된 아주 본능적인 성욕을 인정하고 난 다음의 이야기다.

또 옹녀나 변강쇠 같은 성적 예민함을 타고난 색욕가가 있는 것 같지만, 사실 성적인 감각은 타고난다기보다 개발되는 것이다. 이 말은 특별한 어느 누구만이 아니라 우리 모두가 다 멋진 섹스를 할 수 있다는 말이다. 개발되기만 한다면 누구든 모든 감각이 깨어나 더욱 멋지게 자극되고 흥분되며 만족할 수 있다.

마치 강물에 던져진 작은 돌이 파문을 일으키고 그 파문이 아주 넓게 번져가는 것처럼 결국 말초신경에서의 자극이 뇌를 통해 온몸으로 퍼지며, 나아가 마음까지 그 즐거움의 파장이 물결치는 것이 섹스의 오르가즘이고 즐거움이다. 그래서 섹스는 경험이 많은 사람이 더 잘 느낀다. 물론 멋진 섹스를 경험했을 때를 말한다. 멋진 섹스를 많이 경험한 사람은 섹스에 대한 기대도 높고 성감도 예민하다. 그뿐 아니라 자신이 어떻게 하면 흥분하고 즐거워하는지 자신의 몸의 반응을 아주 잘 알고 있다.

섹스를 잘하려면 자신의 몸에 대해 전문가가 되어야 하고, 나아가 파트너 몸의 전문가가 되어야 한다. 내 몸 어디가 성감대인지, 나는 어떤 느낌의 애무를 좋아하는지(부드러운 자극인지, 다소 거친 자극인지), 파트너의 몸 어디를 어떻게 만져주면 행복해하는지를 알아야 멋진 섹스를 이끌 수 있다. 수동적인 섹스를 하는 사람은 기쁨도 쾌감도 심지어 오르가즘도 파트너에 따라 좌우되지만, 능동적으로 섹스를 하면 자신뿐 아니라 파트너의 즐거움의 정도까지 조절하며 쾌감을 누릴 수 있다. 이는 단순히 온몸에 퍼져 있는 성감대의 짜릿짜릿한 느낌뿐 아니라 섹스의 절정이라 할 수 있는 오르가즘의 느낌에까지 확산된다.

즉 오르가즘을 느껴본 사람이 쉽게 자주 그리고 강력하게 오르가즘을 느낄 수 있다. 그래서 여자에게 자위행위는 더욱 미덕이 된다. 자위행위를 '좋은 섹스의 연습'이라고 하는 이유가 여기에 있다. 자위행위를 통해 스스로 오르가즘을 느껴본 사람은 그 느낌을 분명하게 알 수 있다. 그리고 어떻게 자신을 자극하면 되는지 알게 된다. 그러면 파트너에게 요구할 수 있고 가르쳐줄 수도 있게 된다.

만일 파트너가 자신의 능동적인 행동에 당황할 거라고 생각된다면 그에게 알리지 않고도(그러나 그에게 알려주는 것이 가장 좋은 방법이다) 자신이 느끼기 좋은 자세로 슬쩍 몸의 자세를 바꾸거나 그의 애무를 자연스레 유도할 수 있게 된다. 그렇게 자신의 몸에 익숙해져야, 또 자신의 몸이 보내는 신호에 익숙해져야 좀 더 능동적인 섹스가 가능해진다.

대다수 남자의 경우는 자위행위를 통해 자신의 성감을 발견하고 그것에 익숙해지고 그것을 개발하게 된다. 그러면서 자신의 성욕에 자연스러워지고 자신의 성적인 정체성을 발견해가기도 한다. 즉 경험을 통해 특정 테크닉에 대한 호불호는 물론 어떻게 하면 자신의 성욕을 해결할 수 있는지에 대한 해결방법을 찾아간다는 것이다. 그러면서 자신의 성적 자기결정권 행사에 익숙해지고 그것을 스스로 관리하고 조절할 수 있게 된다.

그에 비해서 우리 사회는 여자의 성에 유독 보수적이기 때문에 여자는 그런 기회가 거의 없다. 그래서 자신의 성욕에 대해 당황하고, 성감이 어떤지 알지도 못하고 느껴본 적조차 없다. 그래서 여자들은 자신의 성욕에 대해 불안해하고, 자신의 성반응에 대해 무지할 뿐 아니라, 섹스에 있어서 늘 수동적인, 파트너에게 맞춰주는 소극적인 역할만을 하게 된다. 그것은 파트너와 함께하는 섹스라는 행위를 통해 볼 때, 결국 남자와 여자 둘 다 성적 만족도가 낮아지는 결과를 초래한다.

즉 여자들도 자신의 성적인 조건이 어떤지를 느끼고, 깨닫고, 더 멋진 감각을 느낄 수 있도록, 그래서 자신이 성적 행위의 능동적인 주체가 될 수 있도록 성감을 개발할 수 있어야 한다는 것이다.

사실 20년 가까이 성에 대한 공부를 하다 보니, 오히려 성에 있어 남녀가 다르기보다는 기본적으로 똑같구나 하는 생각이 든다. 즉 남녀 모두가 바라는 것은 성 속에서 '즐거움pleasure'을 찾는 것이다. 따라서 여자들이 가지고 있는 소극적이고 수동적인 성의식과 성태도, 혹은 자신의 감각보다는 관계 위주로 하는 성행동은 타고난 자연스러운 것이 아니라, 사회의 성의식에 억압되어 또 그리 학습된 탓에 후천적으로 가지게 된 성의식이며 태도라고 생각되는 것이다.

아무튼 성적인 감각과 흥분, 만족은 개발되는 것이다. 섹스가 혼자 하는 행위가 아닌 이상, 사랑하는 파트너와 말로 표현할 수 없는 벅찬 감정을 전달하고 나누는 기꺼운 행위가 되려면 남자뿐 아니라 여자 또한 자신의 성적인 감각을 개발하고 그것에 자연스레 익숙해지고 즐겁게 느낄 수 있는 기회가 각 개인에게 아무런 죄의식 없이 자연스럽게 주어져야 한다.

멋진 섹스를 하려면, 파트너와 더없는 합일을 느끼고 싶다면, 파트너와 새로운 우주를 만드는 체험을 하고 싶다면, 나아가 자신의 자존과 파트너의 절대적인 존재감을 느끼고 싶다면 자신의 성에 대해 알고, 치열하게 느끼고, 즐겁게 개발할 일이다.

송우

불감증은 없다

"전 아무래도 불감증인가봐요. 남편을 보면 성욕도 생기고 섹스를 하고 싶기도 하고 그런데, 정작 섹스를 하면 별 느낌을 못 받아요."

"남편과 관계를 가질 때 영화에서 본 건 있으니까 소리도 막 내고 그러죠. 그런데 실상은 전 아무런 느낌도 없어요. 사실 소리를 좀 과하게 내고 그러는 건 오래 해봤자 재미도 없고 힘만 드니 남편이 좀 빨리 사정하고 끝냈으면 하는 마음도 있어서예요. 그러면 아무래도 남편이 더 흥분이 되고 빨리 끝내는 것 같거든요. 남들이 다 느낀다는 그 기막힌 감각을 저도 느껴봤으면 좋겠어요."

예나 지금이나 자신은 불감증인 것 같다는 주부들의 상담을 종종 받곤한다. 남편과의 관계를 원하긴 하는데 정작 섹스를 해보면 별로 재미가 없다는 거다. 게다가 그 멋지다는 쾌감도 없으니 몸이 피곤할 때는 고역이 따로 없다고 푸념이다.

불감증이란 말은 '느끼지 못한다'는 말이다. 영화를 보면 어리디 어린 여배우들조차 그야말로 뒤로 넘어갈 듯이 자지러지고 흥분하는데, 그리고 기막힌 오르가즘을 연기하는데, 정작 결혼생활 몇 년이 지나도록 그런 느낌 한번 제대로 받은 적이 없다는 게 그녀들의 불만이고 걱정이다. 그렇다면 자신이 못 느낀다는 말을 파트너에게 해야 문제가 해결될 기미를 보일 것인데, 그러면 '느끼지도 못하는' 매력 없는 둔감녀가 되는 것이 두려워서인지, 혹은 그런 자신에게 실망하고 남편이 다른 여자에게 눈길을 돌리지 않을까 하는 두려움에서인지 영화에서 본 오르가즘 흉내를 내곤 하는 것이다.

여자들이 실제로 오르가즘이나 좋은 느낌을 잘 느끼지도 못하면서 느끼는 척하는 거짓오르가즘은 성생활의 질을 떨어뜨린다. 대개 여자들이 거짓오르가즘을 연기하는 이유는 남자의 자신감을 상하게 하지 않기 위해, 남자를 격려하기 위해, 빨리 끝내게 하려고, 또 자기가 잘 느끼는 여자라고 알리기 위해서다. 그러나 관계에 거짓이 들어가면 자꾸 거짓이 쌓여가고 끝내는 관계가 나빠지는 것처럼 섹스에서도 마찬가지다.

거짓오르가즘을 자꾸 연기하다 보면 여자는 그것에 심취하느라 자신의 성감을 살필 여유를 잃게 되고, 남자에겐 더 잘할 수 있는 기회를 빼앗고 더 잘하려는 노력을 안 하게 만든다. 그래서 어떤 경우에도 거짓오르가즘을 연기하지 말아야 한다. 멋진 느낌을 갖게 되면 좀 더 과장하는 것은 나쁘지 않아도(자기의 신음소리에 흥분이 되는 경우가 많으니까) 전혀 느껴지지 않는데 황홀한 것처럼 연기하는 것은 그야말로 최악의 섹스 태도다.

사실상 불감증이란 말을 이제 성을 연구하는 성과학에서는 사용하지 않는다. 아니 불감증이란 없다는 게 정설화되고 있다. 그도 그럴 것이 감각이란 어느 부분을 만져도 느껴지는 아주 기본적인 느낌이다. 특히 성감은 가장 말초적인 부분인 눈, 손, 가슴, 성기 등에서 시작되지만 그 느낌은 결국 중앙통제센터인 뇌를 거쳐 감각으로 느끼고 인식되며 온몸으로 퍼져나가기도 하는 것이다. 사실 직접 어딘가를 만지는 터치뿐 아니라 보고 듣고 맛보는 사소한 감각 모두에서 성감이 비롯되기도 한다.

어쨌든 터치에서 비롯되는 성감은 피부의 감각이 살아 있는 한 느껴지는 것이며, 만져지고 쓰다듬고 하는 어떤 느낌이든 느껴지는 한 불감이란 있을 수 없다. 실제로 터치로 인해 아무 감각도 못 느끼는 경우가 있다고 하나 그것은 수백만의 일 정도에 불과한 그야말로 기능 이상인 경우다. 그러니 느껴지긴 느껴지되 자신의 기대에 못 미치거나 혹은 성감각 자체를 아예 모르기 때문에 불감이라고 느끼는 경우가 많다는 것이다. 이때 문제는 먼저 파트너의 터치가 적절한 압력을 가진 터치이냐가 중요하다.

언젠가 모 방송에 나갔을 때 그 진행자가 자신의 쿠인은 간지럼을 너무 많이 타서 애무를 하기는커녕 손도 못 대게 한다며 이를 어떻게 해결할 수 있는지 질문해왔다. 그런데 이런 질문은 그 말고도 꽤 많은 남자들이 물어오는 내용이다. 파트너의 터치를 쾌감으로 느끼려면 그 터치의 압력이 적절해야 한다. 너무 가벼우면 간지럽고, 너무 무거우면 아픈 게 당연하다.

그런데 문제는 어떤 압력의 터치를 자신의 파트너가 좋아하느냐의 문제다. 답은 물어보고 살펴봐야 한다. 그래서 좀 가볍게도 해보고 좀 무겁게도 해보면서 파트너가 좋아하는 터치의 정도를 익혀가는 게 중요하다. 그래서 성은 익숙해질수록 지루해지기도 하지만, 파트너에 대해 잘 알기 때문에 모르는 이와 섹스하는 것보다 훨씬 만족에 이르기가 쉬워진다. 파트너가 어떤 터치를 좋아하는지, 어떤 부위의 애무를 좋아하는지 알게 되면 그야말로 '지피지기 백전백승(知彼知己 百戰百勝)'의 상황이 되는 것이다.

여자들은 때론 강하게, 때론 부드럽게 만져지기를 원한다. 하지만 대개 최대한 부드럽게 터치하는 것이 여자를 흥분시키는 방법이다. 그래서 서양에서는 스킨십에 대해 배울 때 무조건 'tenderly', 'gently'를 가르친다. 여자는 맥주거품처럼 살살 부드럽게, 조심스럽게 다루어야 한다는 것이다. 그래서 키스는 '솜털이 스치듯 부드럽게, 만지는 것도 아프지 않게 부드럽게'가 기본이다. 이러한 터치는 어릴 때부터 부모와의 스킨십을 통해 배워가는 것이 맞는데, 우리나라 부모는 아이들을 그렇게 자주 만져주고 껴안아주지 않는다.

섹스를 할 때 더욱 부드럽게 하기 위해 손가락보다 입술이나 혀를 사용해 애무하는 것도 좋은 방법이다. 또 당사자인 여자로서도 성감을 느끼기 위해 자신의 감각을 개발하는 것이 필요하다. 자신이 불감인 것 같다는 여자 내담자들에게 자신의 몸을 만져보고 자위행위를 해보라고 권하면 아주 난감한 기색이 역력하다. 자신의 몸을 그런 식으로 만지는 것이 익숙하지 않기 때문이다.

사실 성감을 못 느끼는 이유는 자신이 어떤 느낌의 터치를 좋아하는지도 모르고 자신의 느낌이 어떤 것인지 잘 모르기 때문이기도 하다. 즉 남편과 관계를 맺을 때 분명 어떤 느낌이 있긴 있는데 그게 좋은 느낌인지 아닌지를 도무지 모르겠다는 것이다. 또 좋긴 좋은데 이게 남들이 말하는 오르가즘의 그 황홀한 느낌인지도 모르기 때문에 자신이 느꼈는지 안 느꼈는지도 모르는 게 사실이다.

자신의 성감을 개발하려면 자신의 어떤 부분이 예민한지, 자신의 몸 어느 한 부분을 만졌을 때 어떤 쾌감인지에 집중해 느껴보고 그 느낌을 기억해두는 것이 필요하다. 물론 자주 느끼게 되면 일부러 기억할 필요 없이 저절로 알게 될 테니 감각개발 훈련을 자주 해보는 것도 필요하다.

우선 남에게 방해받지 않을 시간에 편안한 분위기를 만들고 옷을 벗고 누워 자신의 몸을 탐색해가는 것이다. 감각을 예민하게 느끼려면 손바닥보다는 손가락이 좋고, 손톱이 아닌 손가락으로 터치해가는 것이 좋다. 그래서 온몸을 샅샅이 훑어본다. 이때 남편과의 섹스를 상상하면서 만지면 좀 더 효과가 높을 것이다. 그렇게 만지다 보면 유난히 성감이 예민한 부분을 찾을 수 있을 것이고, 자주 만지면 피부의 감각이 더 예민하게 느껴진다.

여자는 머리 두피, 귀 뒤, 목에서 쇄골 부위로 내려오는 선, 가슴, 유두, 그리고 허벅지 혹은 허리, 성기가 예민하다. 물론 등이나 엉덩이도 예민하다. 무엇보다 남편과 섹스를 할 때 다른 생각 하지 말고 남편이 주는 감각에 집중해본다. 남편의 손가락, 손이 스치는 느낌, 남편의 몸이 닿는 느낌, 남편의 숨소리, 숨결, 이 모든 것에 신경을 집중해 느껴보는 것이다. 그래서 섹스에는 집중력이 필요하다. 공부 잘하는 여자가 섹스도 잘한다는 말은 이 집중력에서 나온 말이다.

섹스는 소통이며 함께하는 것이지만 결국 자기의 것을 자기가 하는 것이라는 말이 있다. 자신의 오르가즘을 성취하기 위해, 그저 의무방어전이 아닌 그야말로 자율적으로 쾌감을 만들어내고 표현하고 확인하는 섹스가 되려면, 남편뿐 아니라 내게도 불꽃축제처럼 즐거운 잔치가 되도록 하려면 자신의 성감을 개발하는 일을 남에게 맡기지 말 일이다.

사랑의 내비게이션, 성감대 지도

"여자들의 성감대는 어디인가요?"

"여자들이 느끼는 최고의 성감대는 어디인가요?"

"남자나 여자에게는 성감대가 있다고 들었는데, 그 성감대를 어떻게 찾을 수 있고, 어떻게 느껴지는 건지 알고 싶습니다."

"어떤 여자는 발가락을 애무하면 오르가즘을 느낀다고 하는데, 진짜 발가락도 성감대인가요?"

"남자의 성감대는 성기뿐인가요?"

성인들에게 성교육을 하다 보면 자주 받는 질문들이다. 일반적인 여자의 성감대는 어디이고 어떻게 자극해야 하는가 하는 상당히 구체적인 질문도 있다. 성감대라고 하면 말 그대로 성감을 느끼는 부분이다. 섹스파트너가 건드리는 것에 가장 민감하게 반응하는 신체영역을 말하고, 사랑을 만들어내는 지대_zone_라 말하기도 한다.

일반적으로 성감대는 신경말단이 풍부하면서도 밀집되어 있는 영역으로, 이 부위는 촉각에 민감하고 성적으로 각성이 이루어졌을 때 흥분되는 곳이기도 하다. 성감에 대해서 사람들은 자신들의 고유한 느낌을 각자 가지고 있는데, '간지럽다', '짜릿하다', '전신이 화끈 달아오른다' 등으로 다르게 표현한다. 그것이 다르게 표현되었더라도 같은 느낌인지 아닌지 사실 확인할 방법은 없다.

그러나 어쨌든 성감대는 누구에게나 있고 어디에나 있다. 그런데 이 말은 가장 정확한 말이면서 가장 모호한 말이기도 하다. 일반적으로 말해지는 여자의 성감대는 성기에 집중되어 있지 않고 몸 전체에 퍼져 있다. 사실은 몸 전체다. 내 개인적인 의견으로는 성기만 예민하다그 말하는 남자들조차 역시 성감을 개발해온 것이 성기 중심이었기 때문에 더욱 그렇게 느끼는 것뿐이고 또 여자보다 남자의 성감대에 대한 관심이 적어서 알려지지 않았을 뿐이지 남자들의 성감대도 역시 온몸일 것이다.

어쨌든 일단 여자의 몸 전체가 성감대라는 사실은 여자가 남자보다 더 오래도록 흥분의 감정을 유지할 수 있으며 더 예민한 성감을 가진다는 것과 깊은 관련이 있다고 생각한다. 사실상 살이 연한 부분이 대개 다 성감대지만(딱딱한 머리나 등, 심지어 엄지발가락이 가장 민감한 성감대라는 사람도 있다), 여자의 몸 중 가장 민감한 부분은 아무래도 클리토리스(음핵)다.

자위행위를 하는 여자들 대개가 클리토리스와 주변 소음순 및 외음부를 자극함으로써 오르가즘을 경험한다는 것으로 봐도 클리토리스가 아주 강력한 성감대임에 틀림이 없다. 또 가슴과 유두 또한 민감한 성감대이며, 많은 여자들이 자신의 연인이 가슴에 입 맞추고 애무하는 것을 좋아한다. 여자의 가슴과 유두의 신경과 질의 그것이 연결되어 있어서 가슴을 애무하면 질에서 윤활작용이 일어난다고도 한다.

이런 성기의 성감대 외에 미리엄 스톱파드 박사는 여자의 입이나 입술, 혀가 성감대라고 주장한다. 그녀는 "여자의 입을 자극해 몸 전체를 흥분시킬 수 있으며 성기를 흥분시키는 직접적인 효과를 가져올 수 있다"고 말한다. 실제로 깊은 키스야말로 무척 자극적이고 은밀한 접촉이며 키스를 통해서 오르가즘을 느끼는 여자도 적지 않다니 이 말도 틀린 말은 아니다.

또 회음부나 귀, 배꼽, 아랫배, 허벅지 안쪽, 엉덩이, 앞쪽 목, 어깨의 쇄골 부분, 뒷목, 등, 심지어 머리카락까지 여자들이 각자 말하는 성감대는 정말 다양하다. 그리고 아무래도 피부 중 연약한 부분, 허벅지 안쪽이나 겨드랑이 안쪽 같은 부드러운 살이 성감을 예민하게 느낀다.

정리하자면 여자들의 성감대는 정말 온몸에 퍼져 있다는 말이 과언이 아니게 각자가 가진 성감대는 다 다르다. 결국 사람은 누구나 성감대를 가지고 있지만 정말 자기가 좋아하고 흥분되는 성감대는 다 다르다는 것이다. 그러므로 무엇보다 중요한 것은 일반적인 여자의 성감대를 파악하는 것이 아닌 내 연인의 성감대를 알아내는 일이다.

여자의 귀가 민감한 성감대라고 알려져서인지 많은 남자들이 연인의 귀를 공략하려고 하지만 많은 여자들은 '귀에 바람을 불어넣거나 일방적으로 귀만 못살게 구는 애인의 답답함'을 불평한다. 또한 당부하고 싶은 것은 여자 역시 남자들의 성감대를 찾고 그 부위를 각성시켜 그들을 행복하게 하는 일을 게을리하지 말라는 것이다. 남자의 성감대 역시 온몸이지만, 목, 입술, 가슴, 유두, 골반 부위, 성기 주변, 음낭, 회음부, 항문 외에도 허벅지 안쪽, 무릎 뒤쪽 등 연한 살이 예민하다.

성은 정말 개인적인 느낌이고 경험이다. 그러므로 일반적인 전문가가 되기보다 내 사랑하는 이의 전문가가 되어야 한다. 심지어 성감에 예민한 이들은 그날의 분위기에 따라 가장 예민하게 느껴지는 부위가 옮겨다니기도 한다니 파트너의 '오늘의 성감대'를 찾아내는 일은 어쩌면 '보물찾기'와 같은 일이기도 하다.

얼마 전 만난, 결혼 25년 차 50대 남자는 "도대체 성감대가 뭐냐"고 물어 나를 당황하게 했다. 아니 그 나이에, 그 오랜 결혼생활 동안 자신은 물론 아내의 성감대조차 모르고 있다는 사실이 충격적이었다. 사정을 들어보니 그의 아내는 남편의 몸을 만져주는 것은 고사하고 자신의 몸마저 만지지 못하게 해 섹스가 즐겁지 않고 피차 의무방어전이라는 것. 애무만으로도 충분히 흥분을 느낄 수 있음에도 여태껏 그 즐거움을 누리지 못했다니 안타까운 일이다.

주위를 둘러보면 이 남자처럼 무미건조한 섹스를 당연하게 받아들이는 커플이 꽤 많다. 이런 사람들에게 나는 성감대 지도를 그려보라고 조언한다. 그러면 대부분은 무슨 말인지 몰라 눈을 동그랗게 뜬다. 하지만 어려울 것 하나 없다. 성감대 지도란 말 그대로 파트너의 성감대를 찾아내 그걸 지도로 만드는 것이다. 물론 남녀가 함께해야 한다.

인간에게는 누구나 성감대가 있다. 하지만 대부분 남자의 성감대에는 크게 관심을 갖지 않는다. 우리나라 정서상 섹스를 즈도하는 남자의 성욕은 너무나 당연한 것이어서, 여자의 애무를 통해 흥분하는 것을 인정하지 않기 때문이다. 어쩌면 이는 우리나라 남자가 받는 성적 역차별이 아닐까 싶다.

남녀가 서로의 성감대를 이해하는 건 매우 중요하다. 우리 몸은 전체가 성감대라 해도 과언이 아니지만 일반적으로 피부가 여린 곳이 자극에 예민한데, 가끔 머리카락이나 발가락, 치골 등 다소 생뚱맞은 곳이 성감대인 경우도 있다. 실제로 어떤 부부는 결혼하고 몇 년 동안이나 엉뚱한 부위를 서로의 성감대인 줄 알고 열심히 애무했다고 고백했다.

섹스를 잘한다는 것은 파트너의 몸과 그(그녀)의 몸을 자극했을 때 반응을 잘 안다는 것과 같다. 재미있는 섹스를 위해 성감대 지도를 그려야 하는 이유도 바로 이 때문이다. 파트너의 특별한 성감대를 찾아내고 머릿속에 지도를 그려 넣으면 한결 서로가 만족스러운 섹스를 할 수 있다.

사실 성감대 지도 그리기는 성관계 개선이 필요한 커플들에게 적용되는 치료법 중 하나다. '감각 집중 훈련' 같은 것으로, 섹스리스 부부나 성관계 시 불편함을 느끼는 커플들에게 주로 사용된다. 방법은 간단하다. 편안한 환경에서 긴장을 풀고 한 사람이 먼저 눕는다. 너무 밝은 조명보다는 약간 어두운 부분 조명이 좋고 잔잔한 음악이 흐르면 긴장을 푸는 데 더 도움이 될 것이다. 이때 가능하면 옷은 최소한으로 걸치는 것이 좋다. 안 입으면 더욱 좋다. 전신 마사지를 받는다는 기분으로 편안히 누운 후, 먼저 한 사람이 손가락이나 손바닥 혹은 입으로 파트너의 몸을 구석구석 훑어나가듯이 부드럽게 터치하고, 애무를 받는 사람은 파트너의 손가락이 지나갈 때 특별히 흥분되거나 짜릿한 기분이 들면 그 자리에서 바로 알려준다. 자신이 느끼는 강도를 세 단계 정도로 나누어 최대한 구체적으로 설명하면 좋다.

성감대를 종이에 직접 그려가며 기록을 해둬도 좋고, 머릿속으로 지도를 외워도 좋다. 성감이 강한 가슴과 성기 부분은 맨 나중에 터치한다. 한 사람의 성감대 지도가 완성되면 역할을 바꿔 나머지 사람의 성감대도 마저 그린다. 그렇게 완성된 지도는 섹스라는 목적지를 찾아가는 데 훌륭한 길잡이 노릇을 한다.

성감대 지도 그리기는 애무받기에 익숙하지 않은 남자들에게 색다른 경험을 안겨줘 더욱 효과적이다. 여자들 또한 자신의 애무로 남자가 흥분하고 거침없이 자신의 감정을 표현하는 것을 보며 또 다른 흥분을 느끼게 된다. 남자가 여자의 신음하는 소리에 더욱 흥분하는 것과 같은 이치다. 즉, 섹스는 사랑하는 사람을 배려하고 이해하는 과정이라 할 수 있다.

성감대는 고정된 것이 아니다. 개발하면 개발할수록 다양해진다. 자극이 지속적이면 신경계가 개발되어 민감하게 반응하듯, 오르가즘도 느껴본 사람이 더 자주 그리고 쉽게 느낀다. 섹스는 둘이 하는 행위인 만큼 두 사람 모두를 위한 섹스여야 한다. 나도 즐겁고 파트너도 즐거운 섹스를 위해 더욱 적극적으로 성감대를 개발할 필요가 있다. 그리고 섹스는 파트너에게 자신의 사랑을 표현하는 가장 강렬한 수단임을 잊지 말아야 한다.

키스는 입술로
나누는 섹스

"아내와 키스해본 지가 언제인지 모르겠습니다. 아내는 저와 키스하는 것을 피하죠. 그러면 저는 무시당하는 느낌이 들어 기분이 상하고요. 섹스요? 그때쯤이면 물 건너간 거죠."

"남편을 싫어하는 것도 아닌데 남편과의 키스를 피하게 됩니다. 남편은 몹시 불쾌해하지만, 저도 모르게 자꾸 그의 입술을 피하게 됩니다."

키스가 없어진 부부가 너무나 많다. 키스는 열렬히 사랑할 때 잠시 필요한 것이라고 생각하는 것이 아닐까 할 정도로 키스를 하지 않는다는 부부가 많다는 점에 놀란다. 키스는 단순한 입맞춤에서부터 시작해 차츰 파트너의 입술을 빨고 혀가 교환되는 아주 진한 움직임을 포함한 섹스 행위가 된다. 어찌 보면 자신의 일부가 파트너의 몸속으로 들어간다는 것, 그러한 허락을 받았다는 점에서 우리는 키스를 또 다른 섹스라 부르기도 한다.

그래서 깊은 프렌치 키스를 하면서 오르가즘을 느꼈다는 사람도 적지 않고, 키스야말로 멋진 섹스라고 예찬하는 사람도 있다. 사실상 입술과 혀는 음순과 음경의 두 가지 특성을 모두 가지는 기관이다. 입은 따뜻하고 촉촉하고 부드러운 질과 같은 내부공간이고, 입술은 보드라운 음순과 같으며, 혀는 음경처럼 단단하게 입속으로 들어갈 수 있고 에로틱하게 움직일 수도 있다. 그리고 이에 더해 입이 가진 미덕으로는 입술로 스치고, 닿고, 핥을 수 있으며, 빨아들일 수 있다는 것이다.

간단한 입맞춤은 친한 사이를 확인하는 인사 정도일 수도 있지만 세계의 어느 개방적인 곳이라 하더라도 깊은 키스는 연인만이 할 수 있는 특권이다. 키스는 파트너가 나에게 위험한가 아닌가를 탐색하기 위해 발전했다고 하는 설도 있지만, 포유동물을 살펴보아도 성적으로 흥분했을 때 거의 여지없이 모든 동물이 파트너를 냄새 맡고 입을 갖다대는 것을 볼 때, 키스는 아주 유용한 성적 프러포즈이며 성행위의 시작이라는 것을 분명하게 알 수 있다.

사실상 입술과 혀는 손가락보다 더 자극적인 부위이며, 사랑하지 않는 사람과 섹스하는 것보다 훨씬 더 어려운 것이 키스하는 것이라고도 한다. 그렇게 본다면 입술은 아무래도 뇌에 가까워서 좀 더 분별력이 있다는 뜻일지도 모른다. 사실인지 모르지만 심지어 어쩔 수 없이 성매매를 하는 여자들조차도 입술만은 사랑하는 이가 아니면 절대로 허락하지 않는다는 말도 들린다. 아마 이런 이야기 때문에 아내로부터 키스를 거절당하는 남편들의 심정은 더욱 비참한 것일지도 모르겠다.

키스할 때는 입술을 부드럽게 하고 얼굴 근육을 이완시킨다. 그러려면 당연히 자신의 마음부터 파트너를 위해 열려야 한다. 자신의 존재를 온전히 파트너에게 던지는 것이 바로 사랑이라는 점을 잊지 않는다면 왜 키스가 파트너의 몸과 마음을 여는 강력한 스위치가 되는지 통찰할 수 있을 것이다. 이때 특히 남자들은 입술의 움직임에 대해 연습해야 한다. 파트너가 불편해하지 않는지를 배려하며 키스의 움직임을 가져보는 연습이 필요하다.

외국의 낭만적인 영화를 보면 사랑하는 연인들이 서로의 입술을 맞대고 윗입술, 아랫입술을 부드럽게 빨아당기는 것을 볼 수 있는데 이것이 연인들이 가장 선호한다는 햄버거 키스다. 키스를 잘하는 사람은 섹스도 잘할 것이라는 기대를 하게 만드는데, 이것이 상당부분 설득력이 있는 것이 파트너를 배려하며 낭만적이고 부드러운 키스를 하는 사람은 섹스도 낭만적으로 부드럽게 할 것이기 때문이다.

'남자는 키스로 사랑의 불을 붙이고 여자는 키스로 사랑을 확인한다'는 말이 있다. 남자에게는 키스가 섹스로 가는 전초전이기 쉬우나 여자에게는 키스가 연인과의 관계가 얼마나 견고한가를 알아보는 수단이기도 하다. 그러니 어쩌면 부드럽고 달콤한 키스를 자주 하는 것이 사랑을 견고하게 하는 지름길인 것이다. 심지어 싸움을 마무리할 때도 화해의 제스처로 키스를 하는 것이 효과적이다. 비록 싸우고 입술을 내미는 남자를 여자들이 처음엔 바보 같다고 생각할지언정 말이다.

키스를 하면 우리의 뇌에서는 흥분, 쾌감, 행복의 호르몬을 뿜어낸다고 한다. 심장을 뛰게 하는 흥분 호르몬인 아드레날린, 쾌감과 진통효과를 주는 엔도르핀, 행복을 느끼게 하는 세로토닌, 짜릿한 중독 호르몬 도파민, 신뢰를 주는 옥시토신이 모두 분비되니 멋진 키스를 하면 여자들의 다리가 저절로 살짝 들리기도 하고 때로는 귀에서 종소리가 들리기도 하는 것이다.

그런데 이렇게 멋진 사랑을 표현하는 절절한 행위인 키스가 부부간에 없어지는 이유는 무엇일까? 깊은 키스 뒤에 따라오는 섹스가 싫어서 그 전 초전인 키스조차 마다하는 것일 수도 있고, 키스가 좋지 않기 때문에(잘하지 못하기 때문에) 그럴 수도 있으며, 파트너의 거북한 입냄새 때문일 수도 있다. 여자들은 남자들보다 훨씬 후각적으로 민감하며, 후각을 통해 그리운 이를 기억하기도 한다.

이런 키스를 피하거나 좋아하지 않는 여자들의 경우, 대부분 남자들의 입냄새에 대해 이야기한다. 여자들의 후각이 아주 예민하기도 하지만, 남자들은 여자들보다 자극적인 기호품을 선호하는 경우가 많기 때문에(담배나 술, 음식에 있어서도) 키스하기 전에 자신의 입 상태가 어떤지에 대해 알아보는 것은 무척 중요한 일이다. 특히 아내가 아기를 가져 입덧 중일 때 술과 담배를 하고 기름진 음식을 먹은 남편의 키스는 그야말로 견디지 못할 고문에 가깝다. 그런 경험 이후 남편과의 키스 욕구를 잃었다는 아내가 적지 않다. 하지만 아내로서도 남편의 키스가 더 이상 좋지 않으면 그 이유가 어디에서 온 것인지 알아보고 회복시킬 수 있도록 노력하는 것이 필요하다. 우선 그 이유가 마음에서 온 것인지, 그저 외부적인 요인에서 온 것인지 알아보아야 한다.

그래서 섹스와 함께 회복해야 할 것이 부드럽고 낭만적인 키스다. 키스가 없는 섹스는 생각만 해도 삭막하다. 사랑하는 사람의 부드러운 입술과의 부딪힘, 입술을 문지르며 그에 따라오는 짜릿한 느낌, 멋진 섹스에의 기대, 그가 나를 사랑한다는 느낌……. 부드럽고 때로는 정열적인 키스를 통해 더욱 멋진 섹스를 완성하려면 무엇보다 먼저 멋진 키스를 할 줄 알아야 한다. 섹스도 그렇지만 키스에도 많은 설렘이 깃든 서성임이 필요하며 파트너의 마음과 몸을 열 수 있는 확실한 기회를 잡는 것이 중요하다.

멋진 키스를 하려면 무엇보다 먼저 전제되어야 하는 것은 파트너에 대한 열정과 사랑, 존중심과 배려의 감정이며, 그다음이 기술이다. 즉 마음이 전달되는 기술이 아니면 파트너에게 자신의 진정성을 전달할 수 없다는 말이다. 이러한 마음의 준비가 된 키스는 파트너를 감동시키고, 마음과 몸을 파트너에게 경계심 없이 열게 하며, 다음 순서를 기다리게 한다.

이벤트는
또 다른 전희다

12월이 되면 오 헨리의 단편소설 《크리스마스 선물》이 생각난다.

집과 델라는 서로 사랑하고 아끼는 젊은 부부다. 짐에게는 부친이 물려준 귀한 금시계가, 델라에게는 무엇과도 바꿀 수 없이 아름다운 머리카락이 있다. 가난한 부부는 크리스마스를 맞아 서로에게 줄 선물을 살 돈이 없자 궁리 끝에 델라는 머리카락을 팔아 짐의 시곗줄을 사고, 짐은 금시계를 팔아 델라의 머리핀을 산다. 크리스마스 날, 둘은 선물을 교환하고, 울지도 웃지도 못할 광경을 연출한다. 풍성하고 길던 머리카락이 없어진 델라는 머리핀을 꽂지 못하고, 시곗줄을 받은 짐은 금시계가 없으니. 그러나 부부는 머리카락은 금방 자라고 금시계는 다시 사면 된다고 서로를 격려하며 선물을 귀하게 간직한다는 내용이다.

이렇게 크리스마스는 서로에게 감사하고 자신의 사랑을 표현하는 날이다. 일 년 내내 그런 날이 계속되면 더욱 좋겠지만, 일 년에 하루만이라도 오로지 파트너의 기쁨만을 생각하는 날이 있다면 그 또한 아름답지 않겠는가?

얼마 전 한 부부와 강이 보이는 멋진 호텔에서 식사를 했다. 신혼 시절을 외국에서 보냈다는 부인은 너무나 오랜만의 호텔 나들이라며 시종 흥분과 행복감을 감추지 못했고, 점잖은 남편은 "아내가 이렇게 좋아할 줄 몰랐다"며 내내 미안해했다. 그리고 앞으로는 더 좋은 곳도 함께 다녀야겠다는 말을 자꾸 했는데, 부인이 허황된 마음에 호텔 나들이를 그렇게 좋아하지는 않았을 것이다. 다만 낭만적인 분위기와 식탁 차림이 연인 시절로 돌아간 것 같은 기쁨과 설렘을 주었기 때문이었을 것이다.

아내가 좋아하는 것을 해주고 남편이 좋아하는 것을 해주는 게 사랑이다. 아내를 위해 설거지를 하고 음식물 쓰레기통을 비워주는 것이 사랑이다. 일찍 돌아온 사람이 나중에 돌아올 사람을 위해 식사를 준비하고 따뜻하게 맞아주는 것, 피로한 남편(아내)의 어깨를 주물러주는 것, 이 모든 것이 사랑이다.

평상시에 파트너를 배려해주고 아껴주는 마음과 행동이 '전희foreplay'라고 나는 말한다. 그런 모습을 늘 보여준다면, 따로 힘들여(?) 전희를 오래 할 것도 없다. 그것이 섹스가 사랑의 소통인 이유다. 남편(아내)의 발을 따뜻한 물에 비누 거품을 내어 정성들여 씻겨주는 것만한 열렬한 전희가 또 없다. 하루 종일 수고한 발을 씻겨주며 파트너에게 감사하자.

부부간 성욕 차이

부부는 합법적으로 서로의 섹스파트너라는 자격을 얻게 된다. 사실 뭐니 뭐니 해도 결혼이란 결국 두 사람이 섹스를 해도 좋다는 것을 만천하에 알리고 허락을 받는 행위라고 볼 수도 있다. 이렇게 부부 사이에 섹스는 중요한 생활이다. 섹스는 무엇보다 사랑하는 사람끼리의 사랑의 표현이자 확인이라 하지만, 그전에 아주 자연스런 부부생활이고 한편으론 결혼한 자의 의무이며 권리다.

　섹스는 그 어떤 행위보다도 부부의 사랑을 더욱 끈끈히 지켜주는 접착제 역할을 한다. 여기서 섹스는 단지 성기삽입을 하는 성행위뿐만이 아니라 눈빛을 교환하고 서로의 이름을 부르며, 손을 잡고, 포옹하고 터치하는 모든 사랑의 행위가 다 포함된다. 나이가 들수록 삽입섹스의 중요성보다는 터치의 중요성이 더욱 강조되는 이유는 섹스가 가져다주는 정서적인 위안 때문이기도 하다.

섹스를 자주 하는 부부는 대개 사이가 좋고 서로에 대해 친밀감이 높다. 또한 섹스를 자주 하는 부부는 그렇지 않은 다른 부부에 비해 무려 10.8년이나 젊어 보인다고 한다. 심지어 섹스는 면역력을 향상시켜 어떤 면에서는 웬만한 보약보다 낫다는 게 현대성학에서의 정설이다. 그럼에도 불구하고 부부간의 섹스가 어려운 문제가 되는 경우가 적지 않다. 특히 부부간의 성욕이 차이가 날 때, 한 사람은 더 하고 싶은데 한 사람은 그러고 싶지 않을 때, 어쨌든 한 사람이 양보해야 하는 경우가 생긴다. 그때 늘 한 사람만 일방적으로 양보하다 보면 화가 나고 억울하고 짜증이 생기며 심한 경우는 성격이 거칠어지기도 한다.

"제 집사람은 섹스에 대해 너무 무관심합니다. 저는 수시로 그 생각을 하고, 하고 싶은데 응해주질 않아요. 집사람 옆에서 자위행위를 해 욕구를 해소하기도 하지만 그때마다 자존심이 상합니다."

"집사람은 마치 저를 짐승 취급합니다. 너무 밝힌다나요? 요즘은 아예 곁에 오지도 않으려고 합니다. 밖에 나가 해결할 수도 없고, 그러고 싶지도 않고, 또 제가 그러면 집사람이 이해해주겠어요? 정말 화가 치솟을 때가 많지요."

"언젠가부터 남편이 저를 피하는 것 같아요. 피곤하고 스트레스가 많아서일 거라고 이해하려 하지만 이렇게 부부관계를 하지 않아도 되는 것인지 걱정이 됩니다. 제 욕구도 욕구이지만, 남편이 밖에서 해결하는 것은 아닌가 불안하기도 하고요."

대개 남편들의 불만이 높지만 섹스리스의 아내들도 불만스러워하거나 불안해하기는 마찬가지다. 일반적으로 성욕을 부추기는 호르몬인 테스토스테론 분비가 여자보다 남자가 월등한 관계로 남자는 여자보다 더 자주 성충동을 느낀다(꼭 호르몬의 영향만은 아니겠지만). 테스토스테론은 여자에게도 성욕을 부추긴다. 성욕이 낮은 여자에게 테스토스테론을 처방해보면 더 공격적인 성향을 갖게 되고, 더 과감한 플레이를 하며, 성욕도 강해진다. 그래서 현재 이를 이용한 여성용 비아그라가 개발 중이며 아마 곧 시판될 것으로 보인다.

그런데 여자가 꼭 남성호르몬만 부족해서 섹스에 대한 생각이 없는 것은 아니다. 여자에겐 남자보다·더 많은 상황이 영향을 미치고, 무엇보다 중요한 이유는 여자들이 섹스에 대해 배워본 적이 없다는 거다.

남자들은 놀라겠지만, 자신의 성기를 잘 살펴본 여자도 드물 뿐 아니라 자위행위를 해본 경험도 거의 없다. 자위행위는 성욕을 해소하는 수단이기도 하지만 자신의 성감을 개발하는 좋은 연습이기도 한데, 여자들에게 자위행위는 '남자가 하는 것보다 더 몹쓸 짓'이라 생각하기 때문이다. 그래서 여자는 섹스를 자연스런 욕구의 발산이며 사랑의 표현이라고 생각하기보다는 뭔가 음탕하고 밝히는 행위라고 생각하는 경우가 많다. 아기를 낳고 난 후의 섹스는 그런 혐의를 더 많이 뒤집어쓰게 된다.

여자들이 질경련으로 삽입이 안 되어 섹스를 못하는 경우는 상담하러 오지만(아기를 못 낳으니까), 오르가즘을 못 느끼는 경우 상담하러 오기를 꺼려하는 것도 이것이 자신의 성감에 대한 문제이므로 밝히는 여자라고 생각될까봐서이다.

또 여자들이 섹스리스가 되는 큰 이유는 남편들이 섹스를 잘하지 못하기 때문이다. 그래서 즐겁지도 않고 멋지지도 않으며 힘만 드는 섹스를 해주고 싶지 않은 것이다. 섹스가 정말 멋진 감각이라는 것을 알면, 섹스를 통해 얼마나 즐거운 쾌감을 느낄 수 있는지 알게 된다면, 섹스하고 나서의 그 충족감, 온전한 한팀이 된 느낌을 알게 되면 여자들도 좀 더 자주 섹스할 기회를 가지려고 할 것이다.

그러므로 부부간에 섹스 횟수로 인한 분쟁이 생기면, 일단 그 횟수를 합의하는 것이 필요하다. 한 사람이 양보하는 것이 아니라 둘 다 양보하는 것이다. 그래서 한 사람은 일주일에 다섯 번 하고 싶은데, 한 사람은 열흘에 한 번 하고 싶다면 적어도 일주일에 두 번은 하고, 모자라는 횟수에 대해서는 자위행위를 할 때 좀 도와준다든지 하는 식의 합의를 도출해내는 것이다.

그리고 할 때는 한 사람만 애쓰는 것이 아니라 둘이 같이 서로의 즐거움을 위해 움직여야 한다. 그러면 덜 힘들고 훨씬 즐겁다. 모쪼록 몸이 잘 통해야 마음도 잘 통한다는 것을 잊지 말기 바란다.

송우

오르가즘은
훈련이다

"오르가즘이 어떤 느낌인가요?"

"결혼한 지 10년이 넘었지만 아내가 오르가즘을 느끼는지 정말 모르겠어요. 여자가 오르가즘을 느끼는지 어떻게 알죠?"

우리나라뿐 아니라 세계적으로 오르가즘을 못 느끼거나, 뭔가 느낌은 있지만 그게 오르가즘인지 잘 모르겠다는 이른바 '오르가즘 각성장애'는 여자들이 갖는 성적인 어려움 중에서 가장 대표적인 것이라 할 수 있다.

전립선이나 다른 신체적, 심리적 문제가 있어 사정하기 어려운 경우가 아니라면 남자는 사정을 통해 작거나 큰 오르가즘을 경험하게 된다. 그래서 남자에게 오르가즘 장애란 전혀 못 느끼는 것이라기보다는(그것도 있지만) 제때에 원하는 만큼 못하는 것을 의미하는 경우가 많다. 즉 사정에서 조루와 지루의 문제가 그것이다.

보통 '오르가즘을 느껴봤냐'는 질문을 하면 "글쎄, 느끼는 것 같기는 한데 그것이 맞는 것인지는 모르겠다"고 애매하게 대답하는 경우가 많다. 그러나 오르가즘은 분명 느낌이나 이미지가 아니라 실제 일어나는 감각이다. 오르가즘은 성적 자극이 절정에 이르렀을 때 사람이 경험하는 가장 강렬한 육체적, 정신적 쾌감이다. 오르가즘을 느끼면 동공이 확대되고, 호흡이 가빠지고, 맥박도 빨라지며, 질 깊숙한 곳의 근육이 수축하고, 심지어 다리에 경련이 일 만큼 힘이 들어가기도 한다.

남자의 경우는 오르가즘을 느끼면 언제나 사정을 하는데 여자의 경우는 남자처럼 확연히 드러나는 결과물(?)이 없으므로 오르가즘의 느낌을 놓치는 경우가 더 많은 것 같다. 아무튼 이러한 육체적인 경험, 성기에서 시작되어 온몸을 관통하는, 전신의 몸부림에서 비롯되어 뇌에서 마무리되는 말할 수 없는 쾌감이 바로 오르가즘이다. 여자들에게 오르가즘의 느낌을 물어보면 너무나 다양한 대답이 나온다.

'구름 위에 둥둥 뜬 기분', '온몸의 세포가 일어서는 느낌', '온몸을 타고 화려한 불꽃놀이가 일어나는 느낌', 심지어 헤밍웨이는 그의 소설에서 여자가 오르가즘을 느낄 때 '지구가 움직인다'고까지 묘사했지만, 어쨌든 각 개인이 느끼는 오르가즘의 정도는 아주 다양하고, 한 개인이 느끼는 오르가즘의 느낌도 매번 같지는 않다. 이에 반해 남자들의 오르가즘은 '뭔가에서 벗어나는 해방감', '기분 좋게 추락하는 느낌'이라고 말하니 여자와 남자의 오르가즘 느낌의 차이가 참 재미있다.

어쨌든 오르가즘이 그렇게 좋은 기분이고 느낌이라면 간간이 나오는 보너스처럼이 아니라, 섹스를 하기만 하면 당연히 따라오는 것으로 만들고 싶을 것이다. 그런데 오르가즘을 잘 느끼려면, 그리고 자주, 많이 느끼려면 다른 무엇과 마찬가지로 연습이 필요하다. 무엇보다 오르가즘은 느껴본 사람이 자주 느끼고, 많이 느끼며, 쉽게 느낀다. 그것은 오르가즘이 전신을 통한 감각이기는 해도 무엇보다 뇌를 통해 마무리되는 자극이기 때문이다.

흔히 우리나라 사람들이 손재주가 좋다고 한다. 그리고 그 이유를 '젓가락질을 통해 개발된 섬세한 기능'이라고 이야기하는데 이렇게 자주 사용되는 부위의 신경계는 확대되고 개발된다. 즉 작은 시골길 같던 신경이 많이 사용할수록 고속도로가 개통되는 것처럼 신경계가 확대되고 발달된다는 것이다. 오르가즘에 있어서도 당연히 그렇다. 그렇기 때문에 오르가즘의 정확한 느낌을 아는 것이 중요하고, 그 느낌을 자주 성취하려고 해야 오르가즘을 많이, 자주, 쉽게 느끼게 된다.

여자에게 있어서 일차적이고 많은 부분을 차지하는 오르가즘은 아무래도 음핵을 자극해 얻는 오르가즘이다. 그래서 여자가 오르가즘을 느끼기 위해서는 무엇보다 자위행위를 통해 자신의 오르가즘 느낌을 정확하게 아는 것이 중요하다. 어디를 어떻게 자극해야 오르가즘이 오는지 알면 설사 파트너에게 이야기하기 불편하다 해도 스스로 몸의 위치를 슬쩍 바꾸거나 파트너가 알아차릴 수 있는 신호를 보내 더 자주 오르가즘을 성취할 수 있다.

오르가즘의 느낌을 아는 경우, 뭐니 뭐니 해도 가장 좋은 방법은 파트너에게 확실하게 이야기해주는 것이다. '장님 코끼리 더듬듯'이 아니라 어디를 어떻게 만져달라고 확실하게 이야기하는 것이 파트너를 돕는 길이다. 기왕 섹스를 하는 사람이라면 당연히 파트너를 흥분시키고 만족시켜주려고 할 것 아니겠는가? 그럴 때 어떻게 하면 내가 좋아할 것이라는 정보를 준다면 파트너는 기꺼이 그대로 해줄 것이다.

또 오르가즘을 잘 느끼려면 무엇보다 섹스 그 자체에 집중해야 한다.

'침대에는 둘만 올라가라'는 말이 있다. 파트너와 섹스를 할 때에 실제적으로 같이 침대에 있지만 우리 머릿속에는 너무나 많은 사람이 함께한다는 것이다. 그래서 이런저런 생각을 하다 보면 섹스의 감각에 집중할 수가 없고, 그러다 보면 오르가즘뿐 아니라 자잘한 성감도 놓치게 된다.

섹스를 할 때는 파트너가 내게 주는 감각에 집중하고 그것을 최대한 느끼려 해야 한다. 이는 강박을 가진다는 것과 다르다. 파트너의 입술, 손가락, 손바닥, 성기, 그 전체가 내게 어떤 감각으로 다가오는지를 확실히 느끼라는 것이다. 그래서 섹스를 할 때는 눈을 감는 것이 성감을 느끼는 데 더 효과적이다(이 부분이 남자는 좀 다르다). 성치료에서는 이럴 때 '감각초점훈련'을 권한다. 즉 감각에 집중해보는 연습을 시키는 것이다.

또 한 가지는 섹스를 할 때는 정말 릴랙스되어야 한다는 것이다. 모든 긴장이 풀어져야 한다. 잘하려는 생각, 파트너에게 내가 어떻게 보일까 하는 생각이 성기능을 방해한다. 애쓰지 말고 자연스럽게 그 상황에 몰입해야 한다. 오르가즘에 도달하려고 애쓰는 만큼 오르가즘에서 멀어지게 된다. 남녀 모두에게 '케겔운동' 연습은 성감을 증진시키고 성기능을 강화시켜준다. 오르가즘을 느끼는 사람은 케겔운동을 연습함으로써 더욱 강력한 성감을 느낄 수 있을 것이다.

오늘도 오르가즘을 꿈꾸는 당신이라면, 긴장을 풀고 집중하라. 무엇보다 사랑하는 사람의 움직임을, 그 감촉을 즐길 일이다.

오르가즘을
동시에 느끼려면

"남자와 여자의 성반응이 많이 다르다던데요, 둘이 동시에 오르가즘을 느끼는 방법은 없나요?"

성인을 대상으로 성교육 강의를 할 때 가끔 쪽지질문을 이용하는데, 이때 자주 나오는 질문이다.

사실이 그렇다. 세계의 어디를 가도, 거의 모든 생물들은 성적 프로포즈를 수컷이 주도하는 것 같다. 물론 요즘은 여자가 요구할 때도 많고 사실 그렇게 되어야 한다. 섹스는 함께 나누는 사랑의 표현이자 확인이지 일방적인 서비스가 아니기 때문이다. 그런데 대체로 여자는 남자보다 성적 충동을 덜 받는 것 같고, 성적인 흥분도 먼저 남자의 달콤한 속삭임이라든지 다정한 터치라든지 부드러운 키스 같은 성적 자극이 있어야 비로소 '흥분을 해볼까?' 한다.

이러한 남녀의 성적 차이에 대해 호주의 한 여의사는 이 모든 것이 테스토스테론 탓이라고 생각하고 실험을 해본 바 있다. 실험 내용은 성욕을 부추기는 호르몬인 테스토스테론을 발라보는 것이었는데, 그녀에 따르면 "테스토스테론을 바르기 시작하자 얼마 안 되어 성욕이 솟구치기 시작했다. 그리고 섹스를 할 때마다 강력한 성욕 및 성감이 느껴지고, 강한 오르가즘을 느끼게 되는 행복한 나날이었다"고 한다. 그런데 테스토스테론을 3개월가량 바르게 되자, 목소리가 굵어지고 수염이 나고 여드름이 나는 이른바 남성화 현상이 나타나 어쩔 수 없이 실험을 그만두게 되었다. 그러자 놀랍게도 성욕이 사라지고(섹스 생각이 덜 나고) 오르가즘에 대한 감각도 예전만 못하더라는 것이었다.

그래서 그녀는 여자와 남자의 성차이도 테스토스테론 때문이고, 성욕이나 성적 자극 정도에도 테스토스테론이 깊이 관계한다는 연구결과를 발표해 주목을 받은 바 있다. 남자는 여자에 비해 성충동을 쉽게 받고(학습된 사회화의 탓이라 보기도 하지만) 성욕도 강한 것은 분명해 보이는데, 그것이 전적으로 테스토스테론 탓인지에 대해서는 지금도 많은 연구가 진행되고 있으니 기다려볼 일이다.

어쨌든 남자와 여자는 성반응이 다르다. 그래서 '섹스하고 싶다' 생각하면 바로 준비가 끝나고 삽입하고 싶어하는 남자에 비해 여자는 그때부터 천천히 시작된다. 그래서 정성이 담긴 다감한 애무 속에 여자는 서서히 달아오르고 흥분에 도달하며 만족을 느끼게 된다. 대략 그 차이는 20분 정도라고 하는데, 이렇게 정성이 들어간, 사랑이 담긴 애무가 진행되면 대개의 여자는 특별한 이상상황이 아닌 한, 예컨대 옆에서 아기가 눈을 초롱초롱 뜨고 있다든지 옆방에서 시어머니나 시누이가 안 잔다든지 하는 불안한 상황이거나 파트너에 대한 심각한 갈등이 있거나 할 때가 아니라면,

황홀한 흥분을 맞게 된다.

특히 가슴이나 유두, 클리토리스 등 민감한 자신의 성감대를 애무받게 되면 대개의 여자가 오르가즘을 느끼고(물론 이때 그녀는 오르가즘의 감각을 알고 있어야 가능하다), 이렇게 한번 오르가즘을 느낀 여자는 삽입 후 몇 분 내에 다시 오르가즘을 느끼는 경우가 90퍼센트에 이른다고 한다.

대체로 남자들은 섹스를 할 때 발기가 잘되는지, 사정까지 적당한 시간을 유지할 수 있는지에 대해 관심이 지대하다. 특히 삽입 후 자신이 지나치게 빨리 사정할까봐 노심초사하기도 한다. 여자가 애무를 통해 먼저 충분히 흥분하게 되면, 사실 사정까지의 시간에 신경을 많이 쓰지 않아도 된다. 또 여자를 흥분시키는 방법은 꼭 성기가 아니라도 손이나 입, 혀로도 효과적으로 할 수 있으므로 발기에 대한 걱정을 줄일 수 있다.

남자와 여자가 동시에 오르가즘에 이르는 방법은 충분한 애무를 통해 여자가 충분히 애무받고 흥분해 오르가즘을 느낀 후에 남자가 삽입하고 함께 다시 오르가즘을 느끼는 것이다. 여자는 남자와 달리 오르가즘을 연속해 느낄 수 있다. 이름하여 멀티플 오르가즘이다. 다중오르가즘이라고 번역하면 꽤 어색하지만, 여자는 한번 오르가즘을 느끼면 다시 오르가즘에 이를 때까지 꽤 긴(여자에 비해) 불응기가 있는 남자와 달리 불응기가 아주 짧아 한번 오르가즘을 느낀 뒤에도 잠시 쉬었다가 자극을 주면 다시 오르가즘에 이를 수 있다.

그래서 여자가 먼저 오르가즘을 느끼고(오르가즘까지 아니더라도 황홀한 감각에 충분히 흥분을 느끼면) 남자와 함께 다시 오르가즘을 느끼면, 이른바 동시 오르가즘이 가능하다. 물론 꼭 같이 오르가즘을 느끼는 것이 중요한 것도 아니고, 그래야 하는 것도 결코 아니지만, 같이 오르가즘에 이르면 함께 뭔가를 해냈다는 동지감도 생기고 더욱 쾌감이 큰 것도 사실일 것이다.

송우

남편도 애무를
원한다

"남자는 일단 사정을 하면 오르가즘을 느끼잖아요?"
"섹스를 하면 남자는 늘 만족하지만 여자는 그렇지 않잖아요?"

남자는 섹스를 하면 늘 강력한 오르가즘을 느끼는 성적으로 축복받은 존재일까? 사정만 하면 남자는 극대한 오르가즘을 느끼는 걸까? 남자들과 이야기를 나눠보면 '그렇지 않다'고 대답한다. 그들이 극대한 오르가즘을 느끼는 것은 사정에 따라오는 일상적인 것이 아니라 오히려 파트너인 그녀에게 강력한 성적 흥분, 극대한 오르가즘을 선사했을 때라는 것이다.

키스를 할 때, 섹스를 할 때 여자들은 대개 눈을 감고 있지만, 눈을 떠보면 남자들이 눈을 크게 뜨고 여자들의 반응을 유심히 살펴보고 있음을 알 수 있다. 결국 남자들의 만족스러운 섹스는 섹스라는 행위만이 아닌, 자신들이 파트너에게 선사할 수 있는 황홀함의 능력에 좌우된다고 해도 과언이 아니다.

그래서 마지못해 남자의 요구를 못 이기는 척 들어주는 듯한 섹스는 남자를 흥분시키지 않는다. 오히려 남자를 비참하게 만든다. 남자는 진화가 덜 된 동물이 아니라 여자와 다른 섹스 메커니즘을 가진 존재일 뿐이며, 대화로 만족감을 느낄 수 있는 여자와 달리 육체적인 존재다.

남자가 성적으로 충족감을 느끼려면 아내를 성적으로 즐겁게 하는 데서 오는 정서적인 충족감이 성취되어야 한다. "이 세상에서 자신의 아내가 섹스를 하며 진정으로 행복해하는 것을 보는 것만큼 강력하게 흥분되고 좋은 일은 없다"고 남편들은 말한다. 앞에서도 말했지만 남자들은 여자들을 오래 애무하면서 그 여자가 절정에 이르도록 흥분하고 즐거워하는 것을 볼 때 정액량이 많아지고, 많은 정액을 사정할 때 극대한 오르가즘을 느끼게 된다.

사랑을 나눌 때 아내가 열정적으로 자신의 성적 기쁨과 갈증을 표현한다면 그렇게 자주 섹스를 하지 않아도 남편들은 훨씬 만족스러운 성생활을 한다고 느낄 것이다. 즉 남편에게도 양보다는 질적인 섹스가 중요하다는 것이다. 횟수만 채우는 섹스를 마지못해 하는 듯한 아내는 결국 남편을 다른 여자에게 보내는 바보짓을 하는 것과 다를 바가 없다.

남편이 아내에게 섹스를 구걸하게 되면, 늘 자기만이 아내의 사랑(섹스)을 요구할 뿐 아내는 그렇지 않다는 것을 알게 된다면 남편은 좌절하게 될지도 모른다. 실제 나는 상담 현장에서 아내에게 번번이 섹스를 거절당하는 남자들의 분노와 비탄을 들을 기회가 아주 많다. 사랑과 같이 섹스에 있어서도 더 많이 원하는 사람이 칼날을 쥐게 된다.

하지만 섹스의 주도권을 가지고 있다고 해서(아내들은 주로 동의할 때만 사용하는 주도권이지만), 섹스로 남편을 통제하려 든다면 남편은 아내에 대해 비참한 기분이 들게 되고, 화가 나게 된다. 그러면 남편은 거칠어지고 자주 화를 내고 유치하게 굴고, 냉정해지며, 짜증을 내게 된다. 남자든 여자든 성적인 긴장이 충분히 해소되지 않으면 거칠어진다. 육체적으로 불편함을 느낄 뿐 아니라 정서적으로도 '자기의 존재' 자체가 무시된다는 느낌을 받기 때문이다.

남자도 여자만큼 꼭 끌어안기길 원하며, 특히 중년남자들은 아내가 자신을 안아주는 것을 좋아한다. 아내의 따뜻하고 포근한 품만큼 남편을 위안하는 장소가 또 어디 있겠는가? 남편이 원하는 만큼의 질과 양의 섹스를 아내로부터 얻게 된다면 남편은 다른 생각을 할 필요 없이 단순하게 행복해진다. 섹스는 남자가 아내를 사랑하는 중요한 방식 중 하나라는 것을 아내들이 이해했으면 한다. 생각해보면 남편이 아내에게 계속 성욕을 느끼고(그녀를 매력적으로 느끼고) 그녀와 사랑을 나누려 한다는 것은 아내들이 기뻐해야 할 일이지 불평할 일은 아니며, 오히려 남편이 성적으로 아내에게 아무런 요구를 하지 않는다는 것을 걱정해야 한다.

어쨌든 이렇게 성적으로 충족된 남편은 훨씬 섬세해지며 다정하게 아내를 돌보고 잘 협조하는 경향이 있다는 것을 아내들이 알았으면 한다. 남편을 성적으로 만족시키기 위해 여자들이 노력해야 할 것을 정리해보았다.

1. 좀 더 주도적인 섹스

남자들은 아내가 먼저 시작하는 섹스, 주도적인 섹스를 하고 싶어한다. 지치고 피곤해서 들어왔을 때 자기가 먼저 뭔가를 하지 않아도 아내가 옷 벗겨주고, 씻겨주고, 아니 씻겨주지는 않더라도 키스나 애무를 시작해서 자신을 발기시키고 오르가즘까지 가게 할 수 있는 섹스를 가끔은 하고 싶어한다. 그럼으로써 남편이 얻는 중요한 것은 아내가 자기를 원한다는 행복감이며, 사려 깊은 남편이라면 이후 아내를 만족시켜주기 위해 어떤 노력이라도 할 것이다.

2. 적극적인 신호 보내기

성행위 중 멋진 감각이 느껴질 때 신음소리를 내거나 몸을 뒤틀거나 그의 팔이나 등을 꽉 쥐는 것만으로도 남편에게 좋다는 신호를 보낼 수 있다. 남자들은 자신이 그녀를 행복하게 해주고 있는가를 유심히 보고 있기 때문에 금방 알아차린다. 이런 신호를 주고받음으로써 두 사람의 섹스는 훨씬 업그레이드된다. 아무 소리도 내지 않는 것, 몸을 보여주지 않는 것, 어떤 다른 몸짓도 하지 않으려 노력하는 것은 조신한 것이 아니라 바보스러운 일이다.

남편에게 야한 여자가 되는 것을 왜 부끄러워하는가? 세상에서 가장 야한 여자랑 사는 남자는 행복한 남자다. 물론 자신에게만! 가장 멋진 여자는 남에게는 보수적이고 남편에게는 개방적인 열린 여자인 것이다.

3. 스스로 섹스라는 대화를 즐길 것

헤라와 제우스가 '섹스를 하면 누가 더 좋은가?'에 대해 논쟁을 벌일 때 인생의 반은 여자로 나머지 반은 남자로 산 테레시아스는 꿈꾸는 듯한 눈빛으로 이렇게 대답했다. "여자일 때 아홉 배가 좋았습니다."

여자는 남자보다 성적으로 분명히 축복받은 존재다. 남자는 한 번 섹스에 한 번의 오르가즘(사정)을 하고 나면 일정기간의 불응기(다시 섹스를 시작할 수 있는 시간)를 가져야 하지만, 여자는 한 번의 섹스에서 여러 번의 멀티오르가즘을 느낄 수 있다. 또한 오르가즘 자체도 성기 오르가즘뿐 아니라 온몸을 통해, 심지어 상상을 통해서도 오르가즘을 느낄 수 있는 존재인 것이다.

생물학적으로만 말하면 한 번의 생식을 성공시키기 위해(자기 유전자를 남기기 위해) 남자는 여자에게 최고의 섹스를 제공해야 하는 존재다. 그러므로 여자라면 누구라도 황홀한 극대치의 섹스를 누릴 수 있다. 이러한 기본적인 자질이 있으니 여자는 조금만 노력하면 더 훌륭한 쾌감과 즐거움이 있는 섹스를 누릴 수 있다. 그러므로 자신의 섹스를 스스로 즐길 수 있길 바란다.

4. 남편에게 즐겁고 놀라운 일로 섹스를 선물하기

마지못해 하는 것이 아니라 당신도 섹스를 즐기고 있다는 것을 남편에게 보여주는 것이 필요하다. 그것이 남편을 더없이 흥분시키고 행복하게 할 것이므로. 외서이긴 하지만 이런 이야기를 읽은 적이 있다.

어떤 남편이 회사일로 몇 주째 스트레스를 받으며 힘들어하고 늦게 퇴근하고 있었다. 어느 날 아내가 남편의 회사로 전화해서 오늘은 언제 퇴근할 수 있는지 물어보았다. 그리고 집 주차장으로 들어오기 전 골목으로 들어서면서 전화를 해달라고 말했다. 남편이 집 근처에 와서 전화를 하자 벌거벗은 채 코트만 걸치고 남편을 기다리고 있던 아내가 남편의 차 헤드라이트 앞에서 바바리맨처럼 앞 코트자락을 확 열었다. 남편을 위해 가장 야한 히치하이커가 되었던 것이다.

그날 밤 남편과 아내는 멋진 사랑을 나누었고, 남편은 섹스를 끝내자 아내의 가슴에 얼굴을 묻고 이렇게 말했다고 한다. "여보, 고마워. 몇 주 만에 처음으로 회사 일을 잊을 수 있었어." 우리나라에서 이러기는 쉽지 않겠지만 요지는 남편을 행복하게 하기 위해서는 이런 노력도 필요하다는 것이다. 남편을 위해 기대하지 않았던 선물을 마련하자. 여자들도 기대하지 않았던 남편의 선물에 더욱 감동하지 않는가?

5. 변화가 있는 섹스

결혼생활을 지속하면서 서로에게 익숙해지면 긴장이 풀어지게 되고 파트너에 대한 성적인 기대를 내려놓는 경우가 많다. 특히 우리나라에선 부부간 성적인 결속과 대화를 자주 하기보다는 가족 안에서 자녀들과, 혹은 부모님들과 결속을 다지는 경우가 더 많다. 하지만 무엇보다 부부는 서로에게 남자와 여자여야 한다. 가능하면 여전히 매력적인 파트너가 되도록 노력하는 것이 필요하다. 기능적이긴 하지만 늘 늘어진 티셔츠에 청바지 혹은 무릎 나온 바지를 입은 모습이 어떻게 파트너에게 매력적으로 보이겠는가? 언제든 파트너에게 가장 멋진 사람으로 보이려면 노력이 필요하다.

특히 50대가 넘어가면 아이들도 밖으로 돌고 독립을 준비하며 결혼도 한다. 그러면 다시 부부는 제2의 신혼기를 맞게 된다. 이때 다정하고 행복하게 서로를 지극히 챙기면서 살려면 서로에게 편안한 파트너이면서도 여전히 매력 있는 존재로 보이는 것을 포기하지 말아야 한다. 외출할 때 다른 사람에게 예쁘고 근사하게 보이려고만 하지 말고 집안에서 그(그녀)에게 성적으로 매력 있는 사람이 되려면 풀어진 모습을 보여주지 않는 것이 좋고 여전히 신비로움도 가지고 있어야 한다.

또 섹스를 할 때도 좀 더 색다르게 해보는 과감함도 가지고 있어야 한다. 꼭 침대만 고집하지 말고 소파나 부엌바닥, 거실바닥에서 하거나 욕조에서 샤워하다가 시작하는 등 재미있게 해보기 바란다. 부부간의 섹스는 성스러운 예식이기보다는 재미있고 즐거운 것이어야 한다. 섹스를 나누면서 웃음이 나오는 유머도 필요하다. 권태의 반대말은 '자극'이다. 여전히 나를 자극해주는 파트너에게 어떻게 권태감을 느끼고 지루해할 것인가?

송우
잠자리 토크
매뉴얼

결혼에서 원만한 섹스는 부부에게 한없는 기쁨과 만족감을 주는 요소이지만, 원만하지 않은 섹스는 회복하기 어려운 상처를 입히고, 파트너의 거절은 마음의 유대를 끊는 잠재적인 요소를 가진다. 섹스는 함께 하는 것이니만큼 서로의 행위나 바람에 대해 불만족이나 아쉬움이 있기 쉬운데, 이때 성적인 대화를 쉽게 그리고 솔직하게 할 수 있다면 부부간의 신뢰와 사랑을 더욱 깊게 할 수 있다.

부부간의 섹스는 서로에게 더없는 즐거움과 사랑의 확신을 줄 뿐 아니라 애정을 더욱 깊게 해준다. 섹스 횟수가 많으면 많을수록 결혼생활이 충실해질 수 있다는 것을 믿으시길!

성적 대화란 파트너끼리 서로 자신의 성생활에 대해서 이야기하고 나아가 서로의 성생활에 대한 바람을 이야기하는 것이다. 성적 대화에는 주로 자신이 좋아하는 것, 혐오하는 것, 비밀, 공포, 성적인 만족과 불만족, 욕망, 바라는 것, 필요한 것 등이 포함되어야 한다.

무엇보다 성적인 대화가 가능하려면 먼저 일상의 대화가 잘되는 수준이어야 하는데, 성에 대한 대화나 행위를 하려면 파트너에 대한 전폭적인 신뢰가 있어야 하기 때문이다. 파트너를 신뢰할수록 자신의 성적 바람이나 성생활에서 요구하는 바를 쉽게 말할 수 있지 않겠는가?

대개의 경우 성적인 문제에 대해 말하고 싶어도 부부는 이 문제에 대해 말하길 꺼리거나, 이야기를 나눈다 해도 솔직하지 않은 표현을 쓰고—그럼에도 파트너가 완전히 이해해주길 바라면서—서둘러 대화를 끝내려고 하기 때문에 파트너가 원하는 바를 알지 못할 때가 많다. 파트너가 나를 밝히는 사람으로 생각할까봐 이야기를 꺼내지도 못하는 경우가 많은데, 성적 대화를 솔직하게 하고 이를 즐겁게 실행할 수 있다면 부부관계는 말할 것도 없이 더욱 좋아진다.

따라서 부부의 섹스를 더욱 멋진 것으로 업그레이드하려면 성적인 대화를 자주 하는 것이 가장 좋다. 둘이 드라이브를 하면서, 산책하면서, 혹은 잠자리에 들면서, 섹스를 하면서 성적인 대화를 자주 나누게 되면 부부사이가 더욱 가까워지는 것을 느낄 것이다.

이때 명심해야 할 것은 언제든 시작은 파트너와 하는 성생활의 즐거움을 칭찬과 만족으로 표현하는 말로 해야 한다는 것이다. 그래야 언제든 성적인 대화를 쉽게 다시 꺼낼 수 있고, 또 그럴 때마다 파트너가 긴장하지 않고 즐겁게 참여할 수 있다. 성적인 대화를 할 때는 다음 사항에 유의하도록 한다.

1. 성적인 대화를 하기 쉬운 분위기를 만든다

이 분위기라 함은 남에게 방해받지 않는, 그리고 남이 듣지 못할 장소이기도 해야 하지만 성적인 대화를 나눌 만한 심리적인 분위기를 만드는 것이 더욱 필요하다. 명심해야 할 것은 편안하고 유쾌한 분위기에서 시작해야 한다는 것이다.

2. 재미있는 이야기를 하는 어조로 말을 시작한다

위압적이거나 신경질적이지 않고 부드러운 분위기에서 재미있는 이야기를 하는 어조로 말을 꺼내는 것이 좋다. 왜냐하면 특히 남자는 성에 대한 이야기가 자신의 능력을 평가하는 일이라고 받아들이기 쉽기 때문에 비판조로 심각하게 이야기하면 자신이 비난받거나 지적받는 일이라 생각해 분위기가 험악해질 수 있다. 이때 농담하는 듯이 너무 가볍게 이야기를 꺼내거나 빗대서 빈정거리지 않도록 한다.

3. 좋은 면을 더욱 강조한다

설령 현재의 섹스가 만족스럽지 않더라도 좋은 면만을 강조한다.

4. 파트너는 나의 섹스를 업그레이드시켜주는 사람이다

파트너로부터 어떻게 해주기를 요구받으면 자신의 성행위에 대한 불만이나 비난 혹은 잘못에 대한 지적이라 생각하지 말고, 좀 더 멋진 섹스를 하기 위한 제안이라 생각하고, 파트너의 요구가 자신의 성행동을 발전시켜줄 것이라 받아들인다.

5. 섹스는 'you first'임을 잊지 말 것, 파트너는 나의 고객이다

요리사는 자신이 원하는 요리보다 손님이 원하는 요리를 멋지게 차려내어야 멋진 요리사라는 것을 명심하자.

다음은 일상에서 필요한 성적 대화의 예다.

1. 섹스하는 도중에

"내가 어디를 만져주면 좋아?"

"이건 느낌이 어때?"

"이 속도 좋아?"

이 같은 단순한 대화가 파트너의 쾌락을 향상시킨다.

2. 드라이브나 산책할 때

"당신 그거 알아요? 어젯밤 당신이 가슴을 오랫동안 만져주어서 좋았어요. 완전 행복했죠."

"매일 당신을 껴안고 싶어요."

"우리 한번 아침에 사랑을 나누어볼까?"

"당신을 안을 때마다 느끼는 건데, 당신 피부는 정말 부드러워."

이렇게 시작하고 아쉬운 점이나 기대를 이야기하면 성적 대화를 시작하기 훨씬 쉬워질 것이다. 다음처럼 말이다.

"우리 잠자리 말인데…… 좀 자주 해보면 어떨까? 난 더 자주 당신을 안고 싶은데."

"당신이 날 더 많이 안아주고 싶다니 정말 감동인데? 나도 당신이랑 진한 밤을 보내는 게 좋지. 그런데 당신이 알다시피 내가 요즘 회사에서 일이 많잖아요? 그럼, 당신은 얼마나 자주 안고 싶은데? 횟수보다 한번 할 때 진하게 하면 난 더 좋을 것 같은데."

"그래? 난 당신이 피곤할 것 같아서 자주 하자고 하질 못했어."

"그랬구나. 날 생각해주는 건 당신밖에 없네. 일이 좀 줄어들면 자주 하기로 하고, 당분간은 일주일에 한 번 길게 진하게 하면 어때요? 난 당신이 좀 더 키스해주면 좋겠어. 내가 민감한 데는 어딘지 알지?"

"그럼. 그리고 혹시 내가 더 만져주거나 키스해주었으면 하는 데가 있어? 그럼 신호를 보내야지. 다음에 할 땐 당신이 꼭 알려줘야 돼. 당신이 좋아해야 나도 더 좋거든. ……그래 그럼 일주일에 한 번, 길게. 그 대신 휴일이 있으면 그날도 하는 거야? 자기도 열심히 참여하는 거고? 그리고 당분간이고…… 야, 기대되는데?"

"그래, 적어도 일주일에 한 번 이상은 하도록 해요. 사랑해 자기야."

섹스를
방해하는 것들

"남편과 사랑이 담긴 섹스를 언제 해보았는지 모르겠어요. 결혼한 지 5년, 이제 우린 완전히 의무방어전을 치르지요. 그리고 상황 끝이면 등 돌리고 자는 거예요. 남들도 다 그런가요?"

"전 아내와 더 많이 섹스를 하고 싶어요. 하지만 아내는 섹스를 너무 부정적으로 생각하는 것 같습니다. 아내는 섹스를 즐긴다는 것이 음탕한 짓이라고 말합니다."

"결혼 초에는 그나마 의무적으로라도 섹스에 응해주던 아내가 아이를 낳고 나자 아이만 신경 쓰고 저는 뒷전입니다. 마치 더 이상 섹스를 하지 않아도 된다는 듯이 아이만 끼고 자요. 여자들은 아기를 낳으면 성욕이 없어지나요?"

"남편은 너무 일방적이에요. 자기 페이스대로만 가는 거예요. 내가 흥분했는지, 만족했는지는 안중에도 없는 것 같아요. 그러면서도 섹스가 끝나면 꼭 묻지요. 좋았냐고? 전 남편이 먼저 씻으러 가면 자위행위를 통해 미진한 느낌을 해결합니다. 참 서글퍼요."

여러분의 부부관계가 어떠냐고 물으면 처음엔 어색한 웃음을 짓다가도 한 사람만 입을 열면 경쟁하듯이 불만이 터져나온다. 남편의 불만 1위는 '한 번도 아내가 먼저 섹스를 요구해본 적이 없다'이고 아내의 불만 1위는 '늘 자기 위주로 한다'이다.

이런 우스갯소리가 있다. 한 쌍이 섹스를 한 후 나누는 이야기를 들어보면 그들이 연인인지 부부인지 알 수 있다고. 그야말로 애써서 열심히 하고 난 후 남자가 여자에게 묻는다. "좋았어?" 그때 여자가 어떻게 대답하느냐가 관건이다. "너무 좋았어요. 정말 멋졌어. 고마워요"라고 답하면 연인이고, "우리 천장 도배 좀 해야겠어요." 하면 부인이라는 것이다. 이 이야기를 하면 모두 웃음을 터뜨리며 고개를 끄덕인다.

이야기가 이렇게 되기까지는 여러 요인이 있다. 여자가 성에 대해 아는 체를 하거나 관심을 보이거나 섹스할 때 신음 소리를 과하게 내거나 몸을 많이 움직이거나 이렇게 해보자거나 하면 '밝히는 여자', '문제 있는 여자'라고 생각하는 풍토 때문에 여자들은 아무런 표현도 하지 않는다. 그래야 조신하고 순진한 여자라고 대우받기 때문이다.

요즘은 여자들의 혼전 섹스경험이 전보다 쉬워져서 많은 여자들이 결혼 전에 얼마간의 섹스경험을 가지게 되는데, 여전히 남편 앞에서는 전혀 모르는 것 같은 태도를 취해야 하기 때문에 성감이 떨어져 만족감이 낮다는 고민을 하곤 한다. 얼마 전 상담한 한 아내 역시 멋진(?) 성경험이 많은 자신이 서툰 남편의 섹스에 대해 뭐라 말할 수도 없고, 그저 모르는 것처럼 가만히 있자니 만족하기가 어려워서 남편에게 성적 만족감을 기대하지 못한다며 고민했다.

　하지만 앞서도 말했듯 남편들의 불만 1호는 아이러니하게도 '아내가 적극적으로 하지 않는다', '아내가 한 번도 먼저 요구해본 적이 없다'이다. 어쩌다 한 번은 아내가 먼저 요구하고 자신을 멋있게 흥분시키고 만족시켜주었으면 한다는 바람을 가진 남편도 많다. 그렇다면 결론은 하나다. 서로에게 신호를 보내고 그 신호에 대해 사회적인 분석을 하지 않는 것이다. 신호는 말로 해도 되고 몸짓이나 단순한 신음소리로도 할 수 있다.

　부부간의 섹스는 즐거운 소통의 한 방법이다. 당신이 나를 만져주고 애무해주고 키스해주는 것, 나아가 한몸이 되는 것, 또 내가 당신을 만지고 키스하고 애무하는 이 모든 행위가 나는 너무 행복하고 즐겁다는 반응을 보내야 더 발전된 그리고 효과적인 몸의 대화가 될 수 있다. 여자와 남자 모두 서로가 얼마나 즐거워하는지 그 모습을 볼 때 더 많이 흥분한다고 하니까 서로에게 적극적으로 열렬하게 뜨거운 신호를 보낼 일이다.

　관계 초기엔 서로에 대해 잘 모르니까 좀 조심스럽게 접근할 필요가 있을지 모르겠지만, 부부관계를 몇 년씩 하거나 실제 연애기간에 섹스를 즐겨왔던 커플이라면 서로의 인간성이나 가치관에 대해 알고 있을 테니 그것으로 파트너가 나를 의심하고 가볍게 여길 거라는 두려움은 버려도 좋지 않을까?

　그런데 사실 부부관계의 걸림돌은 이것만이 아니다. 안타깝게도 남자와 여자의 인생주기나 섹스주기는 희한하게도 엇박자다. 젊었을 때의 남자는 사회 지향적, 목표 성취적이다가 40대가 넘어가면 가정 및 관계 지향적으로 바뀐다. 젊었을 때의 여자는 가정 및 관계 지향적이다가 40대가 넘으면 사회 지향적, 목표 지향적이 된다. 호르몬 변화 탓이다. 성적으로도 젊었을 때 남자는 활활 타오르는 횃불 같다가 점점 은근한 끈기를 지닌 화롯불이 되어간다. 여자는 미처 불이 붙지 않은 미진한 불씨이다가 30대 중반이 넘어서면서 화력이 좋아진다. 이렇게 엇박자로 가는 사이클이 서로를 불만스럽게 하고, 점점 멀어지게 만드는 경우가 많다.

이렇게 되는 데는 남녀의 생물학적 차이뿐 아니라 사회적 역할 차이에도 원인이 있지만, 요즘 들어 나는 남녀의 성심리 차이가 결국 생물학적 차이에서 기인한다고 생각한다. 그러나 어쨌든 우리는 아주 오래전 석기시대 그 이전부터 지금에 이르기까지 남녀로 만난 이상, 사랑하고 하나가 되는 섹스를 체험한다. 섹스는 심리적으로 육체적으로 많은 위안을 제공하는 것이 사실이나, 그럼에도 불구하고 현대를 사는 우리는 점점 섹스를 멀리하고 있다. 그 이유는 여러 가지가 있을 것이나, 무엇보다 섹스는 'fun(재미)'이기 때문에 즐겁지 않으면 점점 시들해지고 신명이 나지 않게 된다.

또 익숙해질수록 섹스는 재미가 적어지는 것도 사실이다(감각의 면에서만 말하자면). 여전히 배우자를 사랑하면서도 여러 가지 상황으로 인해 섹스를 방해받는 일도 적지 않다. 그러면 섹스의 적은 무엇일까?

1. 아이들이나 같이 사는 가족

섹스의 가장 큰 적은 두 사람의 사랑의 결실이자 언제나 무한한 사랑을 보여주어야 하는 아이들, 그리고 같이 사는 가족이다. 실제로 아이들이 깨어 있어서 아이를 재우다가 먼저 자버리는 경우도 많고, 방 밖으로 지나다니는 식구들 발소리를 의식하느라 섹스에 몰입하지 못하는 경우가 많다. 우리나라는 아이들이 너무 늦게 잔다. 청소년 자녀들은 공부하느라 밤늦게 다닌다. 또 좋은 엄마라면 아이들이 공부할 때 옆에서 책이라도 읽어야 한다고 아이들 곁에 붙어 있고, 아버지는 혼자서 TV나 보거나 밖에서 친구들과 어울리기 일쑤다. 즉 부부가 같이 있는 시간을 만들기가 쉽지 않은 게 사실이다.

자지 않는 아이들 때문에 늘 숨죽여 섹스를 했던 데서 오는 심리적인 부담감과 억제가 오르가즘장애나 발기부전을 가져오는 예도 적지 않다. 아이들이나 다른 식구 때문에 섹스에 몰입할 수 없다면 더 큰 불만이 되기 전에 둘만의 공간을 찾아야 한다. 한 달에 한 번이라도 근교의 펜션을 찾거나 안 되면 러브호텔이라도 가서 그야말로 둘만의 섹스에 몰입할 수 있는 기회를 만들자.

2. 피곤함

일상생활에서 받게 되는 육체적이거나 심리적인 피곤함이 모두 섹스의 적이다. 섹스는 릴랙스된 상태에서 더 흥분되고 만족감을 느낀다. 약간 피곤한 상태에서의 섹스는 오히려 피로회복제 기능을 하지만, 심한 피로감 앞에서 섹스에 대한 욕구는 무릎을 꿇게 되는 것이다.

우리 사회의 지나친 분주함과 복잡한 일상생활이 심한 육체적, 심리적인 피로를 가져오고 섹스를 생각하기보다는 쉬고 싶게 만드는데, 일에 치여 사는 맞벌이 부부의 증가가 결국 섹스리스 부부의 증가로 이어진다. 그래서 일상을 단순화시키는 것이 무엇보다 부부관계를 회복하는 데 큰 도움이 된다.

3. 스트레스

섹스는 결국 마음의 활동이다. 스트레스가 많으면 마음이 활동을 쉬게 되고 우울해진다. 우울해지고 마음의 힘이 빠지면 섹스는 안중에도 없어지는 것이 당연하다. 섹스는 누군가를 사랑하고 사랑받고 있다는 사실만으로 멋지게 인생을 살아갈 힘을 주고 에너지를 만들어내지만 너무 심한 스트레스는 사랑이라는 원천을 동력으로 에너지를 만들 만한 힘을 잃게 한다. 그러므로 자신이 스트레스를 받지 않도록 마음을 조절하는 힘을 길러야 하고, 스트레스를 받으면 그때그때 해소하는 방법을 만들어두어야 할 것이다.

4. 파트너에 대한 분노, 적개심

감각이나 신체적으로 아무런 이상이 없더라도 파트너에 대한 분노나 적개심이 마음속에 있다면 섹스는 할 수 없다. 섹스를 하더라도 그것은 사랑의 표현이고 확인이라기보다는 그저 일상적인 생활 의무에 불과해진다. 그러므로 파트너에 대해 화가 나 있거나 문제가 있다면 솔직한 대화를 통해 해결하는 것이 필요하다. 정말 바람직한 부부는 아주 시시콜콜한 이야기라도 할 수 있는 그런 부부다. 일상적인 대화가 친밀감을 높이고 친밀감이 높을수록 부부간의 섹스는 더 만족스러운 것이 된다.

5. 파트너에 대한 무관심

파트너에 대한 적개심이나 분노보다 더 무서운 것이 파트너에 대한 무관심이다. '애증이 한 얼굴'이라는 말이 있듯이 많이 미워하면 그만큼의 사랑도 있다는 것이다. 오히려 부부가 서로에게 무관심하다는 것은 서로에게 아무런 감정이 남아 있지 않다, 혹은 마음이 닫혀간다는 불길한 징후이기도 하다. 인도의 고대 문학이자 성 지침서인 《카마수트라》에서는 이렇게 말했다. "비록 남자가 여자를 사랑한다고 하더라도 말을 많이 하지 않으면 그녀를 얻지 못한다"고.

말을 통해 여자는 관계를 맺는다. 아내가 조용해지면 그것은 남편에게 마음을 닫고 있다는 신호다. 드디어 평화가 찾아온 것이 아니라 경계경보가 깜박인다고 봐야 맞다. 파트너를 늘 애정 어린 눈으로 주시하고 파트너에게 간섭 아닌 관심을 가지는 것, 그것이 섹스를 즐겁게 한다.

6. 낮은 신체상

자신의 몸을 가꾸라. 건강하게 그리고 보기 좋게. 지나친 비만은 신체상을 떨어뜨릴 뿐 아니라 성감을 무디게 하기 때문에 체중조절을 할 필요는 충분히 있다. 그러나 부끄러워할 필요는 없다. 자신의 노력에 따라 체중은 조절이 가능하기 때문이다. 사실 자신의 몸을 좋아하고 가꾸는 사람은 섹스에도 긍정적이다. 반면 자신의 신체에 불만을 가지고 있고 자신감을 잃은 사람은 섹스에 소극적이거나 이를 회피하게 된다.

그런데 남편들은 대부분 아내의 몸을 좋아한다. 사랑은 육체만이 아니고 마음도 같이 가는 것이기 때문이다. 아름다운 외모만큼이나 따뜻하고 성숙한 인격이 깃든 마음을 좋아하는 것이다. 자신의 몸을 건강하게 관리하라. 그리고 내 몸에 당당해져라.

7. 기타 육체적인 병, 그리고 약물

기타 당뇨병이나 심장병, 우울증 등 만성질환, 빈혈, 성기 통증, 성기 이상 등의 신체적인 문제가 생기면 병원에 가서 전문적인 치료를 받는다. 또 담배나 지나친 음주, 마약, '항~'이라는 이름이 붙은 약제 등의 복용이 섹스를 방해한다. 신체적인 이상이나 약물 복용 등에 따른 문제는 전문가의 관리가 필요하지만 부부간의 섹스에 있어 무엇보다 중요한 것은 자신의 마음이다.

부부간의 사랑을 확인해주고 더 큰 사랑으로 결속하게 해주는 섹스, 그

효과를 믿는다면 지금부터라도 섹스의 적들을 없애는 노력을 함께 하자. 무엇보다 부부간의 사랑 넘치는 섹스만큼 부부를 영혼의 동반자로 강하게 결속시켜주는 행위는 없으므로.

정관수술을 하면 정력이 약해진다?

No. 많은 남자들이 걱정을 하지만 그럴 리가 없다. 고환에는 정자를 만드는 세포와 정액을 만드는 세포가 따로 있다. 고환에서 만들어진 정자는 부고환을 거쳐 정관을 통해 정낭과 전립선 내에 저장돼 있다가 사정관을 통해 요도로 방출되는데, 정관수술의 원리는 이 중 정자의 통로인 정관만을 차단하는 것이다. 만들어진 정자는 효소의 작용으로 녹아서 체내에 자연 흡수된다. 수술을 받은 남자들은 흔히 '씨 없는 수박이 됐다'며 자조 섞인 말을 하지만 그렇지 않다. 일례로 무정자증과 성욕은 아무런 관계가 없지 않은가. 정력이 약해진다는 것은 모두 심리적인 문제다.

송우

아내의 남편,
엄마의 아들

얼마 전 며느리가 아들을 다 가져갔다며, 애써 키워봐야 소용없고 며느리 좋은 일만 시키는 꼴이라고 푸념하는 한 시어머니의 글을 읽었다. 그런가 하면 엄마의 아들로서만 사는 남편 때문에 자신의 자리가 없다고 울먹이는 딱한 아내도 만난다. 결혼을 시키고도 아들에게서 독립하지 못하는 엄마와, 결혼하고도 엄마에게서 독립하지 못하는 아들이 문제다.

아들이 그의 아내와 다정히 이야기하는 꼴을 못 보고, 시샘하고, 아들에게 아내의 역할을 하고자 며느리를 밀어내고, 심지어 며느리와 경쟁하는 모든 어머니는 아들이 며느리 사람임을 알아야 한다. 냉정하게 말하자면 결혼하면 엄마는 아들을 포기해야 한다. 아니 어디 아들뿐이랴. 딸도 이제 더 이상 나의 영역에 있지 않다.

또한 아들도 아내의 자리를 어머니에게서 지켜주어야 한다. 그래서 어머니와의 사이에 끼어서 힘들어하는 남자를 보면, 좀 냉정하게 생각되더라

부부가 함께 오르는 행복한 성

261

도 아내를 택해야 한다고 말해준다. 이는 어머니와 자식 사이는 영원히 끊어지지 않는 결연과 혈맹 사이지만, 아내와 남편 사이는 이보다 더 위태롭기 때문이다. '님'에 점 하나 찍으면 '남'이라고 하지 않는가?

스코틀랜드에는 부모로서 자식에게 꼭 해주어야 하는 세 가지에 대한 속담이 있다고 한다. 첫째는 뿌리root를 알게 해주는 것이고, 둘째는 교육education을 시켜주는 것이며, 셋째는 날개wing를 달아주는 것이란다. 여기서 날개란 곧 '독립'을 의미하는 것이다. 즉 자식이 크면 날려 보내주는 것이 부모의 역할이라는 것이다.

매를 보아도 새끼가 커서 제법 날갯짓을 하게 되면 어미는 새끼새를 물고 날아올라 자꾸 밑으로 떨어뜨려본다. 날갯짓을 가르치기 위해서다. 그래서 날갯짓을 비로소 제법 하게 되면 더 이상 먹이도 주지 않고 날아가도록 한다는 것이다. 새들도 새끼가 자라면 날려 보내주거늘 우리들은 자식이 이미 어른이 되어도 곁에 두고 끼고 살려는 경우가 많다. 험한 인생길 같이 걸어가라고 기댈 사람 만나게 해서 결혼을 시켜주고도 사랑이란 이름으로 간섭하려는 부모가 적지 않은 게 현실이고, 그 양상은 점점 더 심해지는 것 같다.

그러나 결혼이란 어른들이 하는 것이다. 부부는 이제부터 남은 인생을 전적인 동반자로서, 아군으로서, 한팀으로서 살겠다는 약속을 한 것에 다름 아니다. 그래서 예로부터 선인들은 결혼하면 아무리 나이가 어려도 어른 대접을 해주었고 나이가 많아도 결혼하지 않았으면 어른 대접을 하지 않았다.

자식이 결혼하면 이제 내 품의 자식이 아니라는 것을 냉정히 받아들여야 한다. 아무리 그 자식을 키우느라고 애를 쓰고 내 모든 것을 바쳤어도 보상을 바라지도 말 것이며, 자식을 놓아주어야 한다. 더 나아가서는 내

아들은 이제 어른남자로서 한 여자의 남편이라는 것을 인정해야 하며 내 딸 또한 내게 속한 것이 아니라 한 남자의 아내라는 것을 인정해야 한다.

나의 자식이었던 그들은 이제 새 짝을 만나 사랑을 나누고 서로 보듬고, 감싸고 위로받고 위로하며 한세상 살아가야 할 사람들이란 것을 받아들여야 한다. 이런 놓아주기는 사실 청소년기에 이루어졌어야 할 일인데, 이유기가 긴 우리 사회의 정황상 독립된 존재로 놓아주기보다 계속 뒤치다꺼리를 해주는 탓에 서로 독립하지 못하는 것이다.

부모도 자식으로부터, 자식도 부모로부터 독립해야 한다. 그래서 홀어머니든 홀아버지든 자식을 그의 배우자에게 온전히 넘겨주어야 한다. 출가한 자식을 두었다면 아직도 내 아들, 내 자식 타령을 하는 바람에 그 귀한 자식 부부들 사이에 얼음바람을 불어넣고 있지는 않은지 늘 살필 일이다. 자식은 부모의 씨를 받아 세상에 나온 존재이긴 하지만, 그 씨를 온전히 스스로 살 수 있도록 키워놓았다면 권리도 의무도 다했다는 것을 받아들이자.

자식은 부모의 소유나 부모의 수고에 보상해야 하는 연속된 존재가 아니라 부모를 거쳐가는 존재다. 그저 부모를 통해 세상에 왔을 뿐, 그들을 잘 키워 독립시키면 부모로서의 권리와 의무는 끝난 것이다. 결혼시킨 자식을 제대로 독립시키자. 또 다른 어른으로 바라보자. 그리고 그들에게서 벗어나 중년 이후의 부부도 오랜만에 마주보고 각자의 배우자와 뜨거운 동반을 다시 시작해볼 일이다.

송우

말이 통해야
몸이 통한다

성교육, 성상담을 하는 줄 알아서인지 사람들은 내게 무척 쉽게 자신들의 부부관계나 섹스에 대해 털어놓는다. 만난 지 얼마 안 되어 잘 알지 못하는 사람들도 이야기를 좀 나누다 보면 "저기, 그런데……"라며 자신의 섹스나 사랑에 대해 말하기 시작한다. 얼마 전 외국에 살다 잠깐 들어와 만난 어떤 친구도 그랬다.

"난 남편하고의 섹스가 재미가 없어. 꼭 브라더하고 하는 것 같아서."

남자들에게도 가끔 그런 농담을 듣는다.

"아휴, 어떻게 식구하고 섹스 같은 걸 합니까? 그거 근친상간 아니에요?"

물론 농담이긴 하지만 그 속에 전혀 의미가 없진 않다. 어떤 몸의 감각도 마찬가지지만 섹스도 익숙해지면 신선함에서 오는 열정이 사그라지게된다. 생물학자들은 그런 열정이 사라지고 시들해지는 이유를 뇌의 생리나 호르몬 등의 이유 때문이라고 한다. 텐노프라는 학자는 파트너에 대한 사랑이 불붙기 시작한 순간부터 그 연인에 대해 중립적인 감정이 생길 때까지 낭만적인 사랑의 지속기간은 "가장 많은 기간ㆍ평균 18개월~3년 정도의 기간"이라고 했으며, 존 머니라는 학자는 "일단 남자나 여자가 자기의 연인을 정기적으로 만나기 시작하면 두 사람의 열정은 보통 2~3년 동안 지속된다"고 결론을 내린 바 있다.

그런가 하면 리보비츠라는 정신과 의사는 남녀 간의 열렬했던 감정이 식거나 끝나는 원인은 뇌의 생리현상에 이유가 있다면서, 파트너에 대한 열정을 가진 상태로 지속되는 자극을 뇌가 견딜 수 없어서 열정 기간을 끝내는 것이라고 말했다. 그래도 다행스러운 것은 열정 기간이 끝나고 엔도르핀이 분비되면서 그것이 마음의 진정제 역할을 함과 동시에 관계는 애착 상태로 들어간다는 것이다. 그러나 사랑을 진행시키는 과정에 장애요소가 생기면, 예를 들어 집안에서 격렬히 반대하거나, 파트너가 유부녀나 유부남이라서 만나고 사랑을 표현하는 데 어려움이 있다거나 하면 그 열정의 단계가 꽤 오래 가고 그ㆍ열기도 오래 지속된다고 한다.

열정적인 관계에서 애착 관계로 들어선 남녀는 수시로 엔도르핀을 분비하면서 서로에게 안정감과 평온함을 주어 우호적인 관계를 유지시킨다는데, 부부가 나이 들어갈수록 애착 관계를 유지하기가 쉬워진다는 건 다행스러운 일이긴 하지만 그렇다고 해도 안심할 수 있는 상황은 아니다. 요즘에는 부부가 맞벌이를 하는 경우가 많기에 더욱 젊고 매력 있는 다른 이성을 만날 기회도 많을 뿐 아니라, 사랑이나 섹스는 기본적으로 그런 신선한 파트너를 더 선호하기 때문이다. 따라서 부부는 새로운 열정을 위해, 사람 자체를 바꾸지 않더라도 늘 신선함을 느낄 수 있도록 변화해야 한다. 그러려면 어떻게 해야 할까?

무엇보다 부부간의 만족스러운 섹스를 위해 노력해야 한다. 그리고 그런 멋진 섹스를 하려면 먼저 '통해야' 하는 법. 그렇다면 통하는 지름길로서, 여자와 남자를 통틀어 가장 강력한 성감대는 어딜까? 바로 '뇌'이다. 그것은 사랑하는 마음을 가진 뇌이며, '뇌 속에 든 연인에 대한 멋진 이미지'야말로 성감대를 자극하는 가장 효과적인 단추다.

파트너에게 멋진 그리고 섹시한 사람이 되라. 밖에 나간 남편은 혹은 아내는 '어떻게 하면 오늘 가장 돋보일까'를 생각하고 옷을 차려입은 이성들 속에서 생활한다는 것을 잊지 말아야 한다. 그래서 나는 주부대상 성교육에 가면 좀 더 섹시하게 옷을 입을 것을 요구한다. 이때 섹시함이란 야하고 노골적인 것이 아니라 여성성을 돋보이게 하는 차림을 말한다. 난 주부들이 최소한 헐렁한 바지가 아니라, 좀 더 몸매를 드러내주는 옷을 입기 바란다. 그리고 좀 더 자신을 가꾼 모습으로 있기를 바란다. 그것은 나를 성적 대상화하라는 것이 아니라 스스로 자신을 매력 있는 여자로 돌보고, 자신의 아름다움에 당당해지라는 이야기다.

또 가급적이면 운동을 열심히 해서 건강하고 균형 잡힌 몸매를 유지하기를 바란다. 그것은 나 자신의 건강에도 좋고 자신의 신체상을 긍정적으로 만들어준다. 주부들 모임도 단지 식도락을 즐기는 모임이 아닌 좀 더 문화적이고 생산적인 모임을 가질 것을 부탁하고 싶다. 그렇게 변화하고 자신을 잘 돌보는 사람은 사랑스럽고 당당함으로 더 섹시하다. 머릿속에 저장된 아내와 남편의 섹시하고 멋진 이미지야말로 흥분되고 만족스러운 섹스를 가능하게 하는 가장 강력한 성감대.

그리고 그저 함께 사는 동거인이 아니라 사랑하는 부부가 되고 싶다면 파트너에 대한 관심을 가져야 한다. 파트너가 요즘은 뭘 좋아하는지, 어떤 옷을 입고 다니는지, 취향이 어떻게 변했는지, 어떤 취미를 가지고 있는

지, 어디에 관심이 있는지에 대해 알아보아야 한다. 처음엔 어색하더라도 자꾸 아주 자잘한 것부터 말로 표현해본다. 가장 좋은 부부는 아주 시시콜콜한 것부터 다 이야기할 수 있는 관계여야 하고, 또 싫은 것을 싫다고 말할 수 있는 자유로운 대화가 가능한 관계라고 생각한다.

대화가 열려야 마음이 열리고 마음이 열려야 통할 수 있다. 마음이 통하면 섹스도 멋지게 할 수 있다. 섹스를 멋지게 할 수 있는 부부라면 서로에게 더할 나위 없는 파트너이고 동반자로서 인생을 살아가게 될 것이다. 행복하고 서로 만족해하는 커플 300쌍의 특징을 알아보니 가장 좋은 친구 관계를 유지하고, 서로 돌봐주며, 뭔가를 계속 주고 싶어하고, 성격의 모든 면이 균형 잡혀 있으며 유머러스했다고 한다.

부부간에 자유로운 대화가 가능해지면 자신들의 섹스에 대한 대화를 해본다. 섹스에 대한 대화를 일반적인 대화가 없는 부부가 하기는 더 어렵지 않겠는가.

"우리 부부관계를 좀 더 자주 하는 게 어떨까?"

"난 당신이 날 부드럽게 만져줄 때가 제일 좋아요." 등등.

섹스에 대한 대화도 일반적인 대화처럼 답을 정해 물어보기보다는 개방형 질문이나 양자택일형 질문을 하도록 한다.

"우리가 사랑을 나눌 때 어떻게 하는 것이 가장 좋아?"

"당신이 좋아하는 체위는 뭐야?"

"오럴섹스에 대해 당신은 어떻게 생각해?"

"우리가 사랑을 나눌 때 불을 켜는 게 좋아, 아니면 끄는 게 좋아?"

섹스에 대한 대화가 가능해지면 두 사람의 섹스는 더 업그레이드될 수 있다. 그리고 가능하면 많이 또 자주 스킨십을 한다. 앉을 때도 배우자의 옆에 앉고, 말할 때도 손을 잡는다든지 파트너의 몸을 만지고, 자주 포옹하고, 기대고, 무릎을 베고 눕는 것을 자주 하는 부부는 당연히 관계가 좋다. 아이들에게도 그런 사랑스러운 스킨십을 많이 보여주는 것이 좋다.

그리고 무엇보다 마음이 담긴 섹스를 한다. 의무방어전이 아니라 정말 사랑이 담긴 그리고 우호적인 섹스를 한다. 더 많이 따뜻하게 만지고 애무하고 돌보아주는 느낌으로 스킨십을 하면 꼭 삽입섹스를 하지 않아도 인생을 함께 살아가는 동반자로서, 친구로서 더욱 친밀감과 애정이 깊어지게 된다.

늘 돌보는 마음을 가지고 파트너를 대한다면 이심전심이라고 마음은 통하게 되어 있다. 마음이 통하면 섹스도 통하고, 그야말로 이 외로운 세상에서 유일하게 나와 모든 것이 통하는 파트너를 가졌다는 당당함과 자신감이 생길 것이다.

송우
섹스에서의
8가지 반칙

너무나 여러 번 반복해서 말하는 것 같지만, 섹스란 사랑의 지극한 표현이자 소통이다. 내가 당신을 얼마나 사랑하는지, 당신이 나를 얼마나 사랑하는지를 표현하고 돌려받는, 인간이 관계를 맺는 방법 중 가장 우호적인 행위다. 사랑과 섹스는 꼭 같이 가는 것이 아니라고 이야기하는 사람도 섹스에 사랑이 깃들어 있어야 더욱 멋진 섹스라는 것은 다 인정한다.

멋진 섹스는 'you first' 즉 파트너를 배려하고 파트너에게 만족을 주고자 노력하는 섹스, 파트너를 탐구하는 섹스, 습관화하지 않는 섹스, 언제든 새로운 즐거움을 찾고 선사할 수 있는 섹스, 마음에 담긴 사랑의 감정을 표현하는 섹스다. 그리고 나쁜 섹스는 섹스를 육체적인 쾌락의 해결책으로만 여기는 섹스, 'I first'라고 나만의 만족만을 지향하는 섹스, 즉 애무 없이 삽입하고 사정하는 섹스, 섹스가 끝난 후 다정하게 안아주고 쓰다듬어주는 애무가 없는 섹스, 늘 똑같은 섹스, 의무감에서 하는 섹스다.

섹스에 숨겨진 미덕은 사랑이다. 기본적으로 섹스는 즐거운 놀이여야 한다. 우리는 놀이를 '무엇' 때문에 하지 않는다. 그저 즐겁기 위해서, 좋은 시간과 관계를 갖기 위해 한다. 그러므로 섹스 또한 목적을 만들지 말고, 그저 사랑하기 때문에 그 사랑을 즐겁게 표현하기 위해 섹스를 한다면 더 바랄 나위 없는 섹스가 될 것이다.

섹스도 사람들이 하는 놀이고 관계 맺기이기 때문에 지켜야 할 룰이 있고 에티켓이 있고 반칙이 있다. 여기 섹스의 8가지 반칙을 알려드리겠다.

1. 마약을 했거나 취한 상태에서 섹스하는 것

섹스의 성감을 높이기 위해 발명되고 애용되는 많은 약물이 있다. 최음제라고 하는 요힘빈이나 히로뽕, 약하게는 대마까지. 이러한 마약들은 미각, 후각, 청각, 촉각 등 사람의 감각을 극도로 예민하게 만들어 성감을 높이기 때문에 최음제라고 불린다.

섹스는 건강한 마음과 몸이 만나 즐거운 관계를 맺는 것이다. 그렇기에 둘 사이에 최음제는 사랑하는 마음으로 너무나 충분하다. 사랑하는 마음이 없는 섹스도 감각만으로 충분히 자극적일 수는 있지만, 사랑하는 이의 눈길과 손길만큼 건강하게 자극적인 것은 없다. 감각만의 섹스는 후회와 허전함만을 남길 뿐이다. 자신이 소모되었음을 느끼기 때문이다.

또 술에 취해서 섹스하는 것도 바람직하지 않다. 부끄러워서, 용기를 내기 위해, 때로는 무모해지기 위해 우리는 술을 마시고 취해서 섹스를 한다. 하지만 맑은 정신으로 사랑의 행위를 할 수 없다면 취해서도 하지 말아야 한다. 그것이 적어도 인간다운 기품을 지키는 일이다. 한두 잔의 가벼운 술은 우리의 긴장을 풀어주고 우리에게 용기를 내게 한다. 그래서 내성적인 사람은 술의 힘을 빌어 사랑 고백을 하기도 하고, 섹스를 제의하기도 하며, 혹은 제의를 받아들이기도 한다.

한두 잔의 술은 마약처럼 우리를 적당히 뻔뻔해지게 하고, 파트너의 손길을 긴장을 풀고 즐기게 하는 사랑의 묘약이 될 수 있다. 하지만 지나친 음주는 우리의 마음과 몸을 마비시키고 제어할 수 없도록 한다. 때로는 용기가 지나쳐 난폭해지기도 하고, 술에 취하면 몸을 제대로 움직일 수 없기 때문에 사랑을 제대로 표현하기보다는 행위를 당하게 된다. 또 정신도 혼미해져서 어떤 섹스를 했는가에 대한 기억도 없을 정도라면 이는 사랑하는 이에 대한 엄청난 무례함이다.

그래서 술에 취해서 하는 섹스는 반칙이다. 더욱이 파트너를 마약에 취하게 하고 술에 취하게 해서 섹스하는 것도 반칙이다. 섹스에서 이것만은 절대로 하지 말아야 할, 그대로 퇴장 명령을 받아야 할 중대한 반칙이다.

2. 지나치게 빨리 섹스하는 것

섹스는 사랑하는 사람과의 정서적이며 육체적인 소통이자 대화다. 함께 편안히 즐기고 누려야 할 행위다. 사랑이 담긴 눈길로 바라보고, 키스하고, 쓰다듬고, 애무하고, 삽입하는, 그리고 섹스가 끝난 후에도 다정하게 안아주고 쓰다듬는 이 모든 과정이 서두르지 말고 천천히 진행되는 배려 깊은 대화가 되어야 한다.

아무런 애무 없이 그저 껴안고, 키스도 없이 삽입하고, 그리고 사정해버리고, 잠들어버리거나 곧 일어서 씻으러 들어가는 등을 보이는 그런 섹스는 반칙이다. 그렇게 지나치게 빠른, 그리고 늘 과정이 생략된 섹스는 파트너 또한 황폐하게 만든다. 파트너에게 자신이 사랑의 대상이 아니라 그저 섹스의 대상이라는 생각을 하게 만드는 것은 또 다른 폭력일 뿐이다.

적지 않은 아내들은 남편이 일방적으로 마치 내게 배설하는 듯한 섹스를 하는 것 같아 하고 싶지 않다는 불평을 한다. 물론 어쩌다 한 번, 매번 먹는 정식에 물려 간단한 일품요리나 라면을 찾게 되는 것처럼 정말 어쩌다 그렇게 동물적이고 번갯불에 콩 구워먹듯 빠른 섹스를 하게 될 수도 있다. 그럴 때에도 사랑한다는 표현만은 잊지 말자. 그리고 사랑이 담긴 키스도 빼지 말자. 번갯불에 콩 구워먹더라도 사랑이 담긴 콩을 구워먹자.

3. 임신을 원하지 않는 상태에서 콘돔이나 피임약을 사용하지 않는 것

아내에게 네 번이나 낙태수술을 시킨 한 남편이 아내가 또 임신을 하자 "여자가 칠칠하지 못해서"라며 피임준비를 하지 않은 아내를 나무랐다는 이야기에 아연실색한 적이 있다. 낙태는 아기의 생명을 없애는 무서운 일이라는 점 외에도 여자의 수명을 5년은 앞당긴다고 할 만큼 여자의 몸에 무리가 가는 시술이다. 낙태를 경험한 여자가 심리적으로 평생 가져야 할 죄의식까지 생각한다면 낙태만큼 나쁜 일이 없다.

섹스는 사랑하는 사이에서 자연스럽게 결정할 수 있다. 섹스를 할 것이냐 안 할 것이냐는 개인의 성가치관과 순결 기준, 마음의 준비에 따라 결정할 수 있겠지만, 몸의 준비인 피임만은 반드시 그리고 정확하게 둘이 함께 준비해야 한다. 그래서 사랑하지만 아기를 낳을 수 없는 연인들이라면, 부부라면 반드시 피임을 해야 한다.

섹스는 사랑하는 사람끼리의 즐거운 행위인 만큼 그에 따르는 책임도 같이 져야 한다. 피임이 여자만의 몫이어서는 안 된다는 것이다.

4. 누군가를 위험에 빠뜨리는 성행위를 하는 것

이 위험에 빠뜨리는 성행위에는 원치 않는 임신을 하게 하는 준비 안 된 섹스, 너무나 폭력적이어서 파트너를 다치게 하는 섹스, 파트너에게 성병을 옮겨주는 섹스. 심리적으로는 섹스를 이용해 파트너의 자유를 구속하는 것까지가 포함된다.

자신의 욕구를 채우기 위해 파트너가 원하지 않는 성행동을 해서 마음과 몸에 상처를 입히는 것은 사랑하는 이의 자세가 아니다. 섹스는 파트너를 더 행복하게 해주기 위한 선의의 소통이며 행위여야 한다.

5. 칠흑 같은 어둠 속에서 섹스하는 것

자신의 신체상에 자신이 없으면 섹스가 괴롭다. 난 아랫배가 나와서, 다리가 굵어서, 피부색이 검어서 등등. 남편과 섹스할 대도 '뚱뚱한 내 몸매를 좋아할 리가 없다'고 지레짐작해 불을 끄고 이불로 몸을 둘둘 감싸고 그에 더해 몸을 만지지도 못하게 한다면 자연스레 섹스에 소극적인 몸짓이 될 수밖에 없다.

남편이 섹스에 불만을 느낀다면 대개 그것은 소극적이고 심지어 거부감이 느껴지는 아내의 태도, 의무방어적인 태도 탓이지 아내의 몸 때문은 아니다. 그래서 어떤 성학자는 여자가 느끼는 섹스의 만족도는 자신의 신체상에 느끼는 만족도와 비례한다고도 한다. 하지만 대개의 남편들은 아내의 몸에 불만이 없고, 오히려 아내의 몸을 좋아한다. 결혼해서 살다 보면 외모보다 그가 가진 인격과 심성이 무엇보다 소중한 것을 알게 되고, 서로를 위안하는 마음에 정이 들기 때문이다.

내가 내 몸을 사랑하면 몸은 아름다워지게 되어 있다. 관심을 가지면 더 몸을 가꾸게 될 것이고, 무엇보다 건강하고 당당한 마음에서 아름다움은 나온다. 또 남자의 입장에서 보면 섹스할 때 파트너의 몸을 보는 것이 강한 자극이 된다. 남자가 오감 중 시각적인 자극에 가장 예민한 존재라는 것을 잊지 말 일이다.

그런데 일반적으로 여자는 섹스 중에 눈을 감는다. 이는 쑥스러워서도 그렇지만 좀 더 집중하고 느껴보려는 것이다. 그런데 남자는 어떨까? 궁금하면 키스하거나 섹스를 하다가 눈을 떠보라. 남자는 눈을 뜨고 있다. 자기가 잘하고 있는지를 확인하기도 하면서 그를 통한 자극을 받기 위해서다. 모쪼록 사랑하는 이와 섹스할 때는 칠흑 같은 어둠 속에서 하지는 말일이다.

6. 파트너에게 미리 알리거나 동의를 구하지 않고 등을 돌리는 행위

이것이 여자들이 가장 많은 불만을 표시하는 남자의 못마땅한 행위다. 남자들은 사정을 하고 나면 나른함과 해탈감을 느낀다. 또 사정 후 고갈된 테스토스테론이 다시 채워지기까지 남자들은 여자에게 짜증이 나고 냉정함이 느껴지는 감정을 겪기도 한다고 한다. 좀 떨어져 있고 싶은 마음을 느낀다고도 한다. 이렇게 남자가 사정을 한 후 잠시 냉정해지는 것은(그녀에 대한 관심을 잃는 것은) 섹스 후 여자의 몸속에서 진행되는 임신확률을 높이려는 생물학적 필요 때문이라고도 한다. 그래서 자기도 모르게 잠에 빠져들거나 등을 돌리게 된다는 것이다.

그러나 여자들은 섹스 후에 남자들이 따뜻하게 안아주고 쓰다듬어주는 애무를 기대한다. 애착 호르몬인 옥시토신이 많이 분비될수록 여자는 남자가 안아주고 쓰다듬어주기를 원한다. 배려가 깊은 남자 또한 '끝나고 애무가 없는 섹스가 나쁜 섹스'라고 할 정도니 남자도 사랑의 절정을 넘어 하는 잔잔한 애무를 원한다고 본다.

한 젊은 남편은 자기가 섹스하고 곧 잠에 빠지는 걸 아내가 서운해한다는 것을 알고는 섹스가 끝나자마자 꼭 TV를 켜 잠시라도 정신 차리고 아내를 안아주려고 노력한다는 갸륵한 말을 듣기도 했다. 만일 남편이 사랑의 행위가 끝나고 말도 없이 돌아누워버린다면 그의 귀에 "난 당신이랑 마주보고 싶어", "난 당신이 더 안아주었으면 좋겠어요"라고 속삭여보자. 처음에는 옆구리 찔러 받는 절이지만 사려가 깊은, 그리고 조금이라도 눈치가 있는 남편이라면 얼른 돌아누워 당신을 포근하게 안아줄 것이다.

7. 섹스 도중 파트너에게 거짓말하는 것, 혹은 오르가즘을 가장하는 행위

섹스란 사랑하는 사람끼리의 은밀한 대화다. 그리고 대화의 미덕은 무엇보다 솔직함에서 나온다. 나를 알리는 것, 그리고 파트너를 이해하는 것이 대화의 목적 아닌가. 그러므로 섹스 중에 파트너를 속이지 말 일이다. 별로 즐겁지도 않으면서 넘어가는 소리를 내는 것, 그리 좋은 감각도 아닌데 '너무 좋다'고 오버하는 것, 그리고 무엇보다 거짓 오르가즘을 표현하는 것이 그것이다.

여자들 중에 80퍼센트 이상이 오르가즘을 가장한다고 한다. 그 이유는 파트너를 무안하게 하지 않기 위해, 기를 살려주려고, 빨리 끝내려고, 또 내가 아주 잘 느끼는 여자라는 것을 표현하려고 그런다는 것이다.

그런데 오르가즘을 가장하다 보면 습관이 된다. 그래서 자기마저 속이게 된다. '내가 잘하고 있는지'를 자신이 밖에서 관찰하게 된다는 것이다. 그러면 당연히 연기에 치우쳐 파트너가 주는 감각을 느끼기 어렵다. 또 가장하는 연기를 한다 해도, 실제 자신의 감각만은 속일 수 없기 때문에 섹스가 끝나고도 미진함과 허전함이 남게 된다. 더욱 나쁜 것은 파트너가 더 잘할 수 있도록 노력하는 기회를 빼앗는 것이다.

성치료에서는 때로 좀 더 과장해서 신음소리를 내보라고 주문하는 경우가 있다. 하지만 이것은 거짓이 아니라 조금 더 오버해서 소리를 내보라는 것이다. 파트너뿐 아니라 자신도 스스로의 신음소리에 자극받기도 하기 때문인데, 아무 자극도 못 느끼면서 거짓으로 오르가즘을 가장하라는 것과는 다르다. 오르가즘을 얻도록 늘 노력하고 탐구하는 섹스를 하자. 체위도 바꿔보고, 애무도 달리 해보고, 파트너의 성감대를 개발도 해보고. 하지만 아무도 속이지 말자. 섹스야말로 진정한 자신을 파트너에게 전하는 방법 아닌가.

8. 파트너가 원하지 않는 성행위를 강요하는 것

파트너가 원하지 않는 성행위를 강요하는 것이 바로 변태다. 바꾸어 말하면 둘이 동의하면 어떤 행위도 변태가 아니다. 파트너가 원하지 않는데 섹스를 강요하는 것, 오럴섹스를 요구하는 것, 항문섹스를 하자고 하는 것, 또 스와핑을 강요하는 것, 여러 사람과 섹스하자고 하는 것 등등.

섹스는 무엇보다 파트너에 대한 배려가 기본이 되어야 하는 행위다. 무엇보다 내 손길과 입맞춤으로 파트너가 희열을 느끼고 행복해하는 것을 보는 것, 온전한 하나가 되었다고 충일감을 느끼는 것은 몸만이 아니라 감각만이 아니라 마음까지 꼭 함께 갈 때 가능한 일이다.

남자든 여자든 마음과 몸이 같이 가는 섹스가 즐겁고 행복하다. 사랑하는 영혼이 서로 교감하고 몸이 서로를 깊이 느낄 때, 섹스를 통해 우리는 더 멋지고 뜨거운 사랑을 실감하게 될 것이다.

결혼 3년 차
권태기 극복법

몇 년 전 니콜라스 케이지와 페넬로페 크루즈가 주연한 '코렐리대위의 만돌린'이라는 영화를 인상 깊게 본 적이 있다. 사랑에 대한 깊은 통찰을 들려주는 여주인공의 아버지와 주인공들이 보여주는 사랑의 모습은 열정과 사랑을 설명할 좋은 자료라 생각되어 미혼 및 대학생들의 성교육시 자주 활용하곤 한다.

진정한 사랑이 무엇인가에 대해 나름대로 진지하게 접근한 이 영화는 그리스의 한 조그만 섬에서 일어나는 사랑 이야기다. 영화 속 여주인공의 아버지는 사랑학 박사가 무색할 정도로 통찰력 있게 사랑에 대해 딸에게 이야기한다. 섬의 순박한 아가씨라기엔 무척 지적이고 아름다운 여주인공이 두 남자 사이에서 고민하다 결국 인생의 아름다움을 자유롭고 멋지게 즐길 줄 아는 지적이고 멋진 코렐리대위와 황홀한 사랑을 나누는데, 그 딸에게 아버지가 열정과 사랑에 대해 이야기하는 대목이 압권이다.

"사랑은 매순간 그를 사랑하고 온몸에 그의 키스를 받고 싶은 그런 것이 아니다. 그것은 사랑에 빠진 것일 뿐 사랑은 아니다. 사랑이란 열정이 사그라지고 난 후에도, 마치 나무뿌리와 흙처럼 그와 분리될 수 없을 정도로 함께 얽힌 상태, 바로 그것이니까. 넌 코렐리와 그런 사랑을 할 수 있겠니?"

열정은 불같이 일어나는 홀림의 감정으로 어떤 이에게 빠져드는 소용돌이 같은 감정이다. 우리가 흔히 '사랑은 교통사고와 같아서'라고 말할 때의 사랑은 열정을 말한다. 열정은 그에 대비할 수도 없고 준비할 수도 없이 그저 얼빠진 상태로 그에게 혹은 그녀에게 속수무책 빠져드는 감정이다. 사랑과 성을 연구하는 많은 학자들은 이야기한다. '열정'이라는 감정의 동요는 페닐에틸라민 혹은 PEA로 알려진 미분자와 함께 시작하며, 그 PEA는 2~3년 동안 뇌 안에서 사랑의 각성작용, 즉 연인을 보면 흥분하고 그의 모든 것에 매혹당하며 오래도록 그와 함께 종알거리면서 마주보는 모든 행위와 감정들을 일으키는데, 그에 익숙해진 뇌의 작용 PEA는 쉽게 말해 우리가 늘상 말하는 '사랑의 콩깍지'라고 생각하면 된다.

사랑을 시작한 지 오래된 커플들이 결혼한 경우에는 말할 것도 없지만 열정에 빠져 결혼한 경우에도 결혼한 지 3년 정도 되면 제1권태기를 겪게 된다. 이때쯤 되면 배우자의 습관이나 성격, 취향 등뿐 아니라 육체적인 감각이나 느낌에도 익숙해져 사랑이 완전히 사라지는 것은 아니더라도 예전처럼 신선한 자극을 받지 않거나, 파트너를 보아도 흥분하지 않게 된다. 또 이때쯤이면 아내들은 대개 어머니가 되어 육아에 치여 육체적으로 심리적으로 지친 상태가 되는 경우가 많다.

하지만 이 시기는 배우자에 대해 이성적인 판단이 불가능할 만큼 홀림의 상태였던 열정에서 벗어나 좀 더 진정한 사랑을 시작하는 시기, 평온하지만 마음 든든한 결속의 단계로 들어가는 아주 중요한 시기이기도 하다. 앞으로 두 사람의 부부관계를 어떻게 가지고 갈 것인지, 어떤 충실한 내용으로 채워갈 것인지가 결정되는 시기인 것이다. 그래서 이 시기에는 더욱더 배우자에 대한 관심과 배려로 뜨거운 열정이 아닌 진정한 사랑을 키워가야 한다.

어떤 관계도 그렇지만 사랑하는 사람들의 관계는 늘 돌보고 관심으로 가꾸어야 하는 화단 같은 것이다. 그래야 잡초가 무성하게 우거진 황폐한 화단이 되지 않는다. 서로를 돌보고 관심을 갖는 것의 기초를 다지는 데는 서로 많이 대화하고 배려하는 것 등의 정서적인 노력과 함께 또 부부가 사랑을 표현하는 행위인 섹스를 통해 소통의 기회를 많이 가지고 더 새롭게, 더 깊게 서로를 알고자 하는 노력이 필요하다.

늘 강조하지만 부부간에 섹스만큼 친밀감을 높여주고 둘도 없는 동지애를 느끼게 하는 표현은 없다. 섹스는 두 사람을 더욱 친밀하게 해주고, 결속력을 강하게 해주며, 인간의 기본적인 욕구인 성욕과 사랑하고 사랑받고자 하는 사랑의 욕구를 훌륭하게 해결해준다. 따라서 결혼 3년 차라면, 신혼 초의 섣부른 열정은 사라졌으나 애착의 단계로 가고 있는 부부관계가 동지애로 더 결속될 수 있도록 다시 섹스에 대한 관심을 증폭시켜 서로에 대한 깊은 배려와 존중으로 더 단단한 애정을 확인해야 한다.

좀 시들해진 섹스라면 자신과 배우자의 성감대 지도를 만들거나 여러 가지 성적인 이벤트를 마련해보는 것도 필요하다. 이대 섹스는 기본적으로 즐거워야 한다는 점을 잊지 말아야 한다. 재미있지 않으면, 황홀하지 않으면, 신나지 않으면 점점 시들해지는 것이 섹스의 속성이다. 여러 가지 새로운 표현을 시도하고 체위도 바꿔보라. 깃털이나 붓 등을 이용해서 서로를 자극해보기도 하며 섹스를 즐겁게 하라.

즐거운 섹스는 파트너에 대한 열정이 다시 생기도록 도와주고, 파트너에 대한 새로운 열정을 불러일으키려는 끊임없는 노력은 새로운 '사랑의 콩깍지'가 될 수도 있다.

남편의 기를 살리기 위해 때론 거짓오르가즘 연기도 필요하다?

No. 상담을 하다 보면 '남편이 기죽지 말고 앞으로 더 잘하라'는 의미로 가끔은 거짓 오르가즘 연기를 한다고 털어놓는다. 그것은 파트너를 속이는 것이기도 하지만 사실 당사자인 여자에게 더 좋지 않다. 오르가즘 연기를 하다 보면 여자 자신도 관찰자가 된다. 점점 섹스에 온전히 집중하지 못해 자기 쾌감도 느끼지 못하게 될 것이다. 게다가 남자에게도 역시 '이미 잘하고 있다'는 거짓 정보를 준 셈이니 그가 앞으로 더 잘할 수 있거나 더 노력할 수 있는 기회를 빼앗는 일이다.

물론 부부들의 성 상담을 할 때 좀 더 과장해서 신음을 내보고 이왕이면 더 섹시하게 소리를 내는 연습을 해보라고 권할 때가 있다. 이는 전혀 느끼지도 못하는데 거짓으로 표현하라는 것이 아니다. 좋은 느낌을 약간 과장해 소리를 내다 보면 그 소리에 자신도 흥분되어 더욱 멋진 섹스를 할 수 있다는 얘기다. 섹스는 소통이다. 정직한 소통은 행복한 섹스의 기본인 것이다.

허니문 베이비는
No!

요즘 결혼하는 이들을 보면 아기를 혼수로 마련한 경우가 꽤 많다. 즉 혼전 관계에서 임신이 되어야만, 책임질 일이 생겨야만 결혼을 결심하게 되는 것 같다. 하지만 나는 예비부부 교육이나 미혼 성교육에서 결혼 전 임신은 물론 가급적이면 허니문 베이비도 만들지 말라고 부탁하곤 한다.

연애기간이 5, 6년 혹은 그 이상 더 길었다고 하더라도 결혼과 연애는 많이 다르다. 그 사람의 모든 것을 안다고 생각하고 결혼했는데 막상 같이 살아보니 내가 몰랐던 점이 한두 가지가 아니고, 새로 발견되는 것들은 부정적인 생활습관인 경우가 더 많다. 부부가 싸우는 것은 대단한 문제가 아니고 아주 사소한 것들이 원인이 된다. 예를 들면 치약을 뒤에서부터 짜는가 중간을 눌러 짜는가, 혹은 양말은 뒤집어 벗어놓는가 세탁기에 가져다 넣는가 하는 아주 사소한 것들 말이다.

연애기간에는 서로에게 가장 멋지고 좋은 사람으로 보이기 위해 많은 연기를 하고 포장도 하지만 막상 매일 얼굴을 맞대고 살게 되는 결혼생활에서는 더 이상 숨길 수 없기 때문에 적나라하게 서로의 부정적인 습관이 드러나게 되고, 이는 갈등의 원인이 된다.

버트런드 러셀경은 결혼 후 적응해야 할 세 가지 관계에 대해 언급한 바 있다.

첫째는 부부가 결혼하면 서로에게 적응해야 한다. 신혼기는 파트너의 생활습관, 꿈, 가치관, 인생관에 대해 많은 이야기를 나누고 서로를 이해하는 시기이면서 연애를 이어가는 달달한 시기여야 한다. 이때 알콩달콩 즐거웠던 달콤한 추억들은 훗날 권태기 등으로 결혼생활이 힘들어질 때 버틸 수 있게 하는 힘이 되어준다. 그래서 신혼기에는 아름답고 낭만적인 추억을 많이 만들 일이다.

두 번째는 파트너의 주변환경에 익숙해지는 것이다. 이것은 파트너의 부모, 가족 문화, 파트너의 친구들, 직장 동료 등 파트너를 둘러싼 관계에 적응하는 것을 말한다. 결혼하면서 쓸데없이 시댁 괴담, 처가 괴담으로 무장하고 관계를 시작해 무엇보다 가까울 수 있는 관계를 엉망으로 만드는 것을 자주 본다. 그런데 내가 그토록 사랑해서 결혼한 그(그녀)는 그 부모와 형제의 사랑 없이는 지금의 그(그녀)가 될 수 없었다는 점을 잊지 말 일이다. 마음이 바뀌면, 생각이 바뀌면 관계는 더욱 좋아질 수 있다. 자신의 정신건강을 위해서도 긍정적인 감사의 마음으로 그(그녀)의 주변을 받아들이려는 노력이 필요하다.

그리고 세 번째가 부부에게 축복으로 찾아올 생명인 자식에 대해, 즉 부모관계에 적응하는 것이다. 내 몸을 빌려 태어난 자식은 그 또한 온전한 영혼이고, 좋은 사람으로 키워내야 할 의무가 부모에게 있다. 부부가 첫 번째와 두 번째 관계에 잘 적응된 후 안정된 결혼의 장에서 아기가 태어나면 아기는 사랑을 듬뿍 받고 건강하고 자존감 있는 존재로 자랄 것이다.

다행히 요즘 젊은 부부들 중에는 몇 년간의 신혼기를 잘 거친 후 아기를 낳을 좋은 몸과 마음을 만든 후 아기를 가지려는 이들이 꽤 있어 다행스럽다. 이렇게 아기는 부부가 중심축으로 잘 안정된 가정에 와야 더욱 행복할 것이다.

그에 반해 아기가 결혼 초기에 여러 가지 관계에 익숙해질 기회도 없이 찾아와버리면, 적응해야 할 세 가지 관계가 온통 뒤죽박죽이 된다. 파트너와 파트너의 환경도 낯설고 스트레스거리인데 아기를 임신해 겪게 되는 몸과 마음의 변화가 여자를 더욱 힘들게 하고 부모로서의 책임감 때문에 신혼기는 전쟁터가 되어버리는 것이다.

그래서 아기는 부부가 부모가 될 준비가 된 후에, 부부 둘만의 아름다운 추억을 마음껏 만든 후에 갖기를 부탁하는 것이다.

임신 중 섹스는 아기에게 좋지 않은 영향을 준다?

No. 4개월 중반을 지나 안정기가 되면 섹스를 해도 괜찮다. 오히려 브드러운 섹스는 여자의 자존감을 세워주고 안정감을 준다. 엄마가 안정감을 느끼면 뱃속 아기에게도 좋은 영향을 줄 것이다. 정상적인 오르가즘을 느끼며 섹스를 허온 임신부들이 임신 기간을 안정적으로 유지하는 경우가 많다는 연구결과도 있다. 또 임신 말기 만삭 때 성교로 조산을 유발할 수 있다는 속설도 있으나 국제 임산임부학 학회지에 따르면 예정일 가까운 시기까지 성교를 한 임부들과 조심하느라 하지 않은 임부들의 출산 시기는 별로 차이가 없는 것으로 드러났다. 오히려 임신 중에 행복한 섹스를 지속해 오르가즘을 자주 느낀 산모일수록 안전하게 분만하는 비율이 높았다는 연구결과도 있다.

육아와 섹스,
현명하게 병행하기

아이와 한 방을 쓰지 않아도 아이를 낳고 맞벌이를 하는 부부는 70퍼센트 정도가 섹스리스라고 한다. 아이를 기르게 되면서 경제적인 부담 외에도 시간과 육체적인 노동의 부담이 과중해지기 때문이다. 게다가 첫아이 때는 양육에 익숙하지도 않아서 초보부모는 연일 갈팡질팡하기 십상이다. 그렇다고 둘째아이 때는 익숙해지는가 하면 그때는 아이 둘에 매달려야 하기 때문에 더욱 어려운 지경에 처한다. 요즘 아이 기르는 일이 사랑만으로 될 일인가 말이다. 아프리카 속담에도 '한 아이를 기르는 데는 마을 하나가 필요하다'는 말이 있을 정도로 한 명의 아이를 좋은 사람으로 키워내기 위해서는 좋은 어른이 많이 필요하다.

양육에 서투른 젊은 부부는 아이에게 매달리게 되고, 누가 먼저라고 할 것도 없이 서로 지치게 되며, 그러다 보면 피곤해서 섹스는 떠오르지도 않는다. 그저 부담이 될 뿐이다. 혹자는 아기가 태어나는 것을 집안에 폭탄

이 터진 것과 마찬가지라고 말하기도 한다. 그만큼 정신없는 상황이 벌어진다는 것일 게다. 어찌 보면 아기의 탄생은 결혼생활 최대의 축복이면서 최초의 결정적인 위험이기도 하다. 이 위태로운, 힘겨운 시기를 부부가 현명하게 잘 견뎌야 좋은 결혼으로 이어질 수 있다.

남자보다 여자는 몸이 피곤하거나 스트레스가 쌓이면 섹스하기보다 자고 싶어한다. 그래서 갑자기 일의 양이 많아지고 심리적인 스트레스도 급격히 늘어나는 시기에는 남편이 적극적으로 집안일과 육아를 함께해야 한다. 그래서 아내의 일하는 시간을 줄여주는 것이 아내를 섹스로 이끄는 길이기도 하다. 가사 분담은 남녀평등을 생각해서 50 대 50 이렇게 나눈다는 생각보다는, '내가 빨래를 돌리고 아내가 일을 하면, 혹은 설거지를 하면 저 사람이 좀 쉬겠구나.' 하는 생각이 더욱 쉽게 파트너를 많이 돕게 하는 것 같다.

또 여자는 아이를 낳아 수유를 하게 되면 성욕도 떨어진다. 수유 중 엄마는 젖이 아기 것이라는 생각을 갖게 되고 남편이 어무하는 것에 부담을 느끼게 되며, 남편이 애무하다가 젖이라도 나오게 될까 애므를 피하게 된다. 이렇게 되면 만족스러운 섹스는 이미 기대하기 어렵다. 누군가는 이것이 모성애의 문제라고도 하지만 사실은 몸에서 활동하는 호르몬이 바뀌는 이유에서다. 아마도 신은 이 시기 남편과의 사랑보다 종족보존에 더 큰 의미를 둔 것 같다.

이때는 호르몬이 달라지기 때문에 질 벽이 얇아지고 윤활제 역할을 해줄 질액의 분비도 적어지는 등 폐경기의 질과 비슷해진다. 그래서 아기를 낳고 얼마 안 된 부부의 섹스에는 윤활제가 필요하다. 약국에서 파는 수성젤, 자이크림이나 아스트로글라이드 등의 윤활제는 아주 유용하다.

이와 같이 이런저런 이유로 아이를 기르는 부부는 섹스리스가 되기 쉬운데, 또 서로가 섹스를 하고 싶은 마음이 있다 해도 아이와 한방을 쓰면 신경이 쓰여 어려움을 겪을 수밖에 없다. 아이가 잠들기를 기다려 섹스를 시작하기도 쉽지 않은데다가 도중에 아이가 눈을 뜨고 보게 될까봐 전전긍긍이다. 그래서 이불을 덮어쓰고 그 안에서 약식으로 해결하게 된다. 입을 앙 다물고 아무런 소리도 내지 않은 채, 거의 극기훈련 수준이다. 이래서는 섹스가 기다려질 리 없고 하고 싶을 리 없다.

따라서 아이와 가급적 한방을 쓰지 않는 것이 좋고 한방에서 자더라도 부모는 침대 위, 아기는 침대 밑에서 재우면 섹스를 들킬 염려도 좀 줄어든다. 그리고 아기가 서너 살이 되면 떼어서 자게 하는 것도 나쁘지 않다. 아이가 죽음에 대해서 생각하게 되는 나이, 대략 여섯 살이나 일곱 살이 되면 아이가 두려움을 알게 되어 이때부터는 떼어놓기가 더욱 힘들어진다. 아이의 방을 예쁘게 잘 꾸며주고, 아이가 잘 때까지 동화책을 읽어준 후 아이가 잠들면 부모의 방으로 돌아오는 것, 안심시키며 따로 재우는 연습을 하는 것은 꼭 필요하다.

또 무엇보다 중요한 것은 관계를 가질 때만이라도 방문을 잠그는 것이다. 아이들에게도 부모가 둘이서만 있는 시간이 필요하고, 서로 어른스럽게 사랑을 표현할 시간이 필요하다는 것을 알게 해야 한다. 성은 프라이버시이고 그것은 부모자식 간에도 엄격하게 지켜져야 할 룰이다. 그래도 어쩔 수 없이 한방을 써야 할 때는 저녁에 아이가 자기 전 목욕을 시켜서 푹 자게 만들 일이다. 그리고 아이와 부부 사이에 베개로 높이 벽을 쌓는 것도 한 방법이다. 아이가 안 보이게 되면 심리적으로 좀 더 마음이 편해지며, 아이가 깨더라도 들키는 순간을 조금이라도 연장할 수 있다.

또 약간의 뻔뻔함을 기르는 건 어떨까. 아이가 아직 어리면(세 살까지 정도) 봐도 곧 잊어버리게 될 것이고, 그보다 나이가 많음에도 보고 말았더라면 어떻게든 재치 있게 그 순간을 넘긴다면 아무 문제가 아닐 수도 있다. 아이가 있을 때의 섹스는 아무래도 좀 움직임이 적고 들켜도 곧 무마할 수 있는 후배위 등을 사용하는 것이 좋겠다. 하지만 들킬 때 들키더라도 열심히 그 순간만은 섹스에 집중하는 것이 부부의 성적 복지를 위하는 길이기는 하다.

아이에게 들켰을 때는 가능하면 자연스럽게 넘길 일이다. 부모가 지나치게 당황해하면 아이도 불안해진다. 아이가 보고 있거나 울음을 터뜨릴 때, 혹은 '뭐 하냐'고 물을 때 당황하겠지만, 이럴 때는 어떻게 재치 있게 넘겨서 아이가 놀라지 않도록 할 것인가가 관건이다. 부부의 섹스 장면을 보면 아이는 부모가 싸우는 것이 아닌가 하고 두려움을 느끼는 경우가 대부분이다. 혹은 아빠가 엄마를 못살게 굴거나 때린다고 생각할 수도 있다. 이때 자연스럽게 웃으면서 "응, 엄마랑 아빠랑 레슬링하는 중이야(여성 상위인 경우). 지금 엄마가 이기고 있어"라고 말하는 것도 한 방법이지 않을까? 아이가 원하면 같이 뒹굴면 될 일이다.

아이가 좀 더 크면, 그래서 뭔가 아는 눈치면 "엄마랑 아빠가 어른 식으로 사랑한다고 표현하는 중"이라고 이야기하자. 뭔가 더 이야기가 필요한 상황이면 "엄마가 너를 사랑하기 때문에 안아주잖아. 그리고 업어주기도 하고, 손을 잡기도 하고. 너도 엄마를 사랑하니까 엄마에게 뽀뽀하지? 그런 것처럼 아빠랑 엄마도 서로 사랑한다고 안아주는 거란다. 이건 어른식이야"라고 말해주어도 된다.

오래 할수록
잘하는 걸까

"어떻게 하면 섹스를 더 길게 할 수 있을까요?"

많은 사람들이 하는 오해 중 하나가 섹스를 잘하는 것은 오래 하는 것이라는 생각이다. 물론 이들이 생각하는 섹스시간이란 처음 손잡고 애무하고 삽입하고 사정하는, 사랑을 나누는 전 시간을 이야기하는 것이 아니라 삽입해서 사정할 때까지의 시간을 말한다.

미국의 펜실베이니아 주립대 에릭코니 연구팀에 따르면, '적절한' 혹은 '최상의' 섹스시간은 약 7~13분이라고 한다. 성전문가들이라 할 성치료사들에게 질문한 결과라는데, 두 남녀가 성적인 만족을 얻기까지 달걀을 삶는 데 필요한 시간보다 더 오래 할 필요가 없다는 것이다.

사실 남자들이 예민해하는 것 중 하나가 사정시간이다. 즉 '조루'와 '지루'가 그것인데, '빨리 사정하는' 조루에 대해서는 많은 치료법, 예컨대 주사, 먹는 약, 바르는 약, 수술에 이르기까지 많은 치료법이 개발되어 있으나 오래 하는, '사정이 잘 안 되는' 지루에 대해서는 이렇다 할 치료법이 없는 것도 남자들이 오래 하는 것에 대해서는 '잘한다', '세다'라고 잘못 알고 있는 부분에 기인하는 바가 크다. 사실 여자들로서는 조루보다 지루가 더 괴로운 일이다.

흔히 성학에서는 자신이 조루임을 알고 있는 남편의 아내는 행복하다는 말이 있다. 자신이 빨리 사정하는 것을 아는 남편은 삽입 이전에 애무를 통해 아내를 충분히 만족시킨 후 삽입하고 사정에 이르기 때문이라는 것이다.

대개 여자는 섹스시간이 긴 것을 좋아한다. 그런데 이것은 삽입시간을 의미하는 것이 아니라 당신을 사랑한다는 표현을 애무나 키스, 속삭임을 통해 충분히 주고받는 시간을 의미한다는 것을 안다면 남자들은 아내를 만족시키는 것에 두려움을 갖지 않을 것이다.

또 남자들로서도 충분하게 파트너를 흥분시킨 가운데 멋지게 오래 애무할수록 정액량이 많아진다. 남자라면 다 알겠지만 한 번에 사정되는 정액량이 많을수록, 그것이 힘차게 될수록 자신의 오르가즘 느낌은 극대화된다는 점에서 황홀한 애무의 시간을 길게 가지는 것은 '누이 좋고 매부 좋고', '도랑 치고 가재 잡는' 일이 될 것이다.

여자를 흥분하게
하려면

"어떻게 하면 여자는 흥분하나요?"
"여자가 흥분한 건 어떻게 알 수 있나요?"

남자 대상으로 성교육을 하다 보면 흔히 받는 질문이다. 남자가 성적으로 흥분한 것은 성기가 발기되기 때문에 쉽게 알 수 있지만, 여자는 그런 게 없으니 어떻게 알아보느냐는 거겠다. 에로영화를 보면 여자들이 심하게 숨을 헐떡거리기도 하고, 끙끙거리는 소리를 내기도 하고, 땀을 뻘뻘 흘리며 몸을 뒤틀어대니 웬만한 눈치면 알아차릴 수 있지만, 그것은 영화 속 여자들이나 그렇고 적지 않은 여자가 성적인 흥분을 꼭꼭 감추는 경우가 많으니 남자의 그러한 고민도 무리는 아니다 싶다.

남자는 하루에도 수십 번씩 섹스에 대한 생각을 한다고 한다. 이는 남자의 고환에서 만들어지는, 성욕을 부추기는 남성호르몬 '테스토스테론'의

충동질 때문인데 이 테스토스테론은 남자가 여자에 비해 20배가량 많이 나온다니 그럴 만하지 않은가? 실제로 점잖은 50대 남자 고수에게 이 이야기를 물어봤더니, "지금은 그렇게까지는 아니지만, 젊었을 때는 그 생각 때문에 머리가 터지는 줄 알았다"고 대답해 함께 웃은 적이 있다.

그럼 여자는 어떨까? 여자도 섹스에 대해 생각하는 때가 있을까? 있다면 그것은 언제일까? 당연히 여자도 성욕이 유난히 강해져 몸이 달아오를 때가 있다. 여자는 남자와 달리 한 달 동안 다양한 호르몬의 변화를 겪는다. 월경주기가 그것이다. 그 월경주기 중에 배란기 즈음하고 월경을 시작하기 직전에 여자들은 가장 강하게 성욕을 느낀다. 생물의 본능이 생식이라 할 때 사람도 생물이니 임신이 가능한 배란기 즈음에 성욕이 강해지는 것은 그럴 만하지만, 월경 즈음에 성욕이 강해지는 것은 무엇 때문일까? 아마도 월경 즈음이 여자들이 가장 걱정하는 임신에 대한 염려 없이 섹스를 하기 좋을 때라서 그럴 거라고 말하는 사람도 있다.

그러나 무엇보다 여자가 섹스를 하고 싶을 때는 파트너가 자신을 잘 돌보고 아끼며 예뻐하고 소중하게 생각한다고 느낄 때다. 그래서 심지어 설거지하는 남자가 가장 섹시하다고 하지 않던가? 여자는 지구상에서 유일하게 뇌로 섹스를 하는 존재다. 사실 남자도 그렇기는 하다. 그래서 걱정이 생기면 발기가 안 되기도 하고 사정이 안 되기도 한다. 아무튼 여자의 마음을 움직이기 위해서는 자신이 사랑받고 돌봐지고 예쁨을 받고 있다는 것을 느끼게 하는 것이 그녀의 몸을 여는 가장 확실한 열쇠다.

그렇다면 여자가 성적으로 흥분하게 되면 신체적으로는 어떤 변화가 생길까? 여자도 남자와 마찬가지로 확실한 표시가 나타난다. 가슴의 젖꼭지가 커지고 단단해지며, 클리토리스와 음순이 커지는 성기의 충혈, 발기 현상과 질의 윤활작용이 일어나는 것이다. 그 중에서도 삽입섹스에 유용한 것은 단연 질의 윤활작용이라 할 것이다. 여자가 성적으로 흥분하면 질 벽에서 투명한 분비물이 흘러나온다. 여자의 질은 월경혈이나 분비물이 나오는 통로이기도 하지만 남자의 성기를 받아들이고 삽입을 통한 성적인 쾌감을 느끼며 남자의 정액을 받아들이는 곳이며, 임신이 이루어진 후에는 아기가 나오는 길이기도 하다.

여자가 성적으로 흥분하면 질 내의 혈관이 팽창하면서 이로 인한 압력 때문에 질 벽에서 분비물인 질액이 나온다. 그것은 아마도 남자 성기의 원활한 삽입 및 피스톤 운동을 돕기 위한 조물주의 자상한 배려라고 생각되는데, 윤활작용이 활발히 나타나면 그때가 바로 삽입을 해도 좋은 때라고 보면 된다. 반면 여자에게 질액이 나오지 않으면 성적인 흥분이 잘 되지 않았다고 본다.

여자들 성기능장애 중 성적 흥분 장애는 바로 이 질의 윤활작용이 안 되는 경우를 말한다. 여자가 파트너에게 분노나 공포감 등의 심리적인 부담을 느낄 때, 섹스 분위기에 불안감을 느끼거나 해서 집중하기 어려울 때, 수유기나 폐경기를 전후해서도 질의 윤활작용이 어려워질 수 있다. 질액이 충분히 나오지 않았을 때 무리하게 삽입을 하면 여자는 통증을 느끼게 되고, 그러한 경험은 섹스를 기피하게 되는 원인이 될 수도 있으니 주의해야 한다.

시각적 자극 등을 통해 '섹스하고 싶다'는 생각을 하면 바로 준비가 되는 남자와 달리 여자가 흥분하기 위해서는 남자의 많은 노력이 필요하다. 사랑이 담긴 속삭임과 입맞춤, 부드럽고 충분한 애무를 통해 여자는 자극받으며 흥분한다. 삽입에 이를 때까지 계속 애무하지 않으면 여자의 흥분은 쉽게 가라앉기도 해 남자들을 당황하게 한다. 여자들이 흥분에 이르는 시간이 대략 20여 분이라 하지만, 물론 어느 정도의 성실함과 기술이 있는가에 따라(가능하면 동시다발적인 지속적인 애무로) 효과는 달라질 것이니 파트너가 있는 남자라면 애무의 기술을 연마해볼 일이다.

섹스리스를 막는
10가지 방법

대한성학회Korea Association for Sexology 춘계학술대회가 열릴 때마다 남자의 발기부전, 포경수술, 여자 자궁암환자의 성생활, 행복한 부부 워크숍, 섹스리스 부부치료 등의 흥미진진한 주제로 열띤 발표와 토론이 진행되곤 한다. 특히 부부간의 섹스리스가 많아져간다는 논의에 많은 전문가들이 동의하는 분위기다.

섹스리스는 일반적으로 지난 1년간 10회 미만의 섹스를 한 경우를 말하며 미국부부는 대략 20퍼센트가 이에 해당한다고 한다. 그런데 진정한 섹스리스의 개념은 '얼마간의 기간 동안 섹스가 없는 것'이 아니라 '부부간의 어느 한쪽이 섹스의 결핍을 느끼는 것'이다. 그래서 어쩌면 각 개인이 가진 성욕구의 차이를 합의하는 것이 섹스리스를 없애는 방법이 될 것이다.

예전에는 40대 이상의 익숙한 관계의 부부에게 많이 드러나던 섹스리스가 요즘에는 30대 초반의 신혼부부에게서도 자주 고민과 갈등의 원인으로

부각되곤 한다. 그래서 최근엔 정부 차원의 대응이 마련되고 있는 것 같다. 각 지역의 건강가족지원센터에서는 '행복한 부부관계', '갱년기 부부의 행복한 성생활'을 주제로 강좌가 자주 마련되고 있고 그 강좌를 찾는 부부도 늘어나는 추세다. 여기, 집에서 실천할 수 있는 소소하지만 실속 있는 섹스리스 예방법을 소개하겠다.

1. 두툼한 수면 바지는 버려라

최대한 서로 살을 맞대며 생활하는 것으로 섹스리스를 예방할 수 있다. 잠잘 때 춥다고 너무 두꺼운 옷을 입는 것은 금물. 침실 온도를 조금 높이더라도 비교적 적게 입고 자라. 가장 추천할 만한 잠옷은 부드러운 실크 소재의 슬립이다. 매끄러운 아내의 살이 닿으면 남편은 그녀가 안고 싶어질 것이고, 아무래도 스킨십이 많아지면 섹스도 자주 하게 될 것이다.

2. 침실 형광등을 바꾸자

침실에는 형광등을 쓰지 말라고 얘기하고 싶다. 형광등은 섹스하기에 너무 밝다. 그렇다고 불을 끄고 하려니 시각적 흥분 요소가 없어 아쉽다. 오렌지빛 조명은 사람을 예뻐 보이게 하고 지나치게 밝지 않아 파트너에게 집중하게 된다. 호텔 룸이나 레스토랑의 불빛이 따뜻한 주황색인 것도 상대방을 돋보이게 하고 집중할 수 있도록 의도된 것이다.

3. 의도적인 스킨십을 많이 한다

부부가 떨어져 있기보다는 애정이 담긴 스킨십을 의도적으로 많이 한다. 텔레비전을 볼 때도 손을 잡고 보거나 서로에게 기대어 보고, 어깨를 안마해주고, 길을 걸을 때도 손을 잡거나 어깨를 감싸는 등 터치를 많이 한다. 아무래도 터치가 많아지면 친밀감이 더 생기고, 그렇게 되면 섹스로 갈 확률도 더 높아진다.

4. 부부 마사지 타임을 갖자

평소 대놓고 스킨십을 하기 쑥스럽다면 매일 자기 전 30분의 마사지 타임을 갖는 건 어떨까? 손끝 마사지를 하며 서로의 눈을 보고 하루 일과를 이야기하는 부부만의 시간이 필요하다. 서로의 발을 닦아주는 것도 좋다. 비누로 꼼꼼히 씻기고 수건으로 닦아주면 하루의 피로가 풀릴 것이다. 가장 지저분하고 낮은 부분을 닦아준다는 의미로 서로에 대한 소중함도 느낄 수 있을 것이다.

5. 체위를 바꿔본다

처음엔 샤워하고 나와 발그레해진 얼굴을 보는 것, 한 가지 체위로도 자극적이기만 했던 부부의 섹스는 시간이 갈수록 패턴이 정해지고 지루해진다. 이 지루함에서 탈피하려면 섹스가 기본적으로 'fun'이라는 것을 기억해야 한다. 섹스는 두 사람이 기꺼이 동의하기만 한다면 어떤 체위나 방법도 '변태'가 아니다(물론 서로에게 상처를 입히거나 생명을 위협해서는 안 될 일이지만). 그러므로 때로는 장난스럽게, 때로는 열정적으로, 때로는 다른 사람인 것처럼 둘만의 게임을 즐겨본다. 섹스는 재미있어야 한다. 눈 가리고 섹스하기, 깃털로 장난치기, 얼음으로 장난치기, 같이 섹스 비디오 보기, 섹스 게임하기도 도움이 된다.

6. 의학적 도움을 받는다

그래도 너무나 성욕이 안 생긴다면, 그래서 흥분이 안 된다면 병원에 가서 호르몬 수치를 검사해본다. 마음의 문제가 아니라 실제 몸의 문제일 수도 있다. 남자도 여자도 갱년기와 폐경기를 거치면서 성욕이 많이 떨어져 있을 수 있다. 남자의 성욕회복을 도와줄 수 있도록 먹는 약이나 주사, 그리고 바르는 크림에 이르기까지 다양한 방법이 이미 처방되고 있다. 간단한 피검사로 호르몬 수치를 체크해보고 너무 낮은 경우에 테스토스테론을 보충하는 치료를 받으면 곧 다시 좋아질 수 있으니 성욕이 낮아졌다고 의기소침해질 필요가 없다. 또 최근에는 남자뿐 아니라 여자의 성욕을 부추기는 약이 개발되고 있고 임상실험을 끝내 곧 시판될 예정이라니 기대가 된다.

7. 하루에 네 번은 포옹한다

《화성에서 온 남자 금성에서 온 여자》의 저자이자 부부 갈등의 원인과 치유법을 연구해온 존 그레이 박사는, 행복한 부부관계를 위해 의무적으로 하루에 네 번 서로 포옹해야 한다고 주장한다. 기상 후 한 번, 출근하며 한 번, 퇴근 후 한 번, 그리고 자기 전에 한 번. 부부가 그렇게 1분간 포근히 안아주는 것이 중요하다. 실제로 해보면 1분은 꽤 긴 시간으로 충분히 교감을 나눌 수 있을 것이다. 오늘부터 실천해보자.

8. 유머러스한 배우자가 되자

서로에게 상처를 주지 않는 대화법을 익히자. 서로의 말을 들어주는 것만으로, 관심을 가져주는 것만으로 부부 사이는 돈독해질 수 있다. 성에 대한 대화를 하려면 먼저 부부의 일상적인 대화가 원활해져야 가능하다는 걸 명심하라. 미국에서 오래도록 행복하게 사는 300쌍의 커플의 특징을 조사한 결과 유머가 중요한 요소 중의 하나라는 것이 밝혀졌다. 유머러스한 부부는 싸움을 잘 피하기도 하지만 하더라도 일찍 싱겁게 끝낸다.

어떤 부부가 부엌에서 부부싸움을 하게 되었다. 그런데 남편의 태도에 화가 머리끝까지 치민 아내가 자기도 모르게 들고 있던 프라이팬을 남편에게 던졌다. 던진 아내도, 이것을 본 남편도 놀라기는 마찬가지였다. 이제 프라이팬이 남편에게 맞거나 어떤 물건을 깨뜨린다면, 싸움은 끝장을 향해 달려가게 될 거였다. 그런데 그때, 남편이 프라이팬을 한손으로 탁 잡고는 '잡았다!'라며 아내를 향해 윙크를 한 것이다. 그러자 아내는 웃음을 터뜨렸고 남편도 함께 웃으며 싸움은 끝나버렸다는 것이다.

긴장을 이렇게 일순간에 풀 수 있는 것이 바로 유머의 힘이다. 유머로 파트너를 대할 수 있다는 것은 그만큼 파트너를 신뢰하고 있다는 증거이기도 하다. 왜냐하면 파트너를 신뢰하지 못하면 감히 농담이나 장난을 걸기가 어렵기 때문이다. 즉 마음의 여유를 갖고 파트너를 대하는 것은 무척 중요하다.

9. 낭만을 회복한다

서로를 바라보는 마음이 건조해진 것 같다면 전에 데이트할 때 함께 갔던 찻집이나 레스토랑, 공원 등을 다시 가본다. 사랑에는 무엇보다 그리고 언제든지 낭만이 필요하다. 이 낭만을 잃어버리면 사랑도 색이 바래기 쉽다. 귀가길의 장미꽃 한 송이, 군밤 한 봉지로 아내의 마음을 열자.

우리는 영화 속에서 펼쳐지는 근사한 장면들만 낭만이라 생각하는 경우가 많은데, 생활 속에서 소소한 낭만을 많이 만드는 것이 더 중요하다. 더운 날 밖에서 돌아온 파트너에게 냉장고에 넣어 차게 식혀두었던 물수건을 건네주는 일, 피곤해 보이는 그(그녀)의 발을 따뜻한 물로 씻겨주는 일, 설거지하는 아내를 뒤에서 안아주는 일, TV 보는 그(그녀)를 위해 과일을 깎아서 입에 넣어주는 일, 컴퓨터 앞에서 일하고 있는 그(그녀)를 위해 향긋한 차 한 잔 가져다주는 일, 열중해 일하고 있는 그(그녀)를 그저 가만히 바라봐주는 일, 저녁식사를 간단히 마치고 난 후 손을 잡고 동네를 걸으며 하루 지난 일에 대해 이야기하는 일, 쇼핑센터에서 그(그녀)가 좋아하는 취향의 맥주를 골라오는 일 모두가 일상의 낭만이다.

10. 부부의 날을 정하자

내가 아는 유학생 부부는 아이가 생기고 부부가 멀어진 느낌이 들어 부부의 날을 정했다고 한다. 매주 금요일 저녁은 무조건 베이비시터를 부른다. 부부의 침실 문을 걸어 잠그고 테이크아웃 음식들을 펼쳐놓고 와인 한 잔을 하며 오랜 시간 이야기를 하는 것이다. 아이 이야기가 아닌 부부 이야기를 말이다. 그러다 보면 좋은 분위기가 침대로 이어질 확률이 높아진다. 그렇게 해서 아이에게 집중해 남처럼 지낼 수도 있었을 시기를 알차게 보냈다고 한다. 섹스리스 탈피를 위해 이 정도 노력은 해야 하지 않을까.

사랑은 그저 끌림이나 파트너를 볼 때마다 늘 불타오르는 열정이 아니다. 그것은 이성이 필요하다고 생각하는 의지이고 친밀감이며, 무엇보다 사랑하고자 하는 작정이다. 심리학자 레빈은 "사랑이야말로 유일한 이성적 행위"라고 말했다. 그런 사랑이 기반이 될 때 서로의 몸과 마음과 영혼이 서로 교통하는 섹스도 회복될 수 있다. 그래서 섹스리스는 사랑리스이고 관계리스다.

테크닉보다 중요한
표현의 기술

실제 섹스를 할 때 중요한 것은 정확한 신호를 주고 파트너의 신호를 정확하게 알아보는 것이다. 말로 직접 표현할 수도 있지만 비언어적인 표현인 몸짓이나 소리, 표정으로 신호를 보낼 수도 있어야 한다. 또 신호를 자주 보내야 알아보는 것이 쉬워진다. 파트너의 신호에 익숙해져야 신호를 잘 해독할 수 있는 것이다.

'당신 때문에 난 정말 행복하다', '당신이 주는 이 감각이 너무 황홀하다.' 혹은 '오늘 당신 스킨십은 너무 거칠다. 좀 더 부드럽게 해주었으면.' 하는 신호를 다양하게 주고받아야 하는 것이다. 그가 주는 감각이 황홀하면, 내가 지금 너무나 행복하고 황홀하다는 신호를 보내야 한다. 꼭 길게 말로 할 필요도 없다. '아', '오', 이런 단음절의 간단한 신호만으로도 혹은 파트너의 몸을 꽉 잡는 단순한 신호만으로도 당신의 반응을 예민하게 살피고 있는 파트너에게는 더없는 보상이 된다.

우리나라에는 옛날부터 남자들 간에 내려오는 '명기'의 기준이 다섯 가지 있는데, 그 첫 번째가 질이 앞쪽에 위치한 여자, 두 번째가 음모가 너무 무성하지 않은 여자, 세 번째가 물이 많은 여자, 네 번째가 허리를 잘 움직이는 여자, 그 다섯 번째가 소리를 잘 내는 여자라고 한다. 그런데 남자들에게 물어보면 이 중 가장 중요한 것은 바로 다섯 번째라고 한다. 소리를 잘 내는 여자가 남자를 가장 행복하고 자신만만하게 해준다는 것이다.

이 이야기를 하는 것은 여자들에게 '명기'가 되라는 것이 아니라 섹스는 무엇보다 자기가 파트너로 인해 행복하다는 것을 표현하는 소통의 한 방법이라는 것을 말하고 싶어서다. 침팬지들도 수컷이 삽입했을 때 신음소리를 내는 놈과 안 내는 놈이 있는데, 신음소리를 내는 놈에게는 상당수의 수컷이 사정을 한다고 하니 암컷의 성적 신음소리와 수컷의 흥분 및 오르가즘은 밀접한 연관이 있음이 분명하다.

섹스 중에 내는 신음소리는 파트너에게뿐만 아니라 자신에게도 흥분을 더한 흥분을 일으켜준다. 그래서 외국의 성치료사들은 섹스 중에 내는 신음소리를 더욱 섹시하게 내는 연습을 하라고까지 주문한다. '그래, 나 잘하고 있네'라는 자신감과 성취감은 파트너를 더 행복하게 해주려는 시도를 적극적으로 하게 만든다. 반대로 아무런 반응이 없는 사람과의 섹스는 정말 힘이 들고 김이 빠진다.

누군가와 이야기를 나누고 있을 때 파트너가 열심히 대답하고 눈을 반짝이며 내 말을 들어주면 얼마나 신이 나는가를 생각해보면 쉽게 알 수 있다. 파트너가 내 말을 듣는지 아닌지 알 수 없게 무반응이고 게다가 딴생각까지 하고 있다면 그와 계속 이야기할 마음이 생기겠는가? 혹은 그를 만나도 다시 그와 이야기를 나누기가 망설여질 것이다. 섹스는 소통이라고 했다. 그렇기 때문에 서로의 활발한 그리고 기꺼운 다답이 필요하다.

또 섹스가 일이 아니려면 재미가 있어야 한다. 얼마 전 여자나 남자 모두 좋아하는 연애파트너는 '유머가 있는 사람'이라는 조사 결과를 본 적이 있는데, 섹스에도 유머는 정말 필요하다. 파트너를 당황하게 하지 않을 정도의 유쾌한 장난을 섹스에 섞는다면 파트너도 유쾌한 기분으로 당신과의 섹스를 기억하게 될 것이다. 이를테면 얼음을 물었던 입으로 그녀를 애무한다든지, 반대로 뜨거운 물을 머금었던 뜨거운 입술로 그를 애무해보는 거다. 그는 혹은 그녀는 지금까지 익숙했던 애무와 다른 느낌에 뜻밖의 자극을 받을 것이다.

체위도 늘 하던 남자상위나 여자상위만이 아니라 두 사람의 체형과 조건에 맞는 체위를 개발하고, 애무의 방법도 바꿔보는 거다. 그래서 늘 키스 간단히 두 번 하고 가슴 몇 번 애무하고 삽입하는 일정한 패턴을 벗어나 '오늘은 파트너가 어떤 장난을 쳐올까', '오늘은 어떤 식으로 재미있게 섹스를 할까' 즐거운 상상을 하게 만들면 섹스는 일이 아니라 기대되는 놀이가 된다.

파트너와의 섹스를 즐겁게 만드는 것이야말로 파트너와 행복한 섹스를 자주 그리고 멋지게 할 수 있는 비결이다.

송우

내 남자를
사랑하는 방법

요즘 섹스리스 부부가 많아져서인지 아니면 새삼 건강한 부부관계가 건강한 사회를 이루는 기본단위인 것을 알아서인지 정부 차원에서 부부성교육이 제법 여기저기서 진행되고 있다. 건강하고 행복한 부부는 아이들에게 사랑이 건강하고 행복한 관계를 이끄는 지름길임을 가르쳐주는 가장 좋은 구체적 본보기가 된다. 아버지가 어머니를 존중하고 사랑하는 것을 보여주는 것, 어머니가 아버지를 사랑하며 격려하는 인생의 동반자로서의 자세를 보여주는 것이 아이들에게는 가장 좋은 교육인 것이다. 두말할 필요도 없이 아버지가 엄마를 무시하고 엄마가 아버지를 무시하는 것을 보고 자란 아이들은 엄마나 아버지를 무시할 뿐 아니라 자신의 배우자를 존중하는 법을 배울 수 없다.

사회운동가이자 교육자이며 철학자인 버트런드 러셀경은 말했다. "아버지는 분별력을 배우는 대상이며 어머니는 사랑을 배우는 대상"이라고. 아버지의 사랑이 필요한 이유는 우리가 분별력을 가지고 어떤 것이 옳고 그른지에 대해 판별하는 법을 배우기 위해서라고 그는 말한다. 어머니는 무조건 우리의 모든 잘못까지 감싸안는 무한한 사랑을 주지만 아버지의 사랑은 받을 만할 때 주는 사랑이다. 그런 아버지의 사랑을 통해 아이들은 분별력을 배운다.

그래서 나는 요즘 부부교육에 갈 때마다 부탁하곤 한다. 집안에 아버지의 자리를 만들어두라고. 이를테면 아버지만 앉을 수 있는 의자 같은 것 말이다. 그것은 힘의 권위가 아니라 사랑의 권위를 인정하는 길이다. 아버지의 사랑은 아이들에게 자존감과 분별력을 심어준다. 그래서 나이가 들어서도 아버지랑 친밀한 관계를 유지하는 딸은 남자를 선택하는 안목이 높다. 왜냐하면 아주 안정적인 남자의 모델이 옆에 있기 때문이다. 반대로 아버지의 사랑을 받지 못한 딸은 이성교제도 빨리 시작하고 남자를 보는 안목도 낮아서 상처받는 사랑을 선택하는 비율이 높고, 원하지 않는 섹스에 빠지기도 쉽다.

주위에도 보면 성공한 여자들은 대개 아버지의 사랑을 듬뿍 받은 힘 있는 딸들이다. 아버지의 사랑은 딸들에게 자신감을 심어주며 그것은 인생을 잘살아내고 시련을 좀 더 쉽게 극복하는 힘이 되어준다.

또 기업강의에서 나는 부탁한다. 아버지들이 한 달간 일한 대가로 두둑한 월급봉투를 아내에게 가져가게 해달라고. 연배 있는 분들은 모두 기억한다. 옛날 우리 아버지들이 한 달에 한 번 그야말로 왕처럼 뻐기던 월급날을. 그날이 되면 아버지는 어깨에 힘이 잔뜩 들어가 집에 오셔서는 엄마에게 두툼한 월급봉투를 건네셨다. 그러면 엄마는 한 달간 아버지의 일한 대가가 들어 있는 월급봉투를 받으며 정말 고마워하셨고, 우리는 든든한 가장인 아버지가 한없이 높아만 보였다. 그리고 아버지는 월급날에 불고기를 사주거나 하시면서 우리에게 한턱 쓰셨다. 예전에는 그런 아버지가 정말 든든한 태산 같은 바위처럼 보이지 않았는가.

요즘 남자들은 자신들이 한 달 동안 일한 대가가 얼마인지도 실감하지 못한 채 월급은 아내의 통장으로 한 푼도 남김없이 들어가버린다. 그러니 남자들이 점점 왜소해지는 것인지도 모른다. 오늘날 주변에 여자처럼 섬세한 눈빛을 한 꽃미남들이 넘치고, 정말 의지하고 싶은 남자들이 사라진 이유는 어쩌면 삶의 에너지이기도 한 경제권을 뺏긴 탓인지도 모른다.

때로 부부상담에서 자신의 아내는 애교라고는 눈을 씻고도 찾아볼 수 없는 여자라고 불평하는 남자들을 만난다. 그때 나는 말한다. 모든 여자들은 애교를 부릴 수 있지만, 그것은 자신을 지켜줄 수 있고 기댈 수 있는 든든한 남자일 때 저절로 우러나오는 것이라고. 여자의 애교가 사라진 것은 반대로 생각하면 여자들이 강해진 만큼 남자들이 든든해질 수가 없어서 일어나는 현상이기도 하다. 요즘 남자들은 자신들이 여자에게 해줄 수 있는 모든 것의 기회를 다 빼앗겨버린 거나 마찬가지니까.

사실상 남자들은 인정에 죽고 사는 존재들이다. 남자는 자신을 인정해주는 사람을 위해 목숨을 바치고 여자는 자신을 사랑해주는 사람을 위해 목숨을 바친다고 했다. 남자에게는 무엇보다 자신의 능력을 인정해주는 사람이 필요하다. 그런 사람이 옆에 있으면 남자는 테스토스테론이 왕성하게 분비되어 자신감이 넘치고 무슨 일이든 할 수 있을 것같이 의욕이 생긴다.

그렇다면 실제로 내가 사랑하는 남자에게 힘을 불어넣는 방법은 뭐가 있을까? 성생활적인 면에서 살펴보자면, 성생활에 적극적인 여자가 남자에게 힘을 불어넣는다. 섹스를 부부관계에서 징벌의 방편으로 사용하지 않고 성으로 통제하지 않는 아내, 분위기 있는 옷을 입고 여자가 되어 남자인 그를 맞으며 남편을 시각적으로 자극할 줄 아는 아내가 남자에게 힘을 준다. 아무리 죽을 때까지 함께 가자며 영혼의 동반자라 맹세했어도 남편은 남자라는 것을 잊지 말자. 남자는 시각적으로 자극받으며 몸매를 드러내거나 살짝 살이 비쳐 보이는 옷에 마음이 녹아내린다.

또 남편이 하는 성적 행동이 크게 비정상적인 것이 아니라면 비판하지 말고 호응도 할 줄 아는 아내, 가끔은 먼저 섹스를 시작하고 유도할 줄 아는 아내, 그에 더 나아가 남편을 흥분시키고 만족시킬 줄도 아는 아내가 남편을 자신 있게 한다. 그러려면 자기 남자의 성감대 파악은 물론 남편이 좋아하는 스킨십을 할 줄도 알아야 한다. 물론 이 경우는 처음 섹스를 시도하는 경우라면 절대 하지 말아야 할 것의 조언이기도 하다.

아직까지도 우리 사회의 남자들은 보수적이라 처음부터 적극적인 여자들을 감당하지 못한다. 심지어 아내가 적극적으로 오럴섹스를 요구하는 듯한 몸짓을 했다는 이유만으로 섹스리스가 된 신혼부부도 봤다. 이것은 다만 규칙적인 섹스를 하는 익숙해진 커플들에게 하는 조언이다. 샤워를 하고 침대에 누웠을 때 그가 시도하기 전에 먼저 시작해보자.

먼저 부드러운 키스를 하고 그의 몸을 애무하기 시작한다. 손가락으로, 입으로, 혀로, 그를 자극할 수 있는 것이면 다 사용해서 말이다. 우리나라 여자들은 남자들에게 섹스를 허락(?)하고 나서는 서비스를 받으러 온 사람처럼 가만히 있는 것만으로 자기의 임무를 다한 줄 아는 경우가 많다. 그래서 남자들은 정작 자기의 성감대를 모른다. 여자의 성감대는 온몸이라고 정답을 말하는 남자들도 자신의 성감대에 대해서는 "글쎄요"라고 말하기 일쑤다. 그만큼 여자가 남자를 만져주지 않고, 입을 제외하고는 키스해주지도 않기 때문이다.

지금의 남자들은 더 이상 '사냥꾼'이 아니다. 그러므로 그들의 피부도 여자만큼 여리고 예민하다. 꼼꼼히 자신의 남자를 애무해보라. 그것은 사랑하는 이를 가진 이만이 할 수 있는 특권이다. 그가 어디가 예민한지, 어디를 애무받으면 움찔하는지, 신음소리를 내는지 탐험해보는 거다. 이렇게 자신의 큰 노력 없이 황홀경을 겪은 남자라면 다음 순서의 당신을 만족시키기 위해 얼마나 애를 쓸 것인지는 해보면 안다!

방송에서 만난 한 젊은 남자는 외국에서 청춘기를 보낸 사람인데 그는 한 프랑스 여자와의 섹스를 평생 잊지 못할 것이라고 말했다. 물론 사랑하는 여자였는데, 그녀는 자신의 방으로 그를 데려가 무려 네 시간의 열렬하고 아찔한 애무를 그에게 선사했다는 것이다. 네 시간이라니! 그는 말하지 않았지만 사랑하는 여자로부터 네 시간의 황홀한 애무 서비스를 받은 그 남자가 그 여자에게 어떤 사랑으로 보답했을지는 안 봐도 상상이 가지 않는가?

이렇게 내가 여왕대접을 받으려면 먼저 그를 왕으로 대접해야 한다는 것을 잊지 않는 현명한 여자가 그를 행복하게 한다. 장난으로라도 남편의 성기 크기를 가지고 농담하지 않는 아내가 남자를 행복하게 한다. 또 매번 침대에서 하는 똑같은 체위가 아니라 아이들 없을 때는 소파에서도, 목욕탕 샤워 부스 밑에서도 섹스를 할 수 있는 아내가 남자를 자신 있게 한다. 그리고 혹시 남편이 발기가 잘 안 되거나 생각보다 금방 사정을 한 경우에도 다음에 잘하면 된다고 아무렇지도 않게 넘기고 격려할 줄 아는 아내가 남편을 행복하게 한다. 그리고 무조건 남편에게 맡길 것이 아니라 자신이 좋아하는 자극과 체위, 횟수에 대해서 말해주는 아내가 남자를 행복하게 한다. 사랑도 섹스도 누가 누구를 위하는 일방적인 서비스가 아니다.

고개 숙인 남자,
굳게 닫힌 여자

2011년 6월, 영국 글래스고에서 열린 세계성학회에 참석했다. 세계성학회는 말 그대로 성에 관련된 다양한 전문가들이 모여 세계적인 성적 이슈에 대해 연구논문을 발표하고 그들의 견해를 나누는 자리다.

이번에 영국에 사는 유학생에게 들은 이야기인데, 이곳의 성문화는 우리보다 훨씬 개방(?)되어서 공영방송에서조차 섹스에 대한 묘사가 과감하다고 한다. 얼마 전 밤에는 여러 개의 침대에 알몸의 여자들이 누워 있고, 남자들이 대기하고 있다가 삽입섹스를 하는 시간을 체크해 가장 오래 섹스를 한 이들에게 상을 주는 TV 프로그램을 보고 경악을 금치 못했다고 전한다. 심지어 가장 오래 삽입해 일등을 한 여자는 기쁨과 영광을 감추지 않았다는데, 성전문가로서 조심스러운 우려는 '길게 하는 삽입섹스가 결코 여자들에게 행복한 경험이 아닐 것'이라는 점이다.

남녀의 섹스에 대해 이야기할 때 기본적으로 전제되는 것은 발기와 윤활의 문제다. 삽입성교를 하는 지구상의 모든 동물들에게 이 현상은 너무나 자연스러운 그리고 꼭 필요한 메커니즘이다. 침팬지나 개 등 삽입성교를 통해 생식을 하는 포유류는, 발정기 동안 암컷의 성기에는 윤활액이 늘 흐른다고 해도 과언이 아니다. 즉 삽입에 대비해 발정기에는 윤활작용이 늘 준비되어 있는 것이다. 그런데 발정기에만 성교를 하는 동물들과 달리 사람들은 월경 중이나 심지어 임신 중에도 삽입섹스를 한다.

이에 대해 진화심리학에서는 일어섰기 때문에(직립) 22개월의 임신 기간을 다 채우지 못하고 심하게 조산(9개월 반 만에)을 하게 된 여자로서는 미숙아를 키우는 어려움을 남자와 나눌 때 생존율이 높아졌고, 그래서 남자를 옆에 두기 위해 남자가 원할 때 항상 섹스를 할 수 있게 진화했다고 설명한다. 그래서 지구상에서 섹스를 가장 많이 하는 동물 중에 사람이 단연 몇 등 안에 든다. 게다가 비아그라 같은 발기부전 치료제가 개발되면서 21세기의 남자는 특히 이제까지 인간의 역사 중 가장 많은 섹스를 하도록 요구되는 세대라고 하는데, 이것은 좋아해야 할지 슬퍼해야 할지 모를 일이기는 하다.

어쨌든 비아그라가 개발된 이후로 발기가 안 되어서 늘 고개를 숙이고 있던 남자들은 몇 시간씩 유지되는 강직도에 기대어 파트너와의 섹스에서 다시 자신감을 찾게 되었다. 물론 발기부전 치료제는 정력제가 아니라서 먹기만 하면 자동적으로 발기가 되는 것이 아니라, 성적인 자극을 받아 흥분되어야 발기가 이루어진다. 이미 비아그라가 나온 지 10년이 넘었고 이 약에 대한 관심은 늘 지면을 장식하건만 비아그라만 먹으면 저절로 강한 발기가 되는 것으로 알고 있는 이들이 적지 않다.

내가 아는 한 후배도 부부가 다 꽤 높은 학력을 자랑하건만 비아그라를 먹고 아내는 손톱 손질을 하고 자신은 TV 시청을 하면서 곧 무슨 거창

한 일이 일어날 것을 기다리다가 결국 아무 일도 일어나지 않아 자버렸다는 불평을 털어놓았다. 어쨌든 남자들은 발기의 문제를 비아그라 같은 발기부전 치료제를 통해 대부분 해결하게 되었지만, 그들의 파트너인 여자들의 '윤활' 문제는 해결되지 않았다는 것이 더 큰 문제다. 여자들의 성적 흥분현상인 질윤활은 사실 남자들에게 많이 달려 있는 문제다.

지구상에서 유일하게(?) 뇌로 섹스한다는 인간 여자들은(사실은 남자도 뇌로 섹스를 한다) 먼저 파트너를 사랑하는 마음과 안정감을 주는 분위기가 전제되어야 하지만, 무엇보다 섹스를 시작할 때 파트너의 부드러운 애무가 꽤 오랜 시간 필요하다. 남자들이 사용할 수 있는 성기는 세 가지가 있는데, 입(혀 혹은 성대), 손가락, 그리고 음경이다.

사실 여자들은 결정적인 순간이 오기까지는 음경삽입보다는 입과 손가락을 이용한 애무를 더 좋아하고 기대한다. 삽입해서 오르가즘을 얻는 여자들보다 클리토리스나 다른 부분을 애무할 때 오르가즘을 느낀다는 여자가 훨씬 많다. 클리토리스를 통해 얻는 오르가즘을 G. 프로이트 박사는 '결혼 안 한 소녀들도 느끼는 미성숙한 오르가즘'이라 말했지만, 사실 여자들은 클리토리스 자극을 통해 90퍼센트 이상이 황홀하고 강력한 오르가즘을 느낀다. 더 나아가 여자들은 머리카락이나 등, 발가락같이 전혀 성적이지 않은(남자들이 생각하기에) 부분의 애무를 통해서도 오르가즘에 도달하기도 하는 특별한 존재다.

다시 주제로 돌아와서, 남자들은 여자와 멋진 섹스를 하고자 한다면 여자들에게 공들인 애무를 통해 충분한 윤활이 이루어지게 해야 한다. '사랑한다'는 고백도 절대 필요하다.

그런데 비아그라를 처방받은 남자들이 자기만 몰래 약을 복용하고 그동안 발기에 문제가 있어서 오래도록 섹스를 하지 않던 파트너와 충분한 애무도 없이 삽입성교를 하고자 하면 문제가 심각해진다. 특히 40대 후반의 여자는 폐경기가 가까워오면서 질윤활에 더 어려움을 겪게 되는 경우가 많은데, 이때 윤활이 잘 안 되어 건조한 질에 억지로 삽입하면 여자들은 성교통을 겪게 되고 당연히 그 아픈 섹스를 즐거할 리가 없어지는 것이다.

발기가 잘 안 되는 남자들에게 필요한 것이 발기부전 치료제라면, 질윤활이 잘 안 되는 여자에게 필요한 것은 윤활제다. 이 윤활제는 우리나라에서 마치 '야한 섹스 토이'처럼 치부되어 구입하기가 어려운 게 사실이며 꼭 필요한 나이 든 어르신들조차 이 윤활제를 약국에서 구입하기 민망해하신다. 그런데 발기와 질윤활은 너무나 자연스러운 메커니즘이며 우리가 설거지를 많이 해서 주부습진이 생기면 연고를 바르듯, 윤활제도 그렇게 일상에서 필요한 것이다.

요즘은 미국 FDA에서 승인받은 세계적인 윤활제 아스트로글라이드나 국내에서 개발된 페미라이드 같은 여자들의 질액과 비슷하게 만든, 믿을 만한 윤활제를 국내에서도 구입할 수 있다. 앞으로는 시중의 약국이나 슈퍼마켓, 편의점에서도 이런 윤활제를 쉽게 구입할 수 있어야겠지만 지금은 인터넷으로 구입하거나 직접 대리점으로 전화해서 구입해야 하는 게 좀 난점이기는 하다.

도니체티의 오페라 '사랑의 묘약'을 보면 청년 네모리노가 사랑의 묘약을 아디나에게 몰래 마시게 하는 장면이 나오지만, 이미 사랑에 빠졌거나 결혼한 커플에게 시들해진(?) 사랑을 회복하게 하는 발기부전 치료제와 윤활제는 몰래 사용하기보다 파트너에게 알리고 때로는 서로 준비해주어야 더욱 효과가 있을 '사랑의 묘약'이다.

송우

당신이 몰랐던
진짜 정력제

남자들을 대상으로 성강의를 하다 보면 '정력제'에 대한 질문을 자주 받곤
한다. 최근 출연했던 모 방송 프로그램에서도 '중년 남자 기 살리기'를 주
제로 이야기가 나오자 말들이 많아졌다. 장어, 뱀, 개고기 등 모두 자신이
한 번쯤 먹어본 음식들에 대한 이야기들이었다.

흔히 성적인 힘, 정력에 좋은 음식을 일컬어 정력제라고 한다. 남자들이
성적 부진을 느끼는 것은 발기부전이거나 왠지 성욕이 덜 생기는 것 같고
기운이 빠지는 것 같은 느낌 등 그 원인은 대개 노령에 따르는 순환계 문
제이거나, 건강이 약해졌다거나 육체적, 심리적 피로의 결과인데, 이럴 때
사람들은 가장 쉬운 방법으로 정력제 혹은 최음제를 먹는 것으로 정력이
향상되길 기대한다. 비록 외국에 나가서까지 살아 있는 곰의 웅담이나 코
브라 피를 먹었느니 해서 평판을 더럽히고 있긴 하지만 우리나라 남자들
뿐 아니라 세계 어느 나라의 남자들도 정력제에 깊은 관심이 있고 이를 찾

아다니는 것이 사실이다.

우리가 흔히 정력제로 알고 있는 것들로는 에너지의 원천인 꿀, 달걀, 뱀, 장어, 개고기, 호랑이 성기, 코뿔소 뿔, 사슴피, 해구신이라 불리는 물개 성기 같은 동물성 식품과 굴, 개불 등과 같이 아연이 많이 함유된 해산물, 셀러리, 무화과, 아보카도, 양파, 바닐라, 마늘 같은 식물성 식품들이 있다. 대체로 단백질 함유량이 높아 기운이 나게 하는 음식이거나, 힘센 동물들의 성적 부위, 성기를 닮은 것들이거나, 혹은 씨앗이 많아 생식력이 좋을 것이라 보이는 것, 자극적이어서 몸에 열이 생기게 하는 것들을 정력제, 최음제라 보는 경향이 짙다. 이외에도 지구상의 남자들은 사람의 정액, 월경혈, 태반 등 별별 해괴한 것들까지도 정력제라 부르고 이를 먹고 바른다.

가장 악명이 높은 최음제는 유럽 남부에 서식하는 딱정벌레의 일종인 스페니쉬파리로, 이 효능은 로마인들로부터 줄곧 유래되어 서구에서는 여전히 인기가 높다. 일설에는 1758년 프랑스의 한 남자가 이것을 먹고 영구 발기상태가 되어 하룻밤에 마흔 번이나 아내와 섹스를 한 후 죽었다고 한 것을 보면 최음제라기보다는 최음성 독약이라고 하는 것이 맞겠다.

실제로 남자의 성기능에 도움이 되는 음식들이 있는데, 황금사과라고 불리는 토마토, 부추 같은 오신채, 아연이 많이 포함되었다는 굴, 셀러리 같은 것들이다. 특히 토마토가 익어가면 의사들의 얼굴이 하얗게 질린다는 말이 있을 정도로 건강식품인 토마토는 남자의 전립선을 보호하고 건강하게 하는 식품으로 알려져 있다. 2007년 영국의 포츠머스대학 연구팀에서는 토마토의 붉은 색깔에 들어 있는 리코펜이 남자의 정자를 '수퍼 정자'로 만드는 효과를 발휘한다고 밝혔고, 최근에도 토마토 수프를 매일 먹으면 남자의 생식력이 증진하는 데 도움이 된다는 연구결과도 나왔다.

또한 1995년 하버드의대 연구팀의 연구결과를 보면, 일주일에 10회 이상 토마토 주스를 먹은 남자들의 전립선 암 발생률이 그렇지 않은 사람보다 무려 45퍼센트나 낮았다는 것이다. 게다가 토마토에는 인슐린 분비를 촉진하고 정자 생성에 필요한 아연도 많아 가히 남자의 식품이라 할 만하다. 토마토는 날것으로 먹기보다 기름에 볶아 먹는 것이 섭취도 빠르고 효과도 높다. 생토마토 주스를 마실 때는 작은 찻숟가락 하나 정도의 올리브 오일을 넣어 먹으면 효과를 더 높일 수 있다. 굴이나 셀러리 또한 아연 함량이 많아 남자에게 좋은 식품이다. 굴은 남자들의 이상인 카사노바가 하루에 6~7개씩 꼭 먹었다는 이야기가 있을 정도로 남자의 성기능에 좋은 음식이다.

또한 양질의 동물성 단백질을 섭취하는 것도 아주 중요한데, 이것이 남성호르몬인 테스토스테론 생성에 도움을 준다. 그래서 너무 고기를 안 먹고 채식만 하는 남자는 성욕이 떨어지고 순해지기만 한다. 뭔가 경쟁하고 싶어지지 않는 이유가 아마도 테스토스테론이 충분히 생성되지 않기 때문인지 모른다. 그래서 남자들은 고기를 좀 먹어줘야 한다. 테스토스테론은 성욕을 생기게 할 뿐 아니라 근육량이 많아지게 하고 뱃살을 막아주기도 한다.

여자들에게 특별히 좋은 음식은 석류나 콩, 감초, 블루베리, 작약, 블랙 코호시, 당귀, 익모초 같은 에스트로겐과 연결된 식품과 오메가3가 함유된 생선류(연어, 전갱이, 정어리), 육류 내장, 계란 노른자, 칼슘의 보고인 톳·미역 등의 해조류, 무청, 고춧잎들이다. 그러나 에스트로겐 생성과 분비에 특별히 문제가 없는 젊은 여자가 석류 등의 에스트로겐 함유 음식을 너무 많이 먹는 것도 좋지 않다. 왜냐하면 우리 몸은 건강하기만 하다면 스스로 조절하고 통제하는 기능이 있기 때문에 알아서 체내 균형을 맞추려는 쪽으로 움직인다. 그래서 에스트로겐이 외부에서 많이 충족되면 몸에서 더 안 만들게 된다고 한다. 그러다 섭취를 끊으면 오히려 더 나빠진 상태를 경험할 수도 있으니 뭐든지 균형에 맞는 적절함이 필요하다.

골다공증이나 홍조, 가슴 울렁거림, 질건조 등을 겪기 쉬운 폐경기 여자들은 무엇보다 콩류(메주콩, 서리태, 약콩 등)를 섭취하는 것이 좋다. 호르몬 대체요법의 대안으로 많이 사용되는 콩은 호르돈 요법의 장점을 모두 갖추었으면서도 부작용이 전혀 없다. 콩단백질은 폐경기 여자들의 피부, 머리카락, 손톱에 윤기와 탄력이 생기게 하고 질분비물을 증가시킨다. 또 월경전증후군, 편두통, 월경불순, 체중증가에도 좋은 영향을 주며, 지방을 감소시켜 날씬한 조직을 증가시킨다는 연구결과도 있다. 청국장 분말, 두부, 두유 같은 형태로 섭취하면 좋을 것이다.

그런데 사실 여자나 남자나 성기능은 피돌기에 달렸다고 해도 과언이 아니다. 성기의 감각이나 성적인 흥분에는 원활한 피의 유입과 그에 따른 충혈이 무엇보다 중요하다. 남자의 음경에 피가 충혈되는 것, 여자의 클리토리스와 성기에 피가 모이는 것이 성적인 감각과 흥분에 지대한 영향을 미친다는 것이다. 그러므로 위의 여러 가지 식품들을 골고루 자주 먹는 것도 필요하지만, 피의 순환을 돕기 위한 유산소운동이 무엇코다 정력 향상에 도움이 된다. 즉 걷기, 등산, 수영, 체조, 배드민턴 등과 같은 유산소운동이 최고의 정력제이며, 그 무엇보다 파트너를 사랑하는 마음이야말로 강력한 최음제라 할 만하다. 고로 성기의 피돌기와 함께 마음의 피돌기에도 신경 쓸 일이다.

송우

섹스 토이,
섹스 머신

오래전 상영된 호주 영화 'Better than sex'를 보면 여주인공이 냉장고에 '딜도'를 보관하고 있는 것을 볼 수 있다. '딜도'란 남자의 음경을 본떠 만든 성기구, 이른바 섹스 토이의 대표적인 것으로 아주 오랜 옛날부터 여자들의 섹스 토이로 활약해온 물건이다.

  냉장고에서 의아해하며 '딜도'를 꺼내드는 남자친구에게(그는 원나잇스탠드 파트너다) 그녀는 태연하게 "난 차가운 것이 좋거든." 하고 말한다. 그 영화를 보면서 만약 우리나라에서 여자친구의 냉장고에서 딜도를 발견한 남자친구라면 어떤 표정을 지을까 생각해본 적이 있다. 요즘은 그나마 자신이 성적으로 진보적이라고 우기는 사람들이 많으니까 그냥 넘어갈지도 모르지만, 아마 오래전 그때라면 여자친구는 '대략난감'했을 것이고, 남자친구는 아마도 조용히 딜도를 냉장고에 넣고 그 자리를 떠났거나 큰 싸움이 벌어졌을지도 모를 일이다.

말했듯이 '딜도'는 아주 오랜 역사를 가지고 있다. 내가 초대관장으로 전시 콘셉트를 잡고 기획하고 직접 전시관을 꾸미고 오픈했던 제주도의 '건강과 성 박물관'에만도 아주 오랜 연륜을 자랑하는 딜도가 수도 없이 많이 전시되어 있다(제주도의 건강과 성 박물관은 아마도 세계 최고의 규모와 내용을 가진 성 박물일 것이다). 딜도의 재질은 옥으로 만든 것도 있고, 돌로 만든 것, 나무로 깎은 것 등이 있으며, 현대의 것은 피부 감촉이 나도록 실리콘으로 만들거나 라텍스 등으로 만든 것이 대세다.

이 딜도는 성적으로 문란했던 특정 나라에만 있는 것이 아니라 세계 어느 곳에도 비슷한 생김과 용도의 것이 있다. 우리나라에서도 벅제의 궁전 안 호수인 안압지에서 같은 용도로 사용되었을 것들을 찾아내 화제가 되기도 했을 정도로 어느 문화권에서도 필요에 의해 만들어져 사용되는 도구다. 그것을 보면 사람들은 규칙적으로 섹스를 할 수 있는 실제 파트너가 없어도 섹스에 대한 욕구를 어떻게든 해소하기는 했어야 했던 모양이다.

한때 미국에서 가장 많이 팔린 전기제품은 '전동식 안마기'였다고 한다. 말이 좋아서 안마기지 사실은 자위도구로 사용한 바이브레이터다. 1900년대 초까지도 여자들의 히스테리를 치료하는 방법으로 의사들은 여자의 성기를 마사지해주는 요법을 사용했고, 이런 치료는 꽤 효과적이었는지 이 치료를 받는 여자들이 적지 않았다. 지금도 여자의 자위기구로는 바이브레이터 기능을 가진 전동식 딜도가 가장 많이 선호되며, 스웨덴이나 일본에서 만들어 파는 꽤 예술적인 모양을 가진 딜도는 색깔도 곱고 예쁘기까지 하다.

이러한 여자들을 위한 딜도 말고도 남녀 어른들을 위한 섹스 토이는 정말 다양하게 개발되어 있다. 남자를 위한 여자성기 모형, 동성애자를 위한 성기 모형, SMsadism&masochism(가학 및 피학) 예찬자들을 위한 로프, 가면, 채찍, 수갑 등. 성인을 위한 성 박물관을 구성하면서 나는 '자위의 방'을 만들었는데, 이는 청소년들이 자위하는 방이 아니라 어른들이 사용하는 자위도구를 보여줌으로써 자위행위의 유용함을 알리는 곳이다. 자위행위를 한다는 것이 몸에 해롭지 않고, 오히려 적절하게만 한다면 좋은 섹스의 연습이 될 수 있다는 것을 보여주고자 의도한 것이었다.

그리고 그 방에 각종 자위도구를 진열했다. 좀 걱정스러웠던 예상과 달리 자위의 방은 지금도 아주 인기라고 한다. 그런 이상한 물건들을 처음 보기도 했거니와, 섹스를 위해 사용되는 장난감이 있다는 정보는 섹스가 지루해졌던 커플에게 신선한 충격으로 다가가는 것 같다. 사실 이러한 섹스 토이는 나이 든 사람들의 섹스에 아주 유용하다. 젊었을 때보다 강한 자극이 필요하고, 강한 발기력이 요구되는 삽입보다 친밀감이 나는 정서적인 관계와 다양한 터치를 통한 감각의 자극에서 더욱 즐거운 섹스를 하는 것이 권장되기 때문이다.

요즘은 이렇게 간단한 섹스 토이 외에 좀 더 복잡한 섹스 머신도 다양하게 개발되는 중이다. 미래의 세계는 그야말로 사람이 아닌 로봇과의 섹스를 기대하기도 하고, 또 가상현실 속의 섹스인 '사이버 섹스'를 상상하며 여러 가지 기계가 창조되고 있다.

체코의 프라하에 가면 '섹스 머신 박물관'이 있다. 그곳에는 옛날부터 사용되었다는 기발한 섹스 머신들이 전시되어 있는데, 주로 성치료용이거나 사창가에서 사용되었던 것으로 짐작된다. 일반 가정에서는 조용하게 사용되기 어려운 것들이 적지 않은데, 저것을 어떻게 사용했을까 싶은 섹스용 의자, 침대도 있다. 또 시각적, 촉각적 자극을 총동원한 아주 복잡한 기계도 보이는데, 그저 몸만으로 하는 것이 아니라 마음을 감동시켜야 멋진 섹스를 할 수 있다는 것을 전제하면 정서적으로는 그리 행복해 보이진 않지만, 아마도 감각적으로는 그야말로 절정의 극치감을 주기도 하는가보다.

서양뿐 아니라 가까운 일본에서도 이러한 러브 토이를 즐기는 사람들이 많은 모양이고 요즘에는 우리나라에서도 통신판매 등을 통해 쉽게 구할 수 있게 되었다. 그럼에도 실제 구입은 여전히 어려워서인지, 교육을 하다 보면 섹스 토이를 구할 수 없느냐고 진지하게 물어오는 이가 꽤 많다.

남자들을 위한 자위기구에는 손으로 피스톤운동을 하는 데서 그치지 않고 삽입까지 이어지게 하는 여자성기 모형이 많은데, 요즘에는 그 모형 질 안에서 분비물이 나오며 사람의 체온과 같은 것이 개발돼 인기다.

일본이나 독일에서는 섹스 인형sex doll이라고 해서 사람 크기의 예쁜 여자 인형이 판매되고 있는데, 그 피부가 라텍스로 만들어져 비쌀수록 촉감이나 재질이 사람의 것과 흡사하다. 가격이 엄청나게 비싸지만 바가지를 긁지 않고, 자기가 하고 싶을 때 할 수 있다는 이점으로 남자들로부터 인기라고 한다. 우리나라에서는 한때 이 인형을 숙박업소에 비치하고 남자들로부터 이용비를 받는 인형방이 유행이란 이야기를 듣고 아연실색했던 적이 있는데, 이렇게 섹스 토이를 공용으로 사용한다는 것은 성건강적인 면에서는 절대 권하고 싶지 않은 위험천만한 일이다.

여자의 것도 마찬가지로, 딜도가 따뜻한 체온을 갖고 물이 나오는 성능도 갖추고 있으며 질 속에서 진동을 하고 회전함으로써 성감을 더 극대화시킨다고 하니 파트너가 없어도 충분히 혼자서 성적인 흥분과 만족을 성취할 수 있는 세상이다.

또 독신인 경우 어렵게 파트너를 구하지 않아도 혼자 스스로 성욕을 해결하게 해주니 모르는 사람과 하는 섹스보다 안전성 면에서 보장되는 것도 사실이고, 섹스 때문에 전전긍긍할 필요도 없으니 없기보다는 있는 것이 유익한 기구라는 생각이 든다.

그런데 이 딜도나 남자용 자위기구가 성욕을 스스로 해결해주는 기특한 측면이 있는 반면, 이러한 기구를 자주 사용할 때는 자칫 사람과 하는 섹스에서 만족을 느끼지 못하게 되고 기구에 쾌감을 의존하는 경우가 왕왕 있게 된다. 이는 섹스 자체가 감각에 대한 자극이 주는 쾌감이라는 전제가 있기 때문인데, 기구에 익숙해지면 이 자극의 정도가 점점 강해져야 계속 같은 정도의 자극을 느낄 수 있게 된다. 특히 여자나 남자가 모두 사용하는 바이브레이터의 경우 기구 사용이 사람과의 섹스에서 받는 감각보다 훨씬 자극적이어서 조심해야 한다.

그래서 처음 우연히 러브 토이를 사용했다 하더라도 이 기구에만 의존하게 되면 사람과의 섹스에서 만족을 느끼기가 점점 어려워질 수 있다. 때로 러브 토이를 오르가즘 장애가 있는 여자에게 사용하도록 권하기도 하고 성치료에 사용하기도 하며 파트너가 없는 독신에게 권하기도 하지만, 이는 적절하게 사용돼야 한다는 문제가 있다.

그래서 성치료에 이 기구를 사용할 때는 기구를 사용하다가 적절한 시기에 사람의 성기로 대치하도록 지도한다. 심리학에서 사용하는 인지행동주의적 심리치료방법을 응용한 것으로 기구에 의한 쾌감을 사람의 것으로 느끼도록 치환시켜주는 효과를 유도하는 것이다.

또 하나 사족 같지만, 이 러브 토이는 정말 개인적으로 사용되어야 한다. 가능하면 소독할 수 있는 것이어야 하고, 남과 돌려 써서는 안 된다.

섹스 토이의 유용성은 분명히 있다. 그것은 파트너가 없을 때 자신의 성욕을 해결하기 위한 방편으로, 혹은 사랑하는 파트너와 좀 더 기발한 섹스를 즐기고 싶을 때도 필요하지만, 보다 적극적으로 파트너와의 섹스에서 오르가즘을 느끼지 못하는 여자들을 위해 때로 처방되기도 한다.

섹스 토이가 우리에게 주는 최대의 쾌락에 중독되지 않도록 유용하게 활용하면, 너무 지나친 자극에 빠져 파트너를 밀어내지 않는다면, 그것으로 인해 나의 성감을 더욱 발달시키고 파트너를 즐겁게 해줄 수 있다면, 말 그대로 그것은 아주 흥미로운 장난감이 될 수 있다. 그러나 섹스는 몸의 감각만으로 하는 것은 아니다. 무엇보다 파트너와의 사랑이라는 교감이 없을 때, 또 배려와 존중하는 마음이 전제되지 않을 때의 섹스는 최악의 것이 될 수도 있다는 점 또한 잊지 말아야 한다.

부부관계에 활력을 주기 위해 바이브레이터를 사용하는 것은 좋다?

Maybe. 섹스 토이를 활용하면 시들해진 부부관계에 활력을 불어넣을 수도 있겠다. 또 성치료를 목적으로 사용하는 것도 권장한다. 그러나 잘못 쓰던 과유불급일 수 있다. 그 어떤 테크닉을 가진 남자도 바이브레이터의 자극을 따라갈 수 없기 때문이다. 강한 자극에 익숙해지면 남편이 주는 자극이 만족스럽지 못할 수 있다.

송우
준비된 섹스,
피임

임신이 가능한 시기에 성관계를 갖는다면 반드시 생각하고 꼭 실천해야 할 것이 피임이다. 피임이란 말 그대로 임신을 피한다는 것이고, 좀 더 확장해보면 원하지 않는 임신을 피한다는 의미다. 아기를 갖는다는 것은 정말 경이롭고 소중한 의미의 경험이지만, 부모가 될 준비가 되지 않았을 때 잉태되는 아기는 그야말로 초대받지 않은 손님이 된다. 반갑지 않을 뿐 아니라 해결해야 할 괴로운 골칫거리로 생각되기도 하는 게 현실이다. 사랑의 행위를 통한 새 생명의 잉태와 탄생은 그야말로 준비가 된 부모에게는 기다림의 보상으로, 축복으로, 기쁨으로 와야 할 일인데, 임신을 원하지 않았던 사람들에게는 그것이 그야말로 재앙의 수준으로 그 의미가 다가오는 것이다.

그래서 사랑한다고 해도, 새 생명을 책임질 준비가 되어 있지 않다면 섹스를 할 때 반드시 피임을 해야 한다. 사랑한다면 더욱!

Sex Life

파트너가 있어서 규칙적인 섹스, 혹은 자주 섹스를 한다고 하면 좀 더 지속적인 효과를 기대할 수 있는, 이를테면 피임약을 매일 복용한다든지, 21일 동안 넣었다 빼고 다시 넣는 피임용 질 링을 사용한다든지 하는 방법이 좋다고 생각한다. 최근에는 피임약 속에 호르몬 함량이 아주 적은 제품들이 많이 나와 있고, 부종, 여드름, 살이 찌는 등의 부작용을 적게 했을 뿐 아니라 오히려 다이어트를 도와주는 피임약, 여드름이 안 나게 하는 피임약 등이 속속 개발되어 시판 중이다.

무어라 해도 낙태수술이나 응급피임약을 먹는 것보다는 사전피임약을 먹어 대비하는 것이 정신적, 육체적 건강을 위해서는 나은 일이다. 터울을 조절하기 위해 하는 피임이라면 자궁에 넣어 3~5년 동안 피임을 하는 IUD(자궁내피임장치, 산아제한에 신경을 쓰는 중국은 90퍼센트 넘는 여자들이 IUD를 이용해 피임을 한다고 한다)나 피하지방 밑에 삽입해서 3년간 피임효과를 보는 임플라논 사용을 산부인과 의사와 상담해보는 것도 좋을 것이다.

정확하게 사용하기만 하면 간편하고 피임효과가 매우 높은 콘돔도 좋은데 발기가 잘 안 되거나 사정에 문제가 조금 있는 남편이라면 콘돔보다는 위의 장치들이 더욱 유용하다. 또 사정을 할 때 함께 오르가즘을 느끼는 여자들도 적지 않은데 이들이나 콘돔의 느낌을 좋아하지 않는 커플의 경우도 마찬가지다.

콘돔은 위의 볼록하게 나와 있는 정액받이를 비틀어 공기가 들어가지 않게 해서 발기하자마자 여자의 몸에 들어가기 전에 착용해야 한다. 삽입을 해서 피스톤운동을 하다 사정 직전에 사용하면 콘돔의 효과를 보기 어렵다. 미리 나와 있던 정자가 삽입을 통해 이미 질 속에 들어가 있을 가능성이 높기 때문이다. 또 콘돔 위에 바셀린이나 베이비오일 같은 기름기 있는 윤활제를 바르는 것은 사용 중 콘돔을 녹여 찢어질 우려가 있으니 삼가야 한다. 또 사정 후에는 콘돔 입구를 잘 잡고 빨리 꺼내어야 질 속에 콘돔만 남는 불상사를 막을 수 있다.

실제로 콘돔을 사용하기는 했는데 성기가 작아진 후 꺼내려다 콘돔이 벗겨진 채로 여자의 질 속에 남아 있는 경우가 왕왕 있는데, 심한 경우는 여자가 자신의 질 안에 콘돔이 있는지도 모르고 악취 때문에 산부인과를 찾아왔다가 의사가 꺼내주는 경우도 있다고 하니 콘돔은 정확하게 사용법을 익히는 것이 관건이다.

아침마다 일어나자마자 거의 움직이지 않고 체온을 측정한다든지, 점액을 매일 관찰한다든지 하는 자연피임법은 익숙해지면 아주 정확한 좋은 방법이나 익숙해지기가 쉽지 않고, 월경 주기를 이용한 자연피임법은 돌발 배란의 위험도 있으니, 월경주기가 불규칙하거나 자신의 월경주기를 잘 모르는 여자들에겐 권하고 싶지 않은 방법이다. 또 감기에 걸린다든지, 냉이 생겨 분비물이 많아진다든지 해서 몸의 상태가 늘 일정하지 않을 수 있으니 자연피임법만 맹신해서는 원하지 않는 임신을 하게 되기 십상이다.

흔히 피임법이라 알고 있는 질외사정은 사정 전에 분비되는 쿠퍼씨 분비물에 섞여 있을 수 있는 정자 때문에 임신될 가능성이 아주 높은 행위이기에 피임법이라고 결코 말할 수 없다.

또한 질외사정으로 피임을 하다 보면 절정의 순간 직전에 성기를 빼야 하므로 늘 타이밍을 맞추려고 노심초사하게 되어 남자가 섹스의 즐거움에 집중할 수가 없어서 만족의 질이 떨어질 뿐 아니라, 질외사정을 오래 하게 되면 지루 등의 다른 성적 문제를 초래하기도 한다.

무엇보다 섹스는 악수같이 간단한 행위가 아니다. 섹스는 사랑하는 이들이 육체적으로 정서적으로 교류하는, 사랑을 표현하는 소중한 의미가 있는 행위이며 생명과 직결된 행위다. 준비된 섹스를 할 것인가? 아니면 일어나는 섹스에 당할 것인가? 축복받고 태어나는 아기를 가질 것인가? 준비된 부모가 될 것인가? 좀 더 깊이 생각해보고 행동해야 하는 일이다. 사랑의 이름으로 그대, 또한 그대의 파트너도 상처 입지 않드록.

과거를
묻지 마세요?

예전에 '과거를 묻지 마세요'란 노래가 있었다. 사연이 많은 것 같은 허스키한 여자가수가 불렀던 노래였는데, 연인 사이에서도 지켜야 할 룰이 있다면 서로의 과거를 시시콜콜하게 알려고 하지 말아야 한다는 것이다.

연인끼리 서로의 상처에 대해 이야기하는 것은 일견 바람직한 일이나 이것도 좀 마음의 준비가 된 후에 할 일이다. 나는 예비부부교육을 하면서 두 사람이 마주앉아 손을 꼭 잡고 자신이 자라면서 힘들었던 일, 자신의 약점에 대해 이야기하는 시간을 일부러 갖기도 한다. 무뚝뚝하고 무관심한 혹은 냉정한 부모 때문에 힘들었던 사춘기 시절의 방황, 학교에서 왕따가 되었던 기억, 부모 없이 조부모 밑에서 자란 이야기 등 자신의 삶에서 특히 약한 정서적인 부분, 늘 걸려 넘어지는 감정, 자신에게 약점이고 상처가 되는 이야기를 파트너에게 털어놓는 데는 그야말로 파트너에 대한 믿음이 필요하다.

파트너가 그 상처나 약점을 감싸주고 나를 돌봐줄 것이라는, 적어도 이 약점을 이용해 나를 아프게 하거나 상처를 주지 않을 거라는 강력한 믿음이 있지 않고는 자신의 상처를 드러내기 어렵다. 하지만 이런 상처나 약점을 사랑하는 파트너가 알게 되면 서로에 대한 사랑에 더해 인간적인 연민과 공감의 감정이 수반되면서 더한 결속력과 돌봐주려는 마음이 생기게 된다. 사랑하는 이라면 그 상처를 건드리지 않으려 애쓸 것이고, 돌보고 보호해주려 할 것이기 때문이다.

그러나 이 같은 선의에서 시작되었더라도 파트너의 사랑경험에 대해 묻는 것은 쉬운 일이 아니다. 특히 사랑경험에 이어 섹스의 진도가 어디까지 나갔고, 어떤 성경험을 얼마나 많이 했는가를 듣게 되면 대개의 연인들은 시험에 들게 된다. 자꾸 더 궁금해지고, 불쾌해지고, 나쁜 상상을 하게 된다. 사랑은 어쩔 수 없이 크든 작든 독점욕을 수반하는 것이라 파트너가 나 아닌 다른 누구와 몸을 나누는 섹스를 했다는 것을 알게 되면 마음의 평정심을 찾기 어렵다.

실제로 부부간에 전 애인과의 성경험을 알게 되어 갈등과 고민을 겪는 경우를 많이 본다. 자신의 너그러움을 너무 믿지 말아야 할 것이 바로 이 대목이다. 그냥 가벼운 '진실게임'처럼 시작했다가 결국 판도라 상자를 열고 종국에는 상자 바닥까지 뒤집어보게 되고 그것이 결국 집착적인 물음으로 이어지고, 그러면 파트너도 나도 삶이 지옥처럼 되어버린다.

'질투'가 사랑을 깨는 경우는 너무나 많이 일어나는 일이다. 셰익스피어는 '오셀로'의 입을 빌어 '질투는 푸른 눈을 가진 괴물'이라고 표현했지만, 남자는 유독 몸으로 경험한 과거를 못 견뎌하고, 여자는 마음으로 간절히 사랑한 과거를 못 견딘다고 한다. 그래서 결국 남자도 여자도 내가 사랑하는 이 사람이 가진 과거에 사랑했던 경험 때문에 따뜻해야 할 가정이 지옥처럼 변해버리고, 결국 서로를 괴롭히다가 헤어지는 경우가 적지 않다.

이성적으로 생각하면 사랑하는 사람이 살아온 모든 과정이, 그가 겪어온 세월이, 그 과거가 지금 내가 사랑하는 이 사람을 만들어 내가 사랑하게 된 것이다. 그가 실패한 경험과 성공한 경험, 아픔으로 겪어낸 과거의 경험이 내 사람이 된 그(그녀)를 더욱 좋은 사람으로 만들었을 것이다. 아무리 사랑한다 해도 서로의 과거까지 소유하고 시비 걸 수는 없는 일이다.

게다가 요즘엔 30세가 넘어서 느지막이 결혼하는 경우가 많기 때문에 파트너도 나도 사랑의 경험이 없을 수 없다. 아니 오히려 서른이 넘도록 간절한 사랑 한번 해보지 못한 사람이라면 인간성 및 사회성을 의심해봐야 하는 게 아닐까?

고로 '가이사의 것은 가이사에게!' 이 말을 좀 흉내 내자면 그 사람의 과거는 그 사람에게 속한 것이며 누구도 자신이 살아온 과거를 사랑한다는 이유로 소급해 남에게 사과해야 할 이유는 없다고 생각한다. "걱정하지 말아, 나는 쿨한 사람이야"라는 말로 자기를 속이거나 파트너를 속이지도 말 일이다. 사랑하는 사람에게 쿨할 수 있는 사람은 아무도 없다. '쿨하다'는 것은 '거리를 둘 수 있다'는 의미인데 사랑할수록 둘 사이의 거리는 밀착될 수밖에 없기 때문이다.

사랑은 어느 경우에도 합집합이나 교집합이 아니다. 둘이 하나가 되는 것이 아니라 각각 제대로 서 있는 두 사람이 서로간에 빈번하게 소통되는 다리를 놓는 것이 '사랑'이다. 과거는 과거이고 지나간 것이다. 그냥 마음속 깊은 서랍에 담아 조용하게 두는 것이 가장 현명한 사랑법이다.

포르노 보는
남편

"남편이 언젠가부터 포르노를 자주 봅니다. 남자가 포르노 보는 것은 자연스러운 일이라고는 들었지만 문제는 저하고 성관계를 안 한다는 것입니다. 포르노 보고 혼자 자위행위를 하고는 자버리는 거죠. 저는 자존심도 상하고 욕구도 해소되지 않아 그냥 보통일에도 화가 나고, 그러다 보니 남편과 자주 싸우게 되네요. 어떻게 해야 하죠?"

오래전부터 남자가 포르노를 보는 것은 여자가 패션잡지를 보는 것처럼 자연스러운 일이라 말해왔었다. 또 결혼한 남자가 포르노를 보고 자위행위를 한다 해도 아내와의 섹스도 자주 한다면 아무런 문제가 아니라고도 말해왔다. 그런데 요즘 진행되는 상담을 보면서 포르노를 자주 보는 것이 간단하지 않으며 점차 심각한 문제가 되어간다는 생각이 든다. 포르노를 '야동(야한 동영상)'이란 이름으로 부르며 귀여운 느낌기 나게 해 죄의식을 숨기게 하는 것도 문제다.

모두 알고 있지만 요즘 세태는 너무나 섹시 코드와 성의 상품화가 일상화되어 있다. 아주 어린 여자들이 경쟁하듯이 야한 의상을 입고 성행위를 연상하게 하는 춤을 추는 것이 더 이상 이상해 보이지 않는다. 게다가 애무방이니 안마방이니, 나아가 키스방까지 유사성행위를 파는 업소가 버젓이 간판을 걸고 영업을 하는 세상이다. 세계 어디를 봐도 우리나라처럼 성을 쉽게 사고파는 나라는 없는 듯하다.

그러다 보니 남자들은 성적 자극에 너무 쉽게 노출되고 각성되며 흥분할 수밖에 없다. 또 인터넷 강국이라는 말에 걸맞게 사이버상의 성 또한 만연해서 인간의 본성인 관음증과 노출증을 부추기는 데 부족함이 없다. 특히 시각적인 자극에 예민한 남자들로서는 포르노가 자극의 한계점을 높이는 데 일조를 하는데, 이것은 남자들에게도 절대 유리하지 않은 일이지만 우선 입에 단 게 좋아 자꾸 빠져들게 되니 문제다.

게다가 포르노를 보면서 하는 자위행위는 아내와 힘들여(?) 하는 섹스와 다르다. 섹스란 그야말로 사랑의 표현이고 소통이어서 서로의 반응에 주의 깊게 집중하지 않으면 안 된다. 남자는 여자와의 섹스에서 얼마나 파트너를 흥분시키고 만족시켰느냐가 만족의 질에 깊이 관여하기 때문에 여자랑 하는 섹스는 어쩌면 매번 오르는 시험대처럼 느껴질 수도 있다.

물론 그때 파트너가 매력적으로 어필하고 적극적으로 반응하며 만족했다는 신호를 보내오면 일(?)은 쉬워지지만, 늘 익숙한 모습에 자극적이지도 않고 의무방어전 같은 심정으로 임한다면 그에게 섹스는 그저 힘든 노역일 뿐이다. 그래서 남편들이 아내와의 섹스를 피하는 경우도 적지 않다. 아내는 움직이지도 않고 여왕처럼 누리는데다 좋다는 신호도 보내지 않는다는 것이다. 말 안 하는 파트너와 소통하는 것이 얼마나 힘든지 겪어본 사람은 안다. 여자들로서도 말을 잘 안 하고 감정표현을 안 해 마음을 도무지 알 수 없는 남편과 대화를 한다는 것이 얼마나 고역인지 알고 있을 텐데 몸의 대화인 섹스에 임해서는 똑같은 실수를 하고 있는 것이다.

어쨌든 포르노를 자주 보고 그때마다 자위행위를 하게 되면 남편은 아내와의 섹스가 그리 필요해지지 않는다. 그렇게 되면 점점 아내와 소원해지고 아내는 섹스 불만족으로 인해 거칠어지며 그러한 악순환이 계속되는 것이다. 사실 청소년뿐 아니라 결혼한 남자들의 포르노 중독도 심각한 문제다. 여기에는 몰래 숨어서 보는 심리도 한몫한다. 포르노 보는 것이 스릴 넘치는 강한 유혹이 되는 것이다.

포르노를 자주 보는 남편을 치유하는 가장 좋은 방법은 같이 보는 것이다. 포르노를 숨어서 보지 않고 아내와 함께 보게 되면 아무래도 혼자만 볼 때 느끼는 야릇한 흥분은 갖지 못하게 되고, 포르노를 보며 같이 이런저런 이야기를 섞다 보면 포르노의 장면에 혼자 깊이 몰입하지 않게 된다. 아마도 그것이 포르노 중독에서 빠져나오는 쉬운 방법이 될 것이다. 그리고 포르노를 보고 나선 함께 관계를 갖는 것이다.

이때는 아내로서도 남편과의 섹스에 적극적으로 동참하고 때로는 리드하는 것이 필요하다. 신혼 초나 처음 섹스를 시작할 때 여자가 적극적이면 남자는 불안해하고 한편으로 의심을 갖게 되며 불쾌해진다. 하지만 결혼생활을 얼마간 하고 서로의 인간성을 알게 되고 신뢰하는 관계라면 오히려 아내가 가끔 리드해주기를 남편들은 바란다.

어떤 중독이든 의존과 결핍에서 온다. 그렇다면 남편에게 좀 더 능동적으로 그리고 매력적으로 다가가고 열심히 신호를 보내 나와의 섹스가 포르노 보기보다 훨씬 좋다는 것을 알게 하는 것이 포르노에 파묻힌 남편을 구하는 길이다.

나이가 들어도
섹스는 중요하다

인간에게 성은 어떤 의미일까? 우리는 언제까지 성이 가져다주는 흥분과 만족, 욕구를 기대하고 그 보상을 신나게 누릴 수 있을까? 언젠가 높은 시청률을 보인 TV 모 드라마에서 칠순이 넘은 시아버지가 비슷한 연배의 고운 할머니와 연애를 시작하면서 그 연애가 가져다주는 활기로 신나는 인생을 사는 것을 보아도, 나이와 상관없이 성과 사랑은 우리에게 활력을 주는 정력제임이 분명하다.

몇 년 전 연세성건강센터 소장으로 재직할 때 일 년간 주로 노년의 성에 대한 교육 프로그램을 진행했었다. 65세 이상의 어르신들을 위한 자리였는데, 고령사회로 진입하고 있는 우리나라에서 노인의 성에 대한 연구나 검토는 진작 있었어야 했다.

그만큼 젊고 건강한 노인들이 많아지고 있는 것이다. 소외감, 고적함, 또 언제 찾아올지 모르는 죽음의 공포를 느끼는 노인들에게 섹스는 마음의 활기를 불러일으키는 중요한 일이다.

이웃나라 일본에서는 벌써 5~6년 전부터 노인의 성에 대한 교육과 노인을 대상으로 하는 성교육자, 상담자 양성이 자리를 잡았으며, 미국 등 서구는 말할 것도 없다. 미국 도심에 가면 노인들의 성적인 흥분과 만족을 돕기 위한 야한 포르노 영화를 상영하는 성인영화관이 있고 그 영화관에는 얼굴이 상기된 채 열심히 영화에 몰입하는 노인들이 있다. 이렇게 성적 흥분 및 욕구만 상승시켜놓고 어떻게 해소할 것인가는 또 다른 문제이긴 하지만.

처음에 중노년을 위한 성교육 프로그램을 마련하면서 특강에 오실 분들의 연세는 대략 60대 후반에서 70대 중반 정도가 아닐까 계상했었다. 그런데 막상 프로그램을 진행하다 보니 가장 많이 참석하신 분들의 연배는 70대이고, 가장 나이가 많으신 분은 만 89세였으며 80대가 10퍼센트를 차지했다.

매번 150여 명의 어르신들이 교육 시작 한 시간 전부터 자리를 잡고 앉아 기다리고, 열심히 필기까지 하며 강의를 들으시고(심지어 보청기를 놓고 오셨다며 집에 다녀온 분도 계셨다), 이어진 질의응답시간에는 그야말로 열띤 질문이 이어져 당초 30분으로 계획했던 질의응답시간이 한 시간을 넘겨버리기 일쑤였다.

다른 강좌 같으면 내놓고 이야기하기도 꺼려질 자신의 발기부전 증상에 대해서 질문하고, 대안을 얻기를 원하는 한 질문자의 말에 우스워하기는커녕 다들 똑같이 심각한 얼굴로 답변을 경청한다. 결국 도두의 문제였던 탓일 게다. 그리고 돌아가면서는 자주 이런 기회를 마련해줄 것을 당부하고 기념품으로 주어진 윤활제를 몇 개씩 챙기셨다.

그런데 흥미롭게도 노년의 섹스에 대한 생각은 남녀가 기본적으로 좀 다른 것 같다. 그것은 아마도 생식이 가능한가 아닌가의 차이 때문이 아닌가 하는 생각이 든다.

남자 노인의 경우, 섹스의 가능과 불가능의 문제가 '살아 있음', 혹은 '아직도 남자(수컷)임'에 대한 강력한 확인처럼 느껴진다면, 여자 노인의 경우 섹스를 지속하는 것은 '파트너와의 친밀감'이 크게 영향을 미치는 것으로 보인다. 즉 여자 노인의 경우 사이가 좋으면 섹스를 계속하고 그 흥분이나 만족에 큰 변화가 없지만 사이가 좋지 않거나 젊은 시절에 속만 썩였던 배우자라면 섹스를 안 하게 된다는 것이다.

여기서 젊은 시절을 아내에 대한 배려 없이 보내 걱정할 노년의 남자분들에게 귀띔드리자면 여자들은 지극히 현실적인 존재이기 때문에 지금이라도 열심히 그녀를 돌보아주고, 맛있는 거 사주고, 예쁜 옷 사주고 칭찬해주며, 좋은 데 데려가주는 등의 노력을 하면 아내의 마음이 열릴 것이라는 점이다. 요리를 배워 아내에게 식사를 차려주고, 아내와 동부인해서 여행을 가고, 언제 어디서든 아내를 아끼고 돌보는 모습을 지금이라도 지속적으로 보인다면 아내의 마음과 몸을 열 수 있다.

우리가 원하는 죽음에 대해 흔히 '튼튼하게 오래 살다가 이삼일 시름시름 앓고 자는 듯이 죽는' 것을 이야기한다. 그런데 나는 자는 듯한 죽음이 믿어지지 않는다. 왜냐하면 우리가 갑자기 숨이 막힐 때의 느낌을 생각해보면 7, 80여 년간 지녀왔던 생명의 숨이 끊기는 데 자는 듯 모르고 갈 리가 없다는 생각에서다. '자는 듯 돌아가셨어요'는 후에 발견한 이들의 이야기일 것이다.

분명 우리는 우리의 숨 끊어지는 순간을 알 것인데, 그때의 절대고독을, 외로움과 두려움을 이기는 힘은 아마도 누군가 그때 곁에 있어 손을 잡아주는 것일 테다. 그리고 '당신은 참 좋은 사람이에요. 당신 때문에 난 행복했어요. 당신을 정말 사랑해요. 우리 곧 만나요'라고 해준다면 좀 더 편안하게 눈을 감을 수 있지 않을까. 노년에 곁에 사랑하는 사람이 있어야 할 또 다른 이유다. 사랑과 행복은 늘 함께 가는 것 아니겠는가.

Sexology
섹스, 그리고 사회

더 많이 사랑하는 것 외에
다른 사랑의 치료약은 없다.

– 헨리 데이비드 소로

노년, 그 완숙한
섹스의 경지

얼마 전 나를 찾아온 노신사가 있었다. 노인 성교육을 하는 데 자신의 이야기가 도움이 될 거라며 여러 번 전화를 하고 만남을 청해왔던 터였다. 문을 열고 들어온 노신사의 차림은 여간 세련된 게 아니었다. 훤칠한 키에 운동모자를 쓰고 선글라스에 스키니 진 바지 그리고 멋진 스카프까지 목에 두른 노신사는 목소리도 카랑카랑하고 매력적이었다.

여러 이야기를 나누었지만, 내게 세련된 할머니를 보면 소개해달라는 것이 그의 주된 방문 목적이었다. 여전히 새벽발기도 잘되고 성욕이나 흥분에 문제가 없는 터인데다, 무엇보다 더 늦기 전에 영화도 같이 보고 놀러도 가고 지적인 대화도 나누는 멋진 사랑을 할 여자친구를 만나고 싶다는 그 노신사가 가고 난 후 생각하는 바가 많아졌다.

우리 사회가 유교적인 전통이라고 하지만, 실제 유교의 본고장인 중국에서는 노년의 성을 아름답고 자연스레 묘사하고 받아들이는 데 반해 우리나라는 노인의 성이라 하면 왠지 '주책', '성을 밝히는 추한 노년', '민망한 이야기'라고 쉽게 말하곤 한다. 노년의 성이 추한 것이고 자연스럽지 못한 것이라면 노년에는 성욕이 있을 수 없을 뿐 아니라 있어도 표현해서는 안 된다는 것일까?

성 혹은 섹스는 사랑의 자연스런 표현이고 아름다운 표현이며 즐거움을 느끼는 행위다. 사람이 늙는다고 사랑이라는 감정을 못 느끼는 것도 아니고 그 마음이 달라지는 것도 아닌데 표현조차 하지 말라고 한다면 그것은 젊은 사람들의 횡포에 다름 아니다. 오히려 사람은 나이가 들어갈수록 사랑이라는 감정을 더 깊고 성숙하게 느낀다. 그래서 괴테는 "20대의 사랑은 풋사랑이고, 30대의 사랑은 외도이며, 40대야말로 참사랑을 할 수 있는 나이다"라고 말했는지 모르겠다. 젊은 시절의 사랑이 열정적이어서 불안정하다면 노년의 사랑은 완숙의 경지에 이르러 부드럽다.

너무도 당연하게 사람은 죽을 때까지 사랑을 느끼고 사랑받고자 하며, 사랑을 표현하고자 한다. 그리고 그 적절한 표현이 바로 섹스다. 물론 여기서의 섹스는 삽입일 수도 있지만 그 외의 모든 스킨십을 포함한다. 20대의 젊은 나이에 어울리는 격정적인 사랑과 섹스가 있다면 30대에도 40대에도 50대에도, 그 이상의 나이에도 적절한 사랑과 섹스의 표현이 있다. 사랑할 수 있는 능력만 있다면 당연히 섹스도 가능하고, 그 나이에 맞는 섹스를 하는 것은 너무나 자연스럽다.

보통 젊은 시절의 섹스는 너무나 격정적이고 열정으로 넘쳐 오히려 짧은 시간에 여러 번 할 수 있다는 섣부름을 미덕으로 내세울 수 있겠지만, 나이가 들수록 자신의 성능력을 통제하고 완숙하게 조절할 수 있게 된다. 이것은 나이가 들어가는 성숙함에 따른 보상이다. 그래서 격렬하거나 뜨겁게 타들어가는 황홀감은 아니어도 더없이 능숙하고 자극을 조절하는 능력으로 멋진 섹스를 오래도록 할 수 있다는 것이 바로 노년의 섹스가 가지는 미덕이다.

우리는 배우자를 먼저 보낸 할머니들이나 할아버지들이 사랑하는 것을 도와야 한다. 사람들은 누구나 다른 사람의 호감어린 관심을 원하고 그런 관심이 있을 때 심리적으로 육체적으로 면역력도 강화되고 건강해진다. 섹스의 치유효과, 사랑의 치유효과는 너무나 강력하다. 우리는 알고 있다. 사랑에 빠진 사람들이 어떻게 변하는지, 그리고 사랑을 주고받는다는 것이 얼마나 사람에게 행복과 살아갈 힘을 주는지.

사랑하는 사람의 눈을 보면 촉촉하게 젖어 있고 아름답게 반짝거려서 연인이 아닌 사람에게도 빛을 발한다. 사랑을 하게 되면 그 사람은 더욱 날씬해지고 예뻐지고 건강해지며, 또 반짝반짝 빛이 난다. 그 사람의 얼굴이나 행동에 생기가 돌고, 더욱 감성적이 되며, 친절해지고, 섹시해진다. 그래서 사랑의 힘은 무섭다. 사랑은 넘어진 사람을 일으키고, 어떤 어려움에도 도전할 수 있게 하며, 누군가를 사랑하는 그 힘으로 자가 발전해 더 성숙한 사람을 만든다. 또 육체적으로도 피돌기가 좋아지고 피부에 윤기가 나며 몸에 면역력이 생겨 감기도 잘 안 걸린다.

사랑만 해도 이런데 그 사랑의 극진한 표현인 섹스를 하게 되면 얼마나 건강하고 아름다워질 것인지 짐작할 수 있을 것이다. 나이가 들어 나타나는 생물학적인 문제, 즉 질이 건조해져서 삽입시 통증을 느낀다거나 성행위 중에 발기가 사그라지는 문제는 자연스럽게 받아들이면 문제도 아니다. 질액이 부족할 때는 약국에서 파는 윤활제용 크림, 젤을 사용하면 된다. 그러면 부드러운 삽입도 가능해지고 성행위에 부담도 적어질 것이다.

또 성행위시 발기가 사라지는 문제는 파트너의 손과 입을 사용하는 노력으로 해결할 수 있다. 사실 남자는 애무를 받기보다 애두하는 것을 통해 발기가 더 잘된다. 그 느낌에 스스로 몰입하며 여자도 남편의 성적 흥분을 위해 노력한다면 나이가 든 후의 섹스는 젊은 시절보다 질적으로 훨씬 업그레이드된 성숙한 행위로 행복하게 다가올 것이다.

송우

언제까지
섹스할 수 있을까

며칠 전 우스갯소리를 읽었다.

체크무늬 남방에 청바지를 입고 긴 가죽장화를 신었으며, 허리에는 권총을 찬 늙수그레한 카우보이가 술집에 들어왔다. 위스키를 마시는 그의 옆에 젊은 여자가 앉아 술을 청했다. 그녀는 늙은 카우보이에게 물었다. "진짜 카우보이예요?"

카우보이가 대답했다. "난 진짜 카우보이요. 소와 양을 키우고 울타리를 세우며 한 생을 살았소. 암, 진짜 카우보이지."

그녀가 말했다. "전 카우보이는 아니에요. 전 대목장에 가본 일도 없고, 전 레즈비언이에요. 전 아침에 눈을 뜨면서부터 여자생각을 하죠. 식사를 할 때나 샤워를 할 때도, TV를 볼 때도 언제든지 여자생각만 한답니다."

그녀가 일어나 술집을 나가자 카우보이는 위스키를 한 잔 더 시켜 급하게 마셨다. 옆자리에는 다른 부부가 앉았다. 그 부인이 카우보이에게 물었다. "진짜 카우보이예요?"

늙은 카우보이는 대답했다. "음, 지금까지 난 내가 진짜 카우보이라고 생각해왔소. 그런데 방금 전에 안 사실인데 나는 카우보이가 아니라 레즈비언이오."

아마도 카우보이의 단순함을 빗댄 농담인 것 같았지만, 성에 관심 있는 나는 이 이야기에서 늙은 카우보이처럼 늘 여자생각을 하는 많은 '젊은 노인'들에 대해 생각했다. 우리는 언제까지 사랑과 섹스를 생각하고 할 수 있는 것일까?

요즘 내가 만나는 50세 이상 남자들의 공통적인 바람은 '여자친구'를 갖는 것처럼 보인다. 50대 남자는 섹스도 가능한 여자친구, 70대는 섹스까지는 아니더라도 말이 통하는 여자친구. 나이가 들면서 곁에 있던 친구들이 하나둘 떠나니 새로운 친구가 필요한 것은 당연한 일이지만 왜 하필 이성 친구일까? 그것은 아마도 동성 친구가 주지 못하는 생활의 활력과 긴장감과 그로 인한 행복을 이성 친구를 통해서 얻을 수 있기 때문일 것이다.

우리 사회가 초고령사회로 빠른 속도로 진입하면서 요즘에는 다행스럽게도 노년의 성에 대한 관심이 시작되고 있다. 노년의 사랑과 성에 대해 다룬 영화도 드물지 않게 보인다. 근래 상영된 노년의 사랑과 동반에 대해 그렸다는 영화는 두 노인 커플의 이야기였는데, 다 보고 나자, 어르신들이 이 영화를 보면 오히려 기운이 빠질 것 같다는 우려가 들었다.

영화는 치매에 걸린 아내를 지극하게 사랑하며 돌보는 나이 든 남편이 그 아내가 암 말기이고 극심한 고통에 괴로워하자 아내가 떠난 후의 외로움을 견딜 수 없다며 동반 자살하는 이야기, 그리고 새로 사랑을 시작한 또 한 노인 커플이 그 부부의 죽음을 보고 '상대가 먼저 떠나는 것을 보느니 사랑한 추억을 안고 살겠다'며 헤어지는(?) 이야기로 구성되었다.

그런데 정말 노인들은 그런 선택을 할까? 고통으로 죽어가는 아내가 안쓰러워 수면제를 먹이고 연탄불을 피워 동반자살을 할까? 또 새로 간절하게 시작한 사랑이 먼저 가는 아픔이 버거워서 이별을 결정할까?

나이가 들어간다는 것은 영화 속 대사처럼 '인생에 익숙해지는 것'이고 '인생은 견디는 것'이라는 사실을 알아가는 것이다. 나이가 드는 만큼 죽음에 익숙해지고, 복병처럼 찾아오는 고통에도 익숙해진다. 아마도 진짜 노인들은 암 말기에 고통받는 아내를 정성껏 수발하고 그녀가 편안히 가도록 돌보아주었을 것이다. 그리고 그녀가 간 후에는 그 후의 삶에 익숙해져가며 살아갈 것이다. 영화가 아닌 현실 속 노인들이라면 파트너가 먼저 떠날 것이라는 두려움을 갖기보다는 누가 먼저 떠나든지 그냥 곁에서 알콩달콩 사랑을 나누며 오늘을 살고 싶어할 것이다. 영화 속 대사인 '우리 다시 만날 수 있을까?'는 앞날이 많이 남은 젊은이의 것이지 노인의 말은 아니다.

내가 전에 보았던 독일 영화 '우리도 사랑한다' 역시 노인들의 사랑과 섹스 이야기를 다룬 것인데 더욱 현실적이다. 원제는 '99번째 계단'인데 서구에서 99번째 계단은 천국에 이르기 전 마지막 계단을 일컫는다고 한다. 그런데 우리나라에서 번안한 제목은 '우리도 사랑한다'라니 우리 사회의 노인의 사랑에 대한 시각을 여실히 보여주는 것 같지 않은가!

아무튼 그 영화는 67세의 남편이 있는 여자노인과 70대 중반의 독신 남자노인이 만나 첫눈에 반해 사랑에 빠지고 섹스를 하고, 결국 두 마음으로 살기 어려웠던 여자노인은 고민을 하다 새로 만난 남자를 선택한다는 내용이다. 남편은 나쁜 사람이 아니고 어떤 잘못도 없었지만 그녀는 자기의 마음이 더 가는 남자를 선택한 것이다.

나이가 든 연인이지만, 사랑을 나누는 방식과 열정은 젊은이들과 다르지 않았다. 오히려 더욱 열정적이고 사랑을 나눌 시간이 유한함을 아는지라 시간을 낭비하지 않았다.

결국 아내에게 버림을 받은 남편은 자살을 하고 그의 장례식에 다녀온 그녀는 새 연인에게 위로를 받는 것으로 영화는 끝이 났다. 아마 우리나라에서 흥행이 잘되었다면 남편을 버린 그녀의 선택이 많은 질타의 대상이 되었겠지만, 그녀는 남은 생을 열렬히 사랑하며 살기를 택했다. 그것이 노인의 성 아닐까?

나이가 들수록 곁에 사람이 필요하다. 나를 좋아하고 사랑하고 이해해주는 사람이. 그리고 손이 안 닿는 등도 긁어주고, 밤이면 등 대고 누워 따스한 체온을 나눌 수 있는 사람이 필요하다. 잠이 줄어 새벽에 깨더라도 도란도란 이야기 나눌 수 있는 사람이 필요하다. 노년의 사랑은 그저 플라토닉한 사랑이 아니라 이런저런 터부 없이 사람의 본능으로서의 성의 기쁨을 나누고, 그 속에서 친밀감과 유대감을 느끼는 그런 것이다.

그래서 노년일수록 더욱 쉽게 살이 닿는다. 남은 시간이 많지 않아서인지 사랑하는 사람이 생기면 진도도 무척 빠르다. 남자나 여자나 건강하기만 하다면 죽을 때까지 행복한 성을 누릴 수 있다. 몸이 노화되어 발기가 잘 안 될 수 있고, 피부 감각이 젊을 때보다야 둔감해지겠지만, 여전히 사랑을 표현하고 나누는 섹스는 즐거운 일인 것이다.

이런 자연스러운 노화에 따른 문제야 마음만 있다면 성기구를 사용해 흥분을 도와도 되고, 꼭 삽입섹스가 아니라 터치 위주의 섹스로도 만족감을 높일 수 있으며, 애교스럽게 발기부전 치료제나 윤활제 등 의학의 힘을 조금 빌린들 어떨 것인가?

금슬이 좋은 부부는 오래 산다. 또 성학에선 규칙적인 성생활을 하는 부부는 평균 10.8년은 젊어 보인다고도 한다. 성이야말로 '용불용설'이 맞아 60세 이후의 성은 하면 할수록 잘 유지되지만, 6거월만 안 하면 회복이 어려워진다. 건강한 성 에너지는 남자를 더욱 남자답게, 여자를 더욱 여자답게 만들어준다. 젊을 때의 성생활은 힘과 능력의 과시일 수 있지만, 나이 들어 나누는 성생활은 오롯이 '친밀감'의 표현인 것이다.

심장병 환자에게 섹스는 금물이다?

No. 50계단 정도 숨 가쁘지 않고 오를 수 있다면 섹스를 해도 된다. 최근 미국 심장협회는 섹스로 인한 심장마비나 발작의 위험은 아주 미미하다고 밝혔다. 아내와 섹스를 하다 심장마비에 걸릴 확률보다 혼외정사로 급사할 확률이 더 많다. 즉 남자의 경우 아내가 아닌 다른 파트너(젊은 애인인 경우가 많다)와 새로운 환경에서 섹스를 하다 복상사당할 확률이 더 높다는 말이다.

노년의 섹스가
즐거우려면

성인들에 대한 성교육을 주로 하다 보니 "언제까지, 혹은 몇 살까지 섹스를 할 수 있는가?" 하는 물음을 종종 받곤 한다. 교육생에게 이 질문을 되돌리면 "숟가락 들 수 있을 때까지"란 대답이 나와 웃음을 유도한다.

사람들은 언제까지 섹스를 할 수 있을까? 대답은, 건강하고 욕구가 있으며 하려는 마음만 있다면 죽을 때까지 할 수 있다는 것이다. 늙어가면 분명히 성행동에 어려움이 생긴다. 그러나 섹스라는 것과 관련해 늙는다는 것이 꼭 부정적인 면만 있는 것은 아니다. 여자는 폐경이 오면 질이 건조해지고 질벽이 얇아져서 섹스가 힘들어질 수도 있다. 물론 해결책이 없는 것은 아니다. 적절한 호르몬 요법과 윤활제 등의 사용으로 문제를 많이 해결할 수 있으며 여전히 오르가즘도 느낄 수 있다. 폐경으로 임신에 대한 걱정이 없어져 더 즐겁게 부담 없이 섹스할 수 있게 되었다는 여자도 적지 않다.

남자의 경우는 예전보다 발기에 어려움을 겪을 수도 있고 훨씬 강한 자극이 필요하다. 그래서 나이 든 사람들의 섹스에는 삽입보다는 접촉을 위주로 많은 애무와 자극이 필요하며, 오럴섹스나 러브 토이도 아주 유용하다. 발기에 대한 어려움은 약이나 주사요법, 수술에 이르기까지 많은 방법이 개발되어 있으니 늙었다고 섹스를 스스로 포기할 필요는 결코 없다. 좀 더 좋은 소식은 늙으면 조루에 대한 걱정이 많이 사라지고 지속력이 좋아진다는 것이다. 이것은 섹스의 질이 좋아질 수 있다는 말이기도 하다.

정력은 다름 아닌 건강이다. 건강관리를 잘하고 행복하고 규칙적인 섹스를 자주 하는 것이 멋진 성생활을 오래도록 하는 비법이다. 노년의 행복한 성생활을 위한 조언을 정리해보았다.

1. 규칙적으로 성생활을 한다

생물로서의 우리 인간에게 성기능은 아주 기본적이고 본능적인 욕구다. 우리 몸의 어떤 다른 기능과도 같이 성기능도 계속 사용하고 잘 관리해야 좋은 기능을 유지할 수 있다. 규칙적으로 섹스를 하면 남자는 음경, 고환, 전립선, 발기 및 사정기능이 건강하게 유지되며, 여자로서도 자궁과 질의 기능이 잘 유지된다. 남자에게 발기는 아주 중요해서 발기가 된다는 것은 성기 구석구석까지 혈액이 원활하게 순환되고 산소공급이 이루어져 기관이 건강하게 유지되고 있다는 것이다. 여자에게도 규칙적인 행복한 섹스는 자궁 건강에 도움이 된다. 우리 몸의 어떤 부분이든 안 쓰면 퇴화하게 되어 있는데 섹스에 있어서도 마찬가지인 것이다.

2. 다양한 체위 등 재미있는 성생활을 한다

아무래도 젊었을 때만큼의 발기력이나 사정감도를 느끼기 어려운 노년에는 자위행위나 다양한 체위를 이용한 섹스행위, 섹스 토이를 이용한 섹스 등을 통해 파트너와의 친밀감을 도모한다면 더할 나위 없이 즐거운 성생활이 될 것이다.

3. 심신의 건강 유지에 애쓴다

성기능은 나이보다는 오히려 건강과 관계가 깊다. 등산, 수영, 체조, 걷기, 골프 등의 유산소운동은 성기능을 잘 유지하게 해준다. 나이가 들었다고 섹스를 포기하기보다는 파트너와 할 수 있는 정도의 섹스를 행복하게 하면서 심신의 건강을 유지하는 게 좋다.

4. 횟수에 얽매이기보다는 질적인 섹스를 한다

성기의 접촉보다 서로 키스하기, 껴안기, 파트너의 신체를 마사지해주기, 신체를 부드럽게 만져주기 등의 신체적인 접촉을 많이 한다. 좀 더 재미있게 성생활을 할 수 있도록 섹스 환경 등을 바꿔본다. 또 다양한 성교 방법을 선택하고 시도해보는 등의 개방적인 성태도를 가지는 것이 무엇보다 중요하다.

제주도의 박물관에서 '부부를 위한 성특강'을 마련했을 때, 한 시간 전부터 강의실에서 강의를 기다리고 강의시간 내내 열심히 경청하고 많은 질문을 한 특별한 교육생은 다름 아닌 70세의 건강한 어르신이었다. "성욕도 있고 성기능도 정상인데 할머니가 응해주질 않아 고민"이라는 그 어르신께 성적 흥분을 돕기 위해 야한 그림이 들어 있는 책 《카마수트라》와 할머니를 위한 '여성성감개발제 겸 윤활제'를 선물했었다. 그 어르신이 행복한 성생활을 찾으셨는지 문득 궁금해진다.

송우
부부 강간은
성립하는가

최근 부부간의 강압적인 섹스에 대해 '성추행' 판결이 내려졌다. 이혼을 요구하는 아내에게 남편이 손을 뒤로 꺾은 상태에서 강제로 성행위를 하려 했는데, 법원은 이에 대해 "부부간의 섹스라 할지라도 강압적인 환경에서 하는 것은 강제성추행"이라고 판결했다. 이는 부부간에도 자신이 성행위를 할 건지 안 할 건지를 결정할 권리가 있다는 것으로, 여성계는 이제야 아내의 성적인 권리가 인정되었다고 환영했으나, 일부 남자들은 부부간의 사사로운 성행위까지 법으로 해결해야 하느냐며 부정적인 반응을 보이기도 했다.

부부라는 관계는 사실상 섹스가 공인된 사이다. 그렇기 때문에 간절히 원하지 않는데도 '의무방어전을 갖는다'는 말을 공공연히 할 정도로 섹스는 부부간의 당연한 권리이자 의무다. 하지만 섹스는 서로를 향한 대화이자 소통하는 방법이기 때문에 마음이 닫히면 섹스가 어려워지는 것 또한 사실이다. 특히 일반적으로 남자보다 '관계relationship'라는 면에 예민한 여자들은 더욱 남편에 대한 분노 등의 심리적인 문제가 있으면 섹스하기 어렵고, 하고 싶지 않아진다.

여기에 물론 남자들의 문제를 해결하는 방식과 여자들의 그것이 다르다는 것, 또 섹스나 사랑에 대한 입장에서도 약간의 차이가 있다는 것을 인정해야 할지도 모르겠다. 대화로 문제를 해결하고자 하는 여자들과 달리 남자들은 몸으로 부딪쳐 문제를 해결하는 방식을 좋아하고 그것에 익숙해 있다. 그래서 부부싸움을 하고 나서 섹스를 하고자 하는 남자들의 모습에는 화해의 제스처가 함께 있는 경우가 적지 않다.

그럼에도 이번 사례에서 관심을 가져야 할 것은 '하고 싶다, 하고 싶지 않다'의 단순한 문제보다는 '섹스를 당연히 한다고 인정되는 부부라 하더라도 힘으로 제압해 강제로 섹스하는 것이 옳으냐'의 문제라고 생각한다. 물론 단순히 섹스는 두 사람의 문제이므로 둘 중 한 사람의 동의가 없다면 하지 않는 게 좋을 것이다. 그런데 문제는 두 사람의 욕구가 늘 같이 가지 않는다는 데 있다. 그래서 한 사람은 피곤해서 쉬고 싶은데, 한 사람은 사랑을 나누고 싶은 욕구가 있을 수 있다.

그러나 대체로 사이가 좋은 부부라면 이 합의점 도출에 어려움을 겪지 않을 것이다. 이런 문제가 불평등한 '권리'의 문제가 되는 것은 사이가 좋지 않거나 늘 한쪽 의사만 존중되는 부부의 경우일 것이다. 목표가 아무리 부부간 화해라 하더라도 강압적인 힘이 작용되어서는 안 된다. 대화에 두려움이 끼어들면 그것은 대화가 아니라 지시다. 대화라는 것은 그야말로 수평적인, 어떤 말도 할 수 있고 들을 수 있는 그런 자유로운 상태에서 가능한 것이기 때문이다.

섹스는 사랑하는 마음을 몸으로 표현하고 확인하는 부부간의 대화라는 점에서 그 시작부터 마무리까지 어떤 강압적인 힘도 작용하지 않기를 바란다. 남편들뿐 아니라 힘 있는 아내들 역시.

가족 아닌 사람과
그걸 하세요?

2014년 올해는 '말의 해' 혹은 '청마의 해'라고 한다. 사람들은 어떻게 해서라도 새로운 의미를 붙이고 싶어 한다. 아무튼 새해는 까맣다 못해 푸른 빛이 도는 말의 해라니 마음이 설렌다.

그런데 이렇게 설레는 새해 첫날 뉴스에서 들은 말은 아이러니하게도 '말띠 해에 낳은 여자는 팔자가 세다는 속설이 있다고 하나 그렇지 않다'라는 앵커의 시대착오적 이야기다. 시대가 언제인데 팔자 타령을 하고 있나! 요즘은 팔자가 약한 것보단 센 것이 더 좋은 걸 아직 모르는 사람이 있단 말인가! 어쨌거나 '말의 해'라니 나도 '말(言)'에 대해 이야기해보고자 한다.

새해가 되면 누구나 소원이나 기대를 가슴에 품게 되는데 성전문가로서 나의 기대는 사회적으로 '사라졌으면 하는 두 가지 농담'에 대한 것이다. 하나는 '가족끼리 어떻게 그것을 합니까?'이고 나머지는 '요새 애인 없으면 바보'라는 말이다.

눈치채셨겠지만 첫 번째 것은 부부관계에 대한 것이다. 가족끼리, 아니 부부끼리 성관계를 안 하면 그럼 누구랑 하겠다는 것인지 한 걸음만 더 들어가면 어색한 웃음을 짓게 될 것이면서 남자들은 이 말을 아주 쿨한 척하며 하곤 한다. 이 말뜻은 너무 익숙해져서 신선한 끌림이 없어진 부부끼리 무슨 성관계냐는 말이면서 부부 아닌 사람과의 성관계를 은연중 용인하는 위험한 말이다.

부부는 결혼 안에서 성관계를 하도록 인정받은 유일한 관계일 뿐 아니라 성관계를 통해 부부는 확실한 한팀으로 끈끈하게 묶여진다. 성관계는 단순히 몸의 감각만이 접촉하는 것이 아니라 마음과 영혼이 담긴 몸이 섞이는 관계다. 어쩌면 말로 하는 대화보다 더욱 친밀감을 높일 뿐 아니라 파트너를 더 잘 이해하게 하는 소통의 방법인 것이다.

몸이 멀어지면 마음이 멀어지고, 마음이 멀어지면 몸이 멀어진다. 부부가 사랑하는 것을 보면서 아이들은 이성에 대한 사랑을 바운다. 또 성관계를 즐겁게 자주 하는 부부는 위기가 와도 견디는 힘이 강하다. 이런 의미에서 새해부터는 '가족 아닌 사람과 그걸 하세요?'라는 농담을 나누었으면 한다.

두 번째는 결혼한 이들이 거의 다 바깥에 애인을 가지고 있다는 전제 하에 하는 농담이면서 은연중에 자신도 기회가 오면 놓치지 않겠다는 망언이고, 그러니 '너도 애인을 사귀라'는 불온한 부추김이다. 최근 미국에서 조사한 바에 따르면, 전체 기혼자 중 외도하는 남자가 28퍼센트, 여자가 19퍼센트라고 했는데, 여자들은 성에 대한 설문조사에서 10퍼센트 정도 거짓말을 한다고 하니 거의 비슷한 수치다.

남녀가 사회적으로 비교적 평등해지면 외도율도 비슷해진다고 하는데 아마 우리나라도 다르진 않을 것 같다. 아니 어쩌면 대담해진 우리나라의 세태로 보면 우리나라 기혼남녀의 외도율이 미국보다 더 높을지도 모르겠다는 생각이다.

이렇게 기혼남녀들의 외도율이 높아진 데는 여자들의 늘어난 사회진출과 가정 아닌 사회에서 다른 매력적인(?) 이성을 만날 기회가 많아진 환경 탓도 있지만, 무엇보다 우리나라의 TV 드라마가 일익을 담당하고 있다고 여겨진다. 아침부터 채널을 돌리기만 하면 불륜남, 불륜녀에 심지어 본부인, 둘째 부인, 셋째 부인이 등장해, 누군가는 외국인 친구가 '한국은 축첩제도가 있느냐?'는 질문을 해서 당황했다는 이야기도 들린다.

이렇게 아침마다 보는 드라마, 저녁에 보는 일일 드라마에 바람피우는 장면이 자주 등장하다 보면 자칫 착각에 빠지게 된다. 주변의 많은 사람들이 이미 바람을 피우고 있다는 착각, 또 멋지고 아름다운 탤런트들의 외도를 보며 외도가 상당히 로맨틱할 거라는 착각이다.

하지만 밖에 다른 사람을 두게 되면 마음도 몸도 힘들게 된다. 오랜 상담경험을 통해 보면 불륜이 진실한 사랑으로 귀결되는 예는 정말 드물다. 뒤늦게 운명의 사랑을 만났다고 해도 아름다운 결말을 맞기보다는 결국 씁쓸한 후회와 파국으로 끝나는 경우가 훨씬 많다. 또 거짓이 쌓이면서 마음이 불편해지고 삶이 점점 비루해진다. 결국 사람은 건강하게 살고 싶어하는 존재라는 생각이 드는 이유다.

이 두 가지 농담 외에도 우리가 조심해야 할 농담은 더 많겠지만 새해에는 이 두 가지만이라도 고쳐봤으면 한다. 왜냐하면 우리의 입 밖으로 나온 말은 정말 강력한 힘을 가지고 있어서 말로 나온 것은 다 이루어지는 것을 알게 되었기 때문이다.

역사상 가장 많이 읽힌 책이라는 《성경》의 첫 구절도 '태초에 말씀이 있었다'인 것을 보라. 그래서 소리내어 하는 '통성기도'가 기도발이 센지는 모르겠으나, 어쨌든 새해에는 긍정적인 말, 격려하는 말, 기분 좋은 말만 하고 하지 말아야 할 말, 부정적인 말, 남을 욕하는 말은 농담으로라도 하지 않았으면 한다.

부부관계의 경계경보

1. 배우자가 늦게 와도 신경 쓰이지 않는다.
2. 다른 사람과의 사랑을 꿈꾼다.
3. 혼자 있다는 생각이 자주 난다.
4. 배우자가 식탁에 앉기 전에 먼저 먹기 시작하고, 맛있는 것은 다 먹어버린다.
5. 성관계를 안한다.
6. 대화를 안 한다.
7. 무슨 옷을 입고 나갔는지 모른다.

외도에 대처하는
우리의 자세

"남편의 바람기를 더 이상 참고 살 수가 없습니다. 아이들이 걱정되긴 하지만 이혼을 생각하고 있어요."

"아내가 바람을 피우는 것 같습니다. 얼마 전부터 외모에 지나치게 신경을 쓰더니 밤늦게 다니는 것은 예사이고 이제는 외박도 합니다. 아이들도 돌보지 않고요. 분명히 밖에 누가 생긴 것이 아니면 뭐겠어요?"

"어느 날 문득 머리를 얻어맞은 것처럼 정신이 번쩍 들었어요. 집안의 소파처럼 이렇게 무기력하게 늙어갈 수는 없다는 생각, 인생은 한 번뿐이라는 생각이 들었지요. 지금처럼 살아가기 싫었고, 그러다 지금의 애인을 만나게 되었어요. 그에게 나는 여자였고 생동감 있는 존재였지요. 남편이 나를 그렇게 외롭게 두지만 않았어도 나는 외도하지 않았을지도 모르죠."

나는 배우자의 외도로 인해 이혼을 심각하게 생각하는 부부를 많이 만난다. 예전엔 주로 남편의 외도를 못 참는 아내가 대브분 상담을 요청해왔지만 요즘은 아내의 외도로 고민하는 남편의 상담도 적지 않다. 부부가 이혼을 하게 되는 가장 큰 이유 중의 하나가 공공연한 배우자의 외도이고 그 다음이 불임, 학대다. 격렬한 말다툼, 무신경한 언사, 유머 결핍, 남편의 무능력, 아내의 게으름, 잦은 외출, 지나친 TV 시청, 남의 말에 귀 기울일 줄 모르는 태도(혹은 무시), 지나친 음주, 섹스 거부 등이 주로 거론되는 이혼 사유들이지만 무엇보다 참기 어렵고 잊기 어려워 이혼에 이르게 하는 것이 바로 배우자의 외도라는 것이다.

우리나라의 이혼율이 OECD 국가 중 1위라고 해서 얼마 전 화제가 된 적 있지만(그것은 결혼율이 높기 때문이라고도 하지만), 그 정도는 아니더라도 예전보다 쉽게 이혼을 생각하는 것만은 분명하다. 아무래도 여자의 사회경제적 지위가 높아졌을 뿐 아니라 이혼시 재산분배 문제도 예전보다 여자들에게 유리해졌기 때문에 독립 문제가 쉬워졌고, 여자들의 교육수준이 높아져 부당한 대우에 민감해졌으며, 또 예전에는 강력한 울타리가 되어주던 어른들이나 친지들의 이혼에 대한 만류도 적어진 것이다.

특히 예전엔 남편의 외도가 있어도 '남자가 원래 그렇게 생겨먹었다'며 혼자 아이들을 키우며 남편의 마음이 되돌아올 날을 기다리고 결혼생활의 반 너머를 참고 사는 아내가 많았지만, 지금은 남편의 단 한 번의 외도도 이혼 사유가 되는 경우가 많아졌을 뿐 아니라 자신의 외도로 이혼을 결심하는 아내도 적지 않다.

스탕달은 "사랑은 우리의 의지와는 별개로 불쑥 찾아왔다가 어느 새인가 사라져버리는 열병과 같다"고 말한 바 있지만, 그 사람만 생각하면 가슴이 뛰고, 잠을 못 이루고, 아주 사소한 일도 제대로 하지 못하는 열병에 빠져 사랑하고, 헤어지기 싫어 결혼해 함께 살아온 부부가 새로운 사람에 빠지고 그와 사랑과 섹스의 관계를 맺는 것은 도무지 무엇 때문일까? 인류학자 헬렌 피셔는 사람이 바람을 피우는 이유를 자신의 저서에서 11가지로 설명했다.

1) 자신의 욕구를 결혼 밖에서 충족시킴으로써 안정된 결혼생활을 도모하기 위해 2) 배우자와 헤어질 구실을 만들기 위해 3) 관심을 끌기 위해 4) 자율적이고 독립적인 삶을 살기 위해 5) 매력적이거나 이해받는다는 느낌을 얻고 싶어서 6) 대화를 나누거나 친밀한 사람을 필요로 해서 7) 단순히 섹스를 좋아해서 8) 완전한 사랑을 찾기 위해 9) 자신이 아직 젊다는 것을 인정받기 위해 10) 배우자에 대한 복수로 11) 극적인 상황, 흥분감, 스릴을 즐기기 위해.

한 심리학자는 바람을 자주 피우는 일부 남자 중에는 심리상태가 '유아단계'에 고착되어 있어서 한 배우자에게 충실할 수 없는 사람들이 있다고 말하기도 한다. 또 외도는 남녀의 호르몬과도 상관이 있어서, 남자가 젊었을 때는 호기심으로 외도를 하지만, 나이 들면 남성호르몬 수치가 떨어지면서 자신의 인생과 상처를 이해해주는, 말이 통하는 여자와 사랑에 빠지게 된다고 한다. 따라서 호기심으로 감각적 관계를 맺는 젊은 시절의 바람은 정리하기가 쉽지만 나이가 들면 위로와 지지를 해주는 애착 관계를 맺기 때문에 더욱 헤어지기 어렵다.

그리고 여자의 외도는 일반화해서는 안 되겠지만 남자보다는 심리적, 정서적인 이유에서 시작되는 경우가 많다. 여자에게 바람은 '새로운 사랑의 시작'인 경우가 많아 자식도 가정도 포기할 정도로 빠져든다. 영화 '메디슨 카운티의 다리'에서 프란체스카는 새로운 사랑 킨 케이드를 따라가지는 않는다. 그래서 그녀와 킨이 정말 다시는 한 번도 만나지 않았을지는 모르겠지만 아마도 평생 두 사람은 서로를 모니터링하고 있었을 것 같다. 어쨌든 그녀는 킨을 여름날의 지나가는 폭풍 같은 사랑의 기억으로 마음에 담아두고 말지만, 현실에서 특히 불같은 성정을 가진 한국 사람들은 그보다 훨씬 극적인 결말을 볼 때가 많다.

특히 여자는 남편과의 오랜 정서적인 허기를 느껴온 단계에서 새로운 사랑, 외도에 빠져드는 경우가 많기 때문에 새로운 연인을 잃는다는 것이 세상의 모든 것을 다 잃는 것처럼 생각되어 자신의 모든 것을 다 버리고 그와의 새로운 삶을 꿈꾸게 되는 경우가 많다. 아직도 이혼을 하면 남자가 잃는 것이 더 많기 때문에 정작 잃어버릴 것이 그보다 적은 여자들이 이혼을 청구하는지도 모르겠지만.

결론적으로 말하면 결혼한 여자들의 외도는 대개가 남편과의 정신적인 사랑이 끝났을 때, 문제가 생겼을 때 시작된다고 해도 과언이 아니다. 뒤늦게 남편 말고 다른 사람의 사랑을 원하는 이유는 대개 인생이 쓸쓸하고 외로워서다. 중년의 시기가 어머니로서 아내로서의 역할 정체감이 아닌 여자로서의 정체감을 찾고자 하는 시기라는 것도 중요한 이유다.

물론 여자들의 사회진출이 전보다 많아지고 이에 따라 경제력을 갖추게 된 것과 사회에서 남편 말고도 다른 매력적인 이성을 자주 만날 수 있다는 것 등 여자들의 외도를 부추기는 요인은 많다. 또 사회가 성적인 부분을 쾌락 위주로 부추기고, 사랑만능주의로 이끌어가는 데도 이유가 없지 않을 것이다. 주부들이 즐겨 보는 아침드라마는 불륜 소재가 단골이다. 심지어 요즘은 혼외 아내가 하나도 아니고 둘, 셋이 되는 경우도 흔하며 그 혼외자식들과 북새통을 이루는 이야기도 볼 수 있다.

이렇게 매일 불륜을 주제로 한 드라마를 보다 보면 자신도 모르게, 자기

주변 세상이 온통 혼외 사랑으로 꽉 차 있는 듯한 오해를 하게 되며 불륜에 대한 죄책감도 사라진다. 게다가 멋진 남자와 여자의 불륜을 보면서 불륜이 참으로 낭만적인 일이라 생각하게 된다. 그야말로 가랑비에 옷 젖는 줄 모르는 격이다. 그러나 현실에서의 불륜이란 얼마나 비루한가!

또한 여자의 발달심리상 30대 중반에서 40대에 이르는 나이는 '이미' 젊지 않지만, '아직' 늙지 않은 나이라는 것도 더 늦기 전에 멋진 사랑 한번 해보고 싶다는 생각을 갖게 한다. 성학적으로도 출산경험이 있는 여자가 그렇지 않은 여자보다 성감이 더 예민하며 30대 후반부터가 여자의 성적인 절정기라 할 만큼 성적으로 적극적이고 대담한 표현을 할 수 있게 된다. 또 중년의 여자들은 이 시기에 파트너와의 관계를 유난히 힘들어 하는데, 그 이유는 파트너가 보여주는 수동성, 변화하려는 의지가 없고 정서적으로 너무 의존하며 생활력의 빈곤함 때문이라고도 한다.

섹스를 해본 사람이라면 섹스가 몸의 감각에 쾌감을 줄 뿐 아니라 마음으로도 자존감 향상이라는 측면에서 얼마나 큰 위안이 되는지 안다. 그렇기 때문에 대개의 경우, 기혼 여자의 외도는 섹스로 이어지고 플라토닉한 사랑에서 끝날 수 없는 경우가 대부분이다.

또한 어떤 사람은 외도를 '결혼이라는 관계를 끝내기 위해서' 이용하기도 하며 아내를 모욕하기 위해서 외도를 하는 경우도 있다. 그래서 자신의 외도 진행과정을 아내(남편)에게 이야기하고, 수상한 전화, 문자 메시지, 선물, 립스틱 자국 등 외도의 흔적을 구태여 감추려고 하지 않는다. '관계를 끝내자'고 직접 말하지 못하고 파트너가 괴로워서 스스로 관계를 끝내자고 하기를 유도하는 것이다. 또 어떤 연구에서는 중년의 바람기는 새로운 파트너를 유혹하기 위해서라기보다는 지금의 파트너를 질투를 이용해 조종하기 위해서라는 결과를 내놓기도 했다. 그러면 외도는 어떻게 극복해야 할까? 아니 극복할 수는 있는 것일까?

"제 마음이 남편 아닌 사람에게 흔들리는 것을 알아차렸을 때 정말 두려웠어요. 그를 볼 때마다 설레었죠. 그러나 아직 그에게 푹 빠지지 않았기 때문에 정신을 차리려 했습니다. 용기를 내어 남편에게 말했지요. 내 마음이 흔들리고 있다고, 나를 잡아달라고 말입니다. 다행히 남편은 저를 여전히 사랑했고 저에게 극진한 사랑과 정성을 쏟았어요. 그래서 마음을 잡을 수 있었습니다. 저를 잡아준 남편이 정말 고마워요."

외도에 빠질 뻔했던 위기를 슬기롭게 넘긴 한 부부의 이야기다. 외국의 부부상담자들은 외도에 빠진 것을 배우자에게 들켰을 경우에는 모든 것을 다 고백하라고 조언한다. 그리고 배우자가 원하는 만큼 의문을 풀어주라고, 신뢰를 얻을 때까지 노력하라고 이야기한다. 그런데 사실 배우자의 외도사실은 들으면 들을수록 파트너에게는 상처가 될 뿐이다. 물론 외도를 했던 배우자는 용서를 빌고 파트너의 상처가 아물 때까지 노력해야 하지만, 둘 사이에 있었던 일을 더 캐묻는 것은 상처를 벌리는 일이지 아물게 하는 일은 아닌 것 같다.

무엇보다 한 번의 외도로 가정을 깰 일은 아니라고 생각한다. 외국의 어느 나라는 결혼식을 마치고 신랑 신부가 손을 맞잡고 빗자루를 뛰어넘는 풍습이 있다고 한다. 이는 결혼에는 반드시 위기가 있을 것인데 위기가 있어도 둘이 손잡고 위기를 극복하라는 가르침이라고 한다. 이렇듯 외도 또한 더욱 견실한 가정을 이루는 데 도움이 될 수도 있는 위기라 생각한다면, 그리고 배우자를 아직도 여전히 사랑하고 그가 그럼에도 좋은 사람이라는 신뢰를 가지고 있다면 둘이 굳게 손을 잡고 현명하게 그 위기를 뛰어넘어보라고 조언하고 싶다. 상처가 아물면 좀 더 현명해지고, 부러진 뼈도 잘 붙기만 한다면 더욱 단단해질 수 있다.

송우
부부성교육이
필요한 이유

요즘 좋은 소식은 정부 지자체에서 부부의 성과 사랑에 관심을 갖게 되었다는 것이다. 가정은 사회의 가장 기본적인 구성요소라 가정이 건강해지고 행복해지면 당연히 전반적인 사회의 건강과 행복이 정착하게 될 거라는 점에서 두 손을 들어 크게 환영할 일이다.

지난해 서울시뿐 아니라 경기도청 등 지자체 정부에서 예비부부 성교육과 중년 부부의 성교육, 노년의 성교육에 관심을 가지고 교육의 기회를 마련하는 것을 알았을 때 느꼈던 보람은 정말 표현하기 어려울 정도로 벅찬 것이었다. 15년을 넘게 부부성교육이 필요하다고, 남녀의 성차를 알면 더욱 행복하고 건강한 부부생활을 할 수 있을 거라고 설득하고 교육해온 결과라고 해야 할까? 누구 한 사람이 아니라 성교육에 종사하는 여러 사람들의 노력이 결실을 이룬 것일 테니 더욱 감사하기만 하다.

남자와 여자는 성생리가 다르고 이에 따라 성심리가 달라졌으며, 이로 인해 생각이나 생활양식이 다르다는 것을 알면 서로에 대한 이해가 깊어지고 서로를 인정하고 대응하기가 훨씬 쉬워질 것이다. '성은 알면 알수록 더 잘한다'는 말이 있다. 잘한다는 말은 꼭 기술적인 것만 가리키는 것이 아니라 서로의 다름을 알고 이해함으로써 훨씬 부드러운 관계를 이루어갈 수 있다는 의미다.

사람은 발달단계에 따라 몸과 마음에 변화가 생기는데, 이에 맞게 정확한 정보가 제공된다면 우린 훨씬 부드럽고 다정하게 인생을 함께 살아갈 수 있게 되지 않을까? 예비부부에게는 남녀의 기본적인 성차와 함께 어떻게 잘 협상하고 좋은 관계를 구축해갈 것인가의 교육이 필요하다.

요즘은 건강한 젊은 남녀가 만나서 결혼을 했는데도 아기를 쉽게 가지지 못하는 경우가 적지 않다. 주변 환경이 건강한 몸을 유지하지 못하도록 하는 데도 이유가 있을 것이나, 기본적으로 따뜻해야 할 여자의 몸 온도는 낮아지고, 시원해야 할 남자의 몸 온도는 올라갔기 때문에도 불임이 많아졌다고 본다. 즉 여자의 생식을 위해 난소나 자궁은 가장 따뜻해야 함에도 아무 데나 앉고, 옷은 얇아지고, 얼음이 든 차가운 음료수를 너무 많이 마시기 때문이다.

또 남자들은 성기가 몸의 온도보다 낮아야 건강한 정자를 만들 수 있기 때문에 생물학적으로도 고환이 몸 밖에 돌출되어 있음에도 불구하고 반신욕, 사우나, 노트북, 열판이 들어 있는 차 시트 등으로 고환의 온도를 높이는 것은 남자의 성건강에 결코 이롭지 않다고 콜 수 있다. 이밖에도 과도한 스트레스, 환경호르몬이 남자의 몸에 들어가견 여성호르몬처럼 영향을 주는 것, 과음, 흡연 등의 부자연스런 환경 및 생활습관들이 건강한 임신을 방해한다.

또 결혼생활 15년을 넘어가는 중년의 경우에는 익숙해진 관계에서 오는 지루함과 무심함이 관계를 해칠 뿐 아니라, 이때쯤 되면 남자도 여자도 갱년기와 폐경기를 겪게 되는데, 우리가 사춘기를 겪으면서 질풍노도의 시기를 잘 건너왔듯이 역시 이 시기에도 나이의 변화에 따른 여러 가지 성생리, 성심리 변화를 알고 잘 대처하는 정보와 훈련이 필요하다. 신혼기의 좋은 관계 연습이 다정하고 편안한 40~50대의 부부관계를 가져오며, 40~50대의 좋은 부부관계가 노년의 부부행복을 보장한다.

또한 노년에는 배우자를 먼저 잃기도 하고, 몸에 병이 들기도 하며, 주변이 적적해지는 경우도 적지 않다. 또 몸의 노화에 따른 신체적 변화와 심리적인 변화도 노년의 삶을 위축시킬 수 있다. 이때 스스로 즐겁게 살기 위한 삶의 대안들을 만들고, 항상 호기심을 잃지 말고 자기 몸의 건강관리를 잘하며, 배우자나 주변 사람들과의 관계를 잘 유지한다면 우리는 행복한 인생을 살게 될 것이다.

노년이라 해서 사랑과 성의 욕구가 없어지는 것도 아닌데 우리는 마치 무성적인 존재처럼 노년의 성을 폄훼하고, 노년에 이런 감정과 행동을 표현하는 것을 잘못된 일, 점잖지 않은 일, 주책으로 간주함으로써 건강하기 때문에 충분히 행복할 수 있는 노인들까지 불편하게 만들어버리는 경우가 많다.

성이란 단지 행위로서의 섹스를 의미하는 것이 아니기에 우리가 인간의 발달단계에 따른 성변화에 대해 잘 알면 알수록 더욱 행복한 일생을 살 수 있다. 왜냐하면 인간은 확실히 성적인 존재이기 때문이다.

송우

기러기 가족의
성문제

아내와 자식들을 외국에 보내고 혼자 생활하며 돈을 벌어 타국에 있는 가족들을 부양하는 남자들을 일컬어 '기러기 아빠'라고 한다. 기러기 가족을 선택하는 데는 여러 가지 이유가 있지만, 외형상으로는 비정상적인 우리나라의 교육환경이 싫어서, 제대로 된 영어교육을 시켜 아이들의 미래를 보장하겠다는 등의 이유로 한시적으로 헤어져 살 결심들을 한다.

하지만 속을 보면 꼭 그렇게 긍정적이고 밝지만은 않은 것이, 실제적으로 부부관계가 다 깨졌지만 체면상 혹은 아이들의 미래 때문에 이혼은 할 수 없고 해서 이혼이나 별거의 다른 대안으로 기러기 가족이 되는 경우도 적지 않다. 물론 아이들은 나같이 살지 않도록 하겠다는 부모들의 간절한 희생이기도 하다.

어쨌든 여러 이유로 가족과 떨어져 사는 기러기 아빠들을 보면 '참으로 애쓴다'는 생각과 함께 '딱해' 보이는 것도 사실이다. 자식의 교육을 위해,

장래를 위해 자신의 행복은 접어둔 채, 외로움을 참고, 또 가족와의 관계도 다 미룬 채 고독하게 그리고 대개는 많이 처량하게 시간을 보내고 있는 기러기 아빠들을 보면서 나는 직업이 직업인지라 그들이 섹스 문제를 어떻게 해결할까 궁금해지곤 한다.

대개 기러기 아빠들은 30대 후반에서 50대 중반까지가 많은데, 이때는 열정적으로는 아니더라도 섹스가 중요하지 않을 때는 아니다. 남자는 본질상 죽을 때까지 정자를 생산하고, 또 건강만 받쳐준다면 섹스에 대한 욕구는 식지 않기 때문이다(이는 남자뿐이 아니다). 또 꼭 생물학적인 이유가 아니라도 섹스가 주는 자존감의 향상 및 행복감 같은 심리적, 육체적인 위안은 과소평가할 일이 아니지 않은가?

주위의 기러기 아빠들을 보면 알아서 해결하는 것 같기는 하다. 혼자서 자위행위를 하며 해결하거나 참기도 하고, 결혼 전과 같은 방법(일회적인 파트너와)을 선택할 수도 있으며, 마음과 몸의 외로움을 달래기 위해 애인을 만들기도 한다. 이러한 양태를 무작정 비난할 수만은 없는 것이 사람은 누구나 사랑하고 사랑받아야 힘을 받는 존재이기 때문이다.

어느 쪽이 건강하고 좀 더 나은 관계인지 알 수 없다. 사실 어느 쪽도 100퍼센트 바람직하진 않다. 또 일회적인 파트너는 건강상, 그리고 경제적으로 심리적으로 부담이 크고, 정해진 애인이라고 해도 서로의 감정이 마냥 쿨하기 어려울 테니 안전(?)하지는 않다.

이렇게 기러기 아빠들이 많아지면 애정시장(?)에는 어떤 변화가 올까? 파트너가 기혼녀라도 그렇고 미혼녀라도 문제가 아닐 수 없다. 수요보다 공급이 모자란다면, 이중 삼중으로 겹치기 애정전선이 형성될지도 모른다. 그렇다고 기러기 아빠들에게 성욕을 해소하기 위해 자위행위만 하라고 요구하기엔 이미 너무 많은 것을 양보한 그들에게 너무 잔인한 일이지 않은가?

　마음 같아서는 '기러기 아빠들이여, 정말 쿨할 수 있다면 새로운 사랑이라도 하라'고 권하고 싶은 마음이 들기도 한다. 그러나 사랑과 섹스만 하고 책임을 부담하지 않는 그런 쿨한 관계가 쉬울 것인가?

　섹스는 친밀감 있는 파트너와 하게 마련이지만 또 섹스는 파트너와의 친밀감 향상에 더할 수 없이 좋은 행위다. 새로 생긴 파트너와 쿨한 관계를 유지하려고 마음먹어도 그것은 마음뿐 누구에게도 쉽지 않다. 그녀와의 섹스에 익숙해지듯이 친밀감도 따라서 깊어질 수밖에 없다. 또 사랑이 깊어가면 그와의 미래를 꿈꾸게 되고, 어떤 식이든 책임이행에 대한 요구가 생기게 된다.

　기러기 아빠들이 허벅지를 찌르는 밤을 감내하지 않는다면, 필경엔 무거운 마음으로 아내를 맞든지 아니면 양심이 시키는 대로 아내와 결별을 각오해야 하지 않을까(이미 비슷한 사건이 얼마 전에 있었다)? 혹은 일회성 파트너와의 소모적인 섹스로 사람이 황폐해질 수도 있다. 제일 행복한 방법은 내 안전한 파트너, 아내와 함께 사는 것이나 다시 합친다는 것이 결코 쉽지 않은 일이다.

　그러나 인생은 한 번이다. 그리고 그들은 수컷 사마귀도 아니다. 무엇 때문에 한 번뿐인 나의 시간을 가족을 그리워하면서 보낼 것인가? 또 실제로 헤어져 살다 기껏 일 년에 보름 남짓 만나 가볍게 즐거운 시간만 함께하고 어려움은 각자 감당하는 시간을 길게 보낸 가족들이 합친다 해도 결국 어떤 공동체의식을 가질 수 없어 힘들어하는 모습을 많이 본다. 과정을 생략한 목표 달성이라 할까?

　평범한 사람의 행복이란 같이 느끼고 나누며 사는 것이지, 나만을 희생해서 선을 이루는 것이 아니다. 특히 아이들에게도 아빠와 엄마가 서로 배려하고 존중하고 어른답게 문제를 해결하는 모습을 보여주는 것이 가장 최선의 교육이라고 한다면, 가족이 어떻게 문제를 풀어야 할지는 너무도 자명해진다.

가정의 행복을 위해서라면 가족 구성원 각자의 행복과 복지는 마땅히 나누어 져야 한다. 가족이라는 이름으로 누군가의 희생이 일방적으로 요구된다면, 그것은 누구나 말하듯 가족이 축복이 아니라 발목을 잡는 덫이 되어 버렸다 할 수 있지 않을까? 좀 더 획기적인 교육정책이 마련되어 적어도 교육 때문에 헤어져 외로움을 씹는 기러기들만은 사라졌으면 한다.

송우

가정폭력과
섹스리스

최근 정부가 4대악 근절을 기치로 내세웠다. 성폭력, 가정폭력, 학교폭력, 불량식품 근절이 그것들이다. 정말 바라건대 이러한 처음의 정신이 끝까지 유지되길 바란다. 그래서 사회가 좀 더 밝아지고 사람들이 어떤 폭력에 대한 두려움도 없이(불가능한 일일까?) 편안한 마음으로 자유롭게 살 수 있었으면 좋겠다.

　이제까지 우리 사회에서 배우자나 아이들을 대상으로 한 폭력은 가정 내의 사사로운 일로 치부되어온 것이 사실이다. 지금은 많이 나아졌길 기대하지만 얼마 전까지만 해도 맞아 죽을 것 같은 두려움으로 간신히 아내가 신고해서 출동했던 경찰이 폭력의 주체인 남편의 '괜찮다'는 말 한마디에 '조용히 해결하라'며 순순하게 돌아갔다는 이야기를 심심찮게 들을 수 있었다. 그러나 이러한 폭력에 대한 둔감함은 가장 안온해야 할 가정을 세상에서 가장 위험한 곳으로 만들어버리기도 한다.

폭력은 습관이 되고 거듭될수록 그 강도가 더해진다. 처음의 따귀 몇 대가 주먹질이 되고 발길질이 되며, 나중에는 가죽 허리띠를 풀러 아내를 때리는 지경에 이른다. 이쯤 되면 자존심의 문제가 아니라 생명을 지키는 것의 문제가 되고 만다. 그 때리는 이유는 '내 마음에 들지 않는다', '내 말을 듣지 않는다'는 너무나 단순한 것에서부터 아귀가 맞지 않아 삐걱대던 뿌리 깊은 부부의 문제에 이르기까지 정말 다양하지만 어떤 문제도 때리고 맞는 것으로 해결될 수 없다.

폭력에 대한 두려움으로 억압해 잠시 문제를 잠재울 수는 있을지 모르겠다. 그러나 속의 고름을 제거하지 않은 채 그저 덮어버린 환부는 썩게 되어 있다. 문제에 직면하고 해결할 자신이 없는(혹은 의사가 없는) 배우자가 상대 배우자를 힘으로 제압함으로써 그저 문제를 잠재울 뿐이지 문제 자체가 없어진 건 아니라는 것이다.

폭력은 마음에 들지 않는 약자의 대항을 제일 손쉽게 제압하는 방법이다. 그렇게 제압이 되는 것을 보면서 예전처럼 대화로 문제를 해결하려 하기보단 손쉬운 방법을 사용하게 된다는 데 폭력의 무서움이 있다. 특히 이들이 폭력을 쉽게 생각하는 이유를 나는 무엇보다 우리 사회가 너무 폭력적이라는 데 있다고 생각한다. 특히 남자라는 이유로 맞고 혹독한 기합을 받고 자신은 아무런 잘못도 없이 단체기합이나 체벌을 받게 되는 일이 나이가 들어갈수록 점점 더 많아지고 그 정도가 심해지는 것이다. 초등학교, 중학교, 고등학교, 그리고 군대를 거치면서 한국의 남자들은 폭력이야말로 불평이나 문제를 잠재우는 가장 쉬운 방법이라는 걸 자연스레 체득하게 된다. 폭력을 보고 자라면서 폭력에 익숙해진 것이다.

심지어 때리는 남편들은 아내가 '맞을 짓을 했으니 맞는다'는 말을 하기도 하는데 세상에 맞을 짓이 어디 있고, 설사 그렇다고 한들 누군가를 통제하고 때릴 권리가 누구에게 있다는 것일까? 누군가를 두려움으로 겁주고 마음대로 휘두를 권위가 누구에게 있다는 것일까?

폭력이란 꼭 주먹으로 때리는 것뿐 아니라 고함을 치거나 비난하고 빈정거리며 무시하고 문을 '쾅' 닫거나, 컵을 식탁에 거칠게 내려놓거나 물건을 던지는 것도 다 폭력이다. 즉 파트너를 두렵게 하고 내 마음대로 움직이려 하고 제압하기 위해 하는 행위는 다 폭력이라는 것이다. 그러므로 아내나 남편이나 스스로의 폭력성에 대해 민감할 필요가 있다.

폭력을 행사하는 남편들은 흔히 말한다. '뭐가 겁나느냐?'고 '이제 다시는 안 때린다'고. 하지만 폭력을 시작하고 끝내는 것은 가해자의 몫이기 때문에 피해자는 항시 불안할 수밖에 없다. 이렇게 대책 없이 맞다 보면 아내는 폭력의 사이클에 들어가, 나중에는 조용한 평화가 주는 불안함을 견딜 수 없어 먼저 매를 자초하기도 한다. 매를 맞고 나면 한동안은 조용해지니까. 폭력의 피해자가 되면 자존감은 한없이 추락해 오랫동안 남편의 폭력에 시달려온 아내는 '자신이 아무것도 잘할 수 없는 바보'라며 무기력해지기 일쑤다. 그래서 스스로 자신을 귀하게 여기지 않게 되기도 하고, 계속되는 비하감에 괴로워하게 된다. 그러면서 폭력에 어떤 식으로든 대항할 생각을 못하게 된다.

이렇게 남편에게 맞고 살아온 아내가 어느 날 남편을 살해하고, 엄마가 맞는 것을 보며 자란 아들이 엄마를 지키기 위해 아버지를 죽이기도 한다. 또 엄마와 아버지가 폭력적인 방식으로 문제를 해결(?)해온 가정에서 자란 아이는 자신도 가해자가 되는 경우가 많다. 그래서 옛말에 '남편을 고를 땐 시아버지를 보고, 아내를 고를 땐 그 어머니를 눈여겨보라'는 말이 있는지도 모르겠지만, 가계의 문화는 대물림되게 되어 있다.

아버지에게 맞고 사는 엄마는 심지어 그 아들에게도 맞는 경우가 많다.

불쌍하고 안쓰러운 엄마의 삶을 보아온 아들이 갈등의 해소를 아버지와 똑같은 방식으로 하는 것이다. 이런 행동은 많이 배우고 안 배우고의 차이를 떠나 폭력적인 상황에 자주 노출되고 그것으로 인해 문제를 단번에 덮어버리는 경우를 보아온 것이 학습이 된 것이라 할 수 있다.

오래전 모 대학에서 만난 나의 제자는 아주 영리한 젊은이었다. 아주 싹싹하고 게다가 외모도 수려한 그는 여학우들에게도 인기가 높았는데, 그러나 그 누구와도 길게 관계를 유지하는 것을 어려워했다. 그는 무척 폭력적인 가정환경에서 자란 사람이었다. 엄마가 아버지를 때리고 달려들어 옷을 찢고 싸울 뿐 아니라 형제들도 서로에게 상당히 폭력적이어서 가족들이 서로 싸울 때는 차마 이게 '가족이라고 생각할 수 없다'고 말하며 그는 힘들어했다.

그가 가장 어려워하는 것은 폭력적인 가정에서 자란 자신이 화나는 상황에 부닥칠 때 자신도 모르게 욱하는 심정으로 뭔가 부시거나 던지고자 한다는 것이었다. 형제들도 자신의 배우자를 때리는 것을 보면서 그는 자신이 사랑하는 여자라 할지라도 그녀와 길게 관계를 잘 유지할 자신이 없어 보였다. 그러면서 가정폭력은 때리고 맞는 부부의 문제뿐 아니라 그것을 보고 자라는 아이들에 대한 상처 치유 또한 필요하다고 말하는 그 아이를 보면서 마음이 많이 아팠다.

부부상담의 장에서도 섹스리스로 상담을 하기 위해 찾아왔어도 그 안에 폭력적인 관계의 문제점을 가진 부부를 많이 만난다. 관계가 좋으면서 섹스만 안 되는 경우는 극히 드물다. 관계가 좋은 부부는 대화도 잘되고, 그 둘만의 소통법이 있기 마련인데, 폭력이 관계 안에 들어서면 두려움이 더 이상의 관계를 진행하기 어렵게 만든다. 관계가 풀어져야 파트너를 신뢰하고, 파트너를 사랑하고 좋아하는 마음으로 볼 수 있어야 섹스리스를 해결할 수 있다.

그런데 상담을 하다 보면 섹스리스 저변에 가정폭력이 숨어 있는 경우, 가정폭력 저변에 섹스리스가 숨어 있는 경우를 자주 만난다. 말로 하는 대화든 몸으로 하는 소통인 섹스든 잘 안 되면 누구든 거칠어지게 되어 있다. 가정은 부부가 서로 사랑하고 존중함으로써 그 사랑과 존중과 배려를 아이들에게 가르치는 곳이다. '부부는 싸우지 말라'가 아니라 '부부는 적극적으로 사랑하라'는 게 더 효율적이며 긍정적인 가르침이다. 인간관계의 가장 소중한 덕목은 바로 서로에 대한 존중심과 자비심이 아니겠는가?

성폭력 상처는
정말 씻을 수 없는가

무자비한 성범죄가 날이 갈수록 늘고 있다. 그런데 최근 일어난 사건들의 공통점을 보면 그 가해자들이 성폭력 전과가 있는 사람들인 데다가 모두 흔히 야동이라 불리는 음란물을 즐겨 보던 남자들이라는 것이다. 게다가 그들은 사회와의 건강한 소통이 끊어져 고립된 사람들이었으며 그 범죄수법은 너무도 무참한 방식이었다.

너무나 당연하게도 여기에는 폭력적이고 감각적인 영화, 광고, 음악을 만들어 보여주는 매체들의 영향이 성범죄를 부추기는 사회 분위기에 일조한다. 요즘 우리 한국 영화를 보면 사람을 죽이는 수법이 너무나 잔인할 뿐 아니라 마치 범죄 교과서를 보는 듯한 느낌이다. 그래서 나는 복수의 코드로 유명한 몇몇 감독들이 예술성이라는 미명 아래 나쁜 에너지를 전파하는 느낌을 받기도 한다. 복수를 주제로 하더라도 그렇게까지 잔인하게 구체적으로 묘사해야 하는 이유를 나는 잘 모르겠다. 몇 년 전 영국에서 열린 성학회에 나갔을 때 독일의 사회학자에게 들은 말이 생각난다.

"나는 당신네 나라가 구제역이라는 병에 대처하는 방식을 보면서 두려운 생각이 들었다. 병들지도 죽지도 않은 살아 있는 되지와 소를 생매장하는 장면은 정말 잔인하고 너무나 충격적이었다. 그것을 보면서 나는 당신네 나라가 약자를 대하는 방식을 알게 되었다."

그때 치부를 들킨 것처럼 변명할 수도 없게 참으로 부끄럽고 참담했던 기억이 난다. 또한 사회 전체가 마치 섹스가 모든 것을 해결하는 양 흘러가고 있다. 영화에서도 드라마에서도 어떤 토크쇼에서도 건강한 성은 야하다고 치부되어 담론이 되기조차 어려운데, 정작 아직 솜털이 보송한 어린 소녀들이 뇌쇄적인 눈빛을 하고 옷을 거의 벗은 채 성행위를 연상케 하는 동작의 춤을 추는 것은 용인된다.

아이나 어른이나 포르노 보는 것을 만화책 정도 보는 것처럼 쉽게 생각하고 중독되어간다. 사회 도처에 감각적인 성이 만연하고 어디에나 과도하게 벗고 유혹의 눈빛을 보내는 여자와 남자 천지다. 도시 곳곳에는 심지어 주택가까지 '애무방'이니 '인형방'이니 하는 유사성행위 업소가 버젓이 간판을 달고 영업 중이다. 최근에는 '귀 파주는 방'까지 성겼다니 실로 아연할 일이다.

무엇보다 경계해야 할 일은 몇 년간 갑자기 늘어난 음란물 중독 상담이다. 성교육 및 상담현장에서 일하는 사람들은 음란물 중독으로 인한 성범죄 확산을 늘 우려해왔다. 음란물을 보며 자위행위에 심취해 부인과는 관계를 갖지 않는다는 상담에서부터 음란물을 즐겨 보는 남편의 달라진 성행동에 놀라 상담을 신청하는 부인들, 음란물에 빠져들기 시작하면서 달라지는 자신의 이상성행동을 상담하고자 하는 남자들이 눈에 띄게 늘고 있다.

심각하지 않게 시작한 음란물 보는 행위는 점점 중독이 되어가고 성을 대하는 시각조차 자기도 모르는 사이 폭력적으로 왜곡되기 쉽다. 여자를 생각할 줄 아는 인격체로 보지 않고 성의 쾌락적인 대상으로만 만들어내는 음란물을 자주 보다 보면 '가랑비에 옷 젖는 줄 모르는 것처럼' 여자와 어린이 같은 약자를 대하는 태도가 지나치게 폭력적이고 감각적이 되어가는 것이다. 이런 음란물 중독은 정말 너무 쉽게 성범죄와 연결된다. 음란물에 대한 강도 높은 예방교육과 심의와 규제의 필요성은 '알고 싶은 자유'에 우선해야 한다는 생각이 든다.

또 자신은 포르노를 보면서 자위행위를 하는 섹스 중독에 빠져 있으면서 정작 자신의 파트너와는 섹스하지 않는 남편들이 늘어나고 있다. 포르노는 개인의 성의식과 성생활을 바꿀 뿐 아니라 성범죄의 원인이 되기도 하므로, 보는 데 분별이 필요하다.

사실상 잔인한 성폭력 범죄가 일어날 때마다 언제나 똑같은 일들이 일어난다. 언론들은 보도를 핑계삼아 마음껏 선정적이고 감각적인 기사를 쏟아낸다. 어떤 방법으로 아이를 유린했는지에 대한 기사를 보다 보면 마치 폭력 영화를 보는 것 같은 느낌이 들 정도로 선정적이고 구체적이다. 요즘은 검증이 힘든 인터넷 기사까지 합류해 '아니면 말고' 식의 기사를 양산하며 사람들을 자극한다. 누구도 책임지지 않는 기사를 쏟아내는 언론의 기사체는 더욱 가관이다. '평생 씻을 수 없는', '잊지 못할 상처', '영혼의 죽음'이라는 표현은 일반 폭력기사에선 찾아볼 수 없는 것들이다. 왜 성폭력 기사에는 유독 평생 씻을 수 없는 상처란 말을 쓰는 것일까?

때로 나는 이런 기사를 보면서 나중에 어린 피해자가 자라서 자신의 기사를 찾아보았을 때 자신의 일이 이런 식으로 회자되었다는 것을 알면 더욱 큰 상처를 다시 입을 것 같아 마음이 몹시 불편하다. 요즘 성폭력만큼 자주 일어나는 '묻지마' 범죄 피해자들에게도 '씻지 못할 상처'라는 말은 쓰지 않는다. 이는 어쩌면 사회가 여전히 성폭력을 성관계 혹은 정조에 대한 범죄로 생각하기 때문이 아닌가 생각한다. 성폭력은 그야말로 힘을 매개로 한 폭력이지 관계나 정조의 문제가 아니다.

더욱 가관인 것은 성폭행을 경계하고 여러 가지 건강한 대안을 제시하는 언론사들의 홈페이지와 포털 사이트에는 성폭행 기사 옆에 여전히 또 다른 음란물들이 같이 버젓이 게시되어 있어 우리를 우롱하는 것이다.

성폭력 범죄는 당연히 강력하게 처벌되고 감형되지 말아야 하며, '술'이 형량 추가의 이유가 될지언정 감형의 이유가 되어선 안 된다. 또 그 모든 과정에서 피해자와 가해자에 대한 교육과 상담 치료 문제가 가장 시급하고 중요하게 취급되어야 한다. 피해자를 확실하게 보호하고 치료해주어야 하며 재범의 가능성을 줄이기 위해선 가해자 격리 후 의식변화를 위한 교육과 상담이 병행되어야 한다.

그러나 무엇보다 우리 사회에서 성폭력을 몰아내기 위해선 사람을 소중히 생각하고 돌보는 인본주의를 기반으로 해 사회의 성의식과 문화를 맑게 정화하는 정신운동이 필요하고, 우리 스스로와 주변을 지키고 돌볼 수 있는 지역 공동체 의식이 되살아나야 한다. 단언컨대 사회가 맑아지지 않으면, 공동체가 살아나지 않으면 성범죄는 결코 줄지 않을 것이다.

송우

아동성범죄,
피해자에서 가해자로

어린이를 대상으로 한 성범죄가 늘자 '아동성애'에 대한 질문이 많아진다. 아동성애란 'pedophillia'라고 불리는 성적 취향의 하나로서, 그리스어인 'pais(child)'와 'phillia(love, friendship)'가 결합된 말로 '사춘기 이전의 어린이와의 성적 접촉을 선호하거나 이를 상상하는 데서 성적 흥분을 일으키는 것'이라 정의한다.

이러한 아동성애 말고도 유아성애(0~3세의 유아에게 갖는 성도착증), 나이 많은 사람이 어린 소녀를 위협하거나 유혹해 성관계를 갖는 일 등도 적지 않게 신문지상을 장식하곤 한다. 그러나 실제로는 모든 아동성애자가 아동 성폭력 범죄를 저지르는 것은 아니다. 우리가 어린 시절 동화로 읽은 《이상한 나라의 앨리스》의 작가인 루이스 캐럴도 아동성애자였다고 한다. 그래서 실제로 이를 알게 된 앨리스의 부모가 루이스 캐럴이 자신의 딸에게 접촉하는 것을 금지했다. 옥스퍼드대학 수학교수였으며 평생 독신으로 살았던 루이스 캐럴은 그림과 사진에 관심이 많았는데 그가 찍은 사진의 모델은 대부분 여자아이들이었으며 그것도 누드사진이 많았다. 그의 이러한 취향은 당시 영국사회에서 큰 반향을 일으키며 논란의 대상이 되었다고 전해진다.

실제 아동성애자들 중 절대 다수는 평생 자신의 아슬아슬한 욕구를 잘 통제하며 선량하게 살아간다. 그러나 아동 성폭력 범죄자들 중에 아동성애자가 많은 것도 사실이다. 나도 10여 년 전 유아성애자에 대한 상담을 한 적이 있는데, 전화를 걸어와 상담을 청한 이는 '자신의 어린 딸(생후 6개월)에게 성추행을 해 질과 항문까지에 상처를 입힌' 남동생에 대해 어떻게 해야 하는지를 물어왔다. 이 남동생은 4녀 1남 중 막내였고 집안에서 많은 사랑을 받는 아들이었다. 그런데 유난히도 아이를 '좋아해서' 누나들의 어린 조카를 돌보는 것을 좋아했고 누나들도 이를 반겨 스스럼없이 아이를 맡기곤 했다는 것이다. 그런데 이번 일로 그가 그간 맡겼던 조카들에게 크고 작은 성추행을 저질러왔었다는 사실이 밝혀졌고, 이에 누나들이 상담소에 전화를 한 것이다.

이때 적극 전문상담을 권유했으나 생각해보겠다던 누나들은 다음 전화에서 '동생의 미래를 위해' 덮기로 했다고 말하고 전화를 끊었다. 이러한 잘못된 성태도와 행동을 바꾸고 자신의 욕구를 잘 통제하는 방법을 배우지 않으면 그 동생이 실제로 심각한 아동 대상 성범죄자가 될 수도 있다는 설득도 그녀들에게는 먹히지 않았다. 최근의 아동 대상 성범죄 기사를 대할 때마다 나는 그 남동생은 어떻게 살고 있을지 궁금해진다.

아동성애자는 남자에게 많고 여자에게는 드물게 나타나는데, 어린이의 성기를 만지거나 자신의 성기를 어린이로 하여금 만지게 하고 이런 과정에서 심각한 협박과 폭력을 행사하기도 하며 강간을 하기도 한다. 실제로 영국의 악명 높은 아동 성범죄자 빌 말콤은 1981년 세 살 난 여자아이를 강간했고, 수감되었다 석방된 1984년에 여섯 살이 된 그 피해아이를 찾아가 다시 강간했다. 결국 그는 아동 성추행을 일삼다 동네주민들에게 권총으로 살해되었다.

아동성애자가 아동 성범죄자로 발전하면 재범률은 더욱 높아지는데, 아동 성범죄자들은 아이들을 좋아하기 때문에 아이들에게 호감을 사는 일을 잘하며 일부러 아이들과 만날 수 있는 직업을 선택하기도 한다. 아이들 대상 성범죄의 60퍼센트 이상이 아는 사람에 의해 저질러지는 것이다. 그래서 아이들에게 지나칠 만큼 관심과 칭찬을 보이며 접근하는 사람들은 좀 조심해야 한다.

아동 성범죄자의 특징은 거의 모두라 해도 좋을 만큼 아동 성포르노물에 중독되어 있으며, 일반 성인여자들과는 정상적인 관계를 잘 맺지 못한다. 대개 사회와 고립되어 있는 경우가 많으며 또래 친구들이 거의 없다. 경제적으로도 어려운 경우가 많고 성인여자와는 관계를 만들거나 이끌어갈 소통의 힘도 부족해 보인다. 또 꼭 소아성애가 아니더라도 사회적으로 건강한 소통과 관계를 만들어갈 수 없는 사람들이 쉽게 접근할 수 있고 또 제압할 수 있는 어린이를 대상으로 성범죄를 저지르기도 한다.

무엇보다 아동성애나 어린이 대상 성범죄는 대상이 된 어린이에게 심각한 성적 트라우마뿐 아니라 실제적인 마음과 육체의 상처를 남긴다는 데 문제가 있다. 피해 어린이는 자신을 보호하고 사랑해주어야 할 어른들에게 상처를 받았기 때문에 어떻게 학대가 이루어진 것인지 이해하기 힘들어한다. 그래서 피해 어린이들은 낮은 자존감, 죄책감, 수치스러움, 풀리지 않는 분노, 심각한 신뢰 결핍의 문제를 가지게 되고, 외상후 스트레스 장애, 급성 스트레스 장애, 우울증 등으로 힘들어하게 된다. 어른이 되어서도 치유되지 않은 상처로 인해 사람을 잘 못 믿게 되고, 성적인 욕구에 거부감을 갖게 되어 누군가를 사랑하기 어려우며 성적 표현을 하는 데 더욱 어려움을 겪는 경우가 많다.

또 성적 학대를 받은 아이들은 커서 그들 자신이 가해자가 되는 경우도 종종 있다. 성행위에 들어서도 스킨십에 불쾌감, 두려움을 갖거나 오르가즘을 느끼는 데 어려움을 겪는 경우가 많으며 자신의 사랑하는 파트너, 가족, 그리고 자녀 양육에도 어려움을 겪게 되는 경우가 많다.

성은 그야말로 나의 자존 그 자체이며, 나의 가장 근원이기 때문에 그것에 대한 상처는 내가 어떤 사람으로 살 것인가에 심각하게 부정적인 영향을 미친다. 어떤 경우에도 어린이(청소년까지도)는 성의 대상이 아니라 사랑과 보호의 대상이며, 성을 위해 이용되어서도 안 된다는 사실을 명심해야 한다.

KI신서 5555

똑똑하게 사랑하고 행복하게 섹스하라

1판 1쇄 발행 2014년 3월 24일
1판 7쇄 발행 2022년 1월 7일

지은이 배정원
펴낸이 김영곤 **펴낸곳** (주)북이십일 21세기북스
출판마케팅영업본부장 민안기
출판영업팀 김수현 이광호 최명열
제작 이영민 권경민
출판등록 2000년 5월 6일 제406-2003-061호
주소 (우 10881) 경기도 파주시 회동길 201(문발동)
대표전화 031-955-2100 **팩스** 031-955-2151 **이메일** book21@book21.co.kr

(주)북이십일 경계를 허무는 콘텐츠 리더

21세기북스 채널에서 도서 정보와 다양한 영상자료, 이벤트를 만나세요!
페이스북 facebook.com/jiinpill21   포스트 post.naver.com/21c_editors
인스타그램 instagram.com/jiinpill21   홈페이지 www.book21.com
유튜브 www.youtube.com/book21pub

서울대 가지 않아도 들을 수 있는 **명강의! 〈서가명강〉**
유튜브, 네이버, 팟캐스트에서 '**서가명강**'을 검색해보세요!

ⓒ 배정원, 2014

ISBN 978-89-509-5497-0 13320
책값은 뒤표지에 있습니다.